郭新军山东省优秀班主任工作室研究成果

用热爱建设温暖的班级

——优秀中学班主任班级建设之道

郭新军　张海燕　李咏梅　著

山东大学出版社
SHANDONG UNIVERSITY PRESS
·济南·

图书在版编目(CIP)数据

用热爱建设温暖的班级:优秀中学班主任班级建设之道/郭新军,张海燕,李咏梅著.—济南:山东大学出版社,2023.8

ISBN 978-7-5607-7905-8

Ⅰ.①用… Ⅱ.①郭… ②张… ③李… Ⅲ.①中学—班主任工作—文集 Ⅳ.①G635.16-53

中国国家版本馆 CIP 数据核字(2023)第 165482 号

策划编辑 徐 翔
责任编辑 刘晓燕
封面设计 张 荔

用热爱建设温暖的班级
YONG REAI JIANSHE WENNUAN DE BANJI
——优秀中学班主任班级建设之道

出版发行 山东大学出版社
社 址 山东省济南市山大南路 20 号
邮政编码 250100
发行热线 (0531)88363008
经 销 新华书店
印 刷 山东蓝海文化科技有限公司
规 格 720 毫米×1000 毫米 1/16
17 印张 4 插页 295 千字
版 次 2023 年 8 月第 1 版
印 次 2023 年 8 月第 1 次印刷
定 价 78.00 元

2010 年 3 月，人民教育家于漪老师指导作者做好班主任工作

2022 年 9 月，在奎文区政府举行的教师节表彰大会上作者作为优秀班主任代表发言

2017 年 6 月，作者讲授奎文区党建示范课

作者和学生们一起探讨语文学习

2012 年 10 月，刚升入高中的部分同学回母校与作者合影

2017 年 11 月，作者与班级优秀小组在学校银杏树下合影

2015 年 9 月，向江苏省特级教师曹勇军学习阅读和写作教学策略

作者坚持陪伴学生跑步锻炼

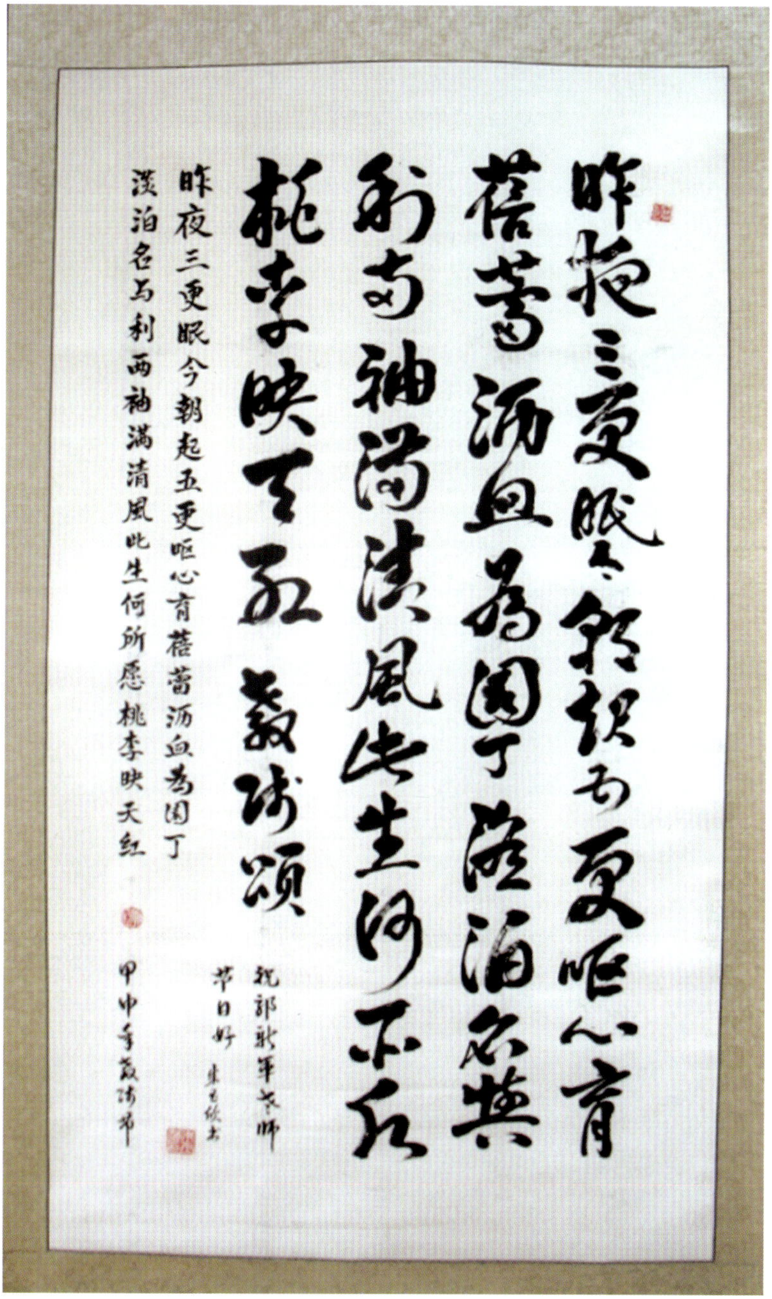

学生家长在教师节赠送给作者的书法作品

作者简介

郭新军，中共党员，研究生学历，山东大学文学学士，曲阜师范大学教育硕士，初中语文教师，现任教于潍坊市奎文区卧龙学校。

1994年参加工作以来，扎根三尺讲台，用热爱建设温暖的班级，陪伴一届届学生健康成长，被评为“奎文区特级教师”“奎文区劳动模范”“潍坊市优秀教师”“奎文名师”“奎文区最美教师”。

认真钻研初中语文教学，被评为“奎文区初中语文学科带头人”“潍坊市初中语文教学能手”，语文教学中创新开展写作与生活的联系研究，发表多篇语文教学论文，所教学生的多篇散文、小说发表于市级报刊。2014年主持奎文区名师工作室，开展“语文课堂小组合作有效性研究”，研究成果在奎文区域内推广。多次带毕业班语文教学，屡创佳绩，2021年中考成绩优异，荣获“奎文区语文教学优胜团队一等奖”。

从1997年开始，一直担任班主任，在担任学校中层管理职务期间，也坚持当好班主任。工作中勇挑重担，曾承担初三两个班级、初二一个班级的语文课教学工作并兼任班主任，也曾应家长要求，担任四个班级的班主任。热爱学生，无私奉献，创新工作，育人成果丰硕，班级管理经验多次在潍坊市、奎文区进行交流。主持的班级管理研究成果获得“奎文区政府教育教学成果奖”，主持的潍坊市、奎文区教育规划课题均顺利结题，发表多篇班级管理论文。积极组织班级同学开展创新实践活动，学生的科技发明、科技论文获得潍坊市一等奖。被评为“山东省中小学优秀班主任”，担任“山东省中小学优秀班主任工作室”主持人，2023年入选“齐鲁名班主任”。

班级管理中，注重进行民主管理，虚心听取学生的建议，和学生亦师亦友，倾心打造励志班，传承励志精神，建设一届届优秀班级。所带班级中许多学生考入重点高中，考入“双一流”高校，成为各行各业的优秀人才。2022年9月，在奎文区政府举行的教师节表彰大会上，作为优秀班主任代表发言。

老班近卅载，不求功与名。不觉已五旬，心态尚年轻。

热爱加科学，不做苦行僧。宽严相济用，有法也有情。

陪伴送温暖，学生放心中。写作融管理，文学来沟通。

励志共奋斗，师徒快乐生。余生何所求，桃李映天红。

张海燕，一级教师，奎文区卧龙学校语文教师，一直从事语文教学工作，担任班主任多年。先后获得“奎文区语文学科育人能手”“奎文区义务教育均衡发展优秀教师”“奎文区教师基本功大赛先进个人”“奎文区以及潍坊市学生征文比赛优秀辅导教师”等荣誉称号以及“奎文区教学成果奖二等奖”，主持和参与的多项市、区级课题顺利结题。

李咏梅，高级教师，奎文区卧龙学校校长，郭新军山东省优秀班主任工作室负责人，国家职业心理咨询师（三级）资格。一直从事数学教学，担任班主任多年。先后获得过“潍坊市青年教师拔尖人才”“潍坊市教学能手”“奎文区学科带头人”等荣誉称号，研究项目获“潍坊市教学成果奖一等奖”。

寻梦前进，用爱为学生成长铺路

我是一名初中语文教师，担任班主任26年了，到现在还乐此不疲，最喜欢和学生们在一起。坚持当一名尽职尽责的班主任，我想主要原因就是热爱班主任工作，热爱班级中的学生。记得2004年教师节，一位家长送给我一幅自己写的书法作品："昨夜三更眠，今朝起五更，呕心育蓓蕾，沥血为园丁；淡泊名与利，两袖满清风，此生何所愿，桃李映天红。"我认为这就是我的教育追求，从我担任班主任开始，我感觉是班级管理工作让我进入成长的快车道。我热爱班主任工作，建设温暖班级，温暖学生的成长，培养健康发展的学生，是我从事班主任工作的初心。张海燕老师也是一名班主任，我们在长期的班主任工作中，相互帮助，寻梦前进，用爱为学生成长铺路。

我相信，每一位年轻教师都希望自己可以桃李满天下，而要实现这一梦想，我认为最快的方法就是积极承担班级管理的任务。一名普通的教师会因为担任班主任，而和学生建立更加亲密的关系，拉近和学生的心理距离，有了自己的亲学生，一定会逐步实现桃李满天下的梦想。记得那是1995年，一位学生问我："老师，您教课这么好，学校领导什么时候提拔您啊？"我说："提拔我干什么职务呢？"学生说："当班主任啊，你要是当班主任肯定能做得很好。"那一刻，我才明白班主任是学生心目中的领导。和往届学生在一起的时候，我发现他们和班主任的感情最深，班主任是和亲人一样的老师。到现在，我已经担任班主任26年了，一共带过九届初中毕业班学生，其中有一届学生，我只带了一年，就去担任初一的班主任了，但就是这短短的一年班主任工作，我付出了很多，也收获了很多，和那些学生在一起的时光总是让我十分感动。这一年的班主任经历让我认识到，当班主任遇到的困难很多，你付出的努力也更多，但往往收获更大。

我经常看自己担任班主任班级的毕业照，我看着自己从一个青年教师到中年教师，看着自己身边的学生就如小鸟一样飞到我的身边，又飞得更高更远，有时还会再飞回来看望自己的老师，我感觉自己就像校园中那棵高大的银杏树，陪伴学生成长，凝望学生的发展。在每一届学生的毕业照中，班主任是和学校领导一样坐在第一排中间的，相信这是让许多班主任很有成就感的时刻。我发现和学生共同成长的岁月，也会成为学生难忘的记忆，逢年过节，我会收到许多学生的短信，这些短信有表达对初中生活的怀念，有向老师汇报最近的学习和工作，有对老师的祝福，这也是我的幸福时刻。我感觉担任班主任的幸福，不是发表很多文章，做很多的课题研究，不是挣很多的工资，不是获得很多的荣誉，而是陪伴学生一起成长，和学生一起逐梦前行。

“寻梦？撑一支长篙，向青草更青处漫溯，满载一船星辉，在星辉斑斓里放歌。”担任班主任26年，平凡的岗位，却因我的寻梦，而让我心灵的天空星辉斑斓。那闪烁的群星，就是我优秀的学生们。优秀的班级中，每一名学生都是夜空中最亮的星，照亮我们一路前行，这份美好的遇见，也温暖班级中每一名同学勇敢前行。在平凡的班主任工作中，我一路寻梦前进，用自己辛勤的汗水，为学生的健康成长铺路。

我感觉自己是一名幸福的班主任，我的幸福源于我爱学生们，学生们也爱我。有一次，班里有个学生运动后出现了低血糖的情况，从那以后，我总是在办公桌的抽屉里放着几块独立包装的饼干，随时准备给出现低血糖情况的学生补充能量。爱学生就是要关心学生的成长，在他们需要的时候提供帮助。我爱学生们的一切，包括他们成长过程中出现的错误，我认为那些错误是成长中的美丽错误。我认为学生们的心思是细腻的，班主任如果是真心爱他们，他们是能感觉到的。在班级前进的过程中，也会遇到“急流”，我们也会有矛盾冲突，但是只要心怀对班级工作的热爱，我们终将战胜困难，一起用爱建设着温暖的班级，温暖的班级永远鼓舞着我们奋勇前行，她是我们心灵深处温馨的港湾。班主任遇到的每一个班级，都是自己最好的研究“课题”，每一名学生健康发展，“课题”才能顺利结题；班主任遇到的每一位学生，都是自己最好的教育“论文”，学生的满意评价，就是“论文”的价值所在。我认真当好班主任，热爱每一名学生，执着追求着自己的教育梦想，追梦行文，将自己的感想记录下来，记录和一届届学生一起打造优秀班级的流金岁月。

2017年秋季开学，我接手了一个据说是很难管理的班级，学校有意派我去整顿一下。第一个月，我就发现学生们过生日的时候，经常在班里互送生日礼物，班级里出现了攀比风。于是，我利用周一班会的时间，自己给学生们买了一个生日蛋糕，给他们过14岁的集体生日，我们开心地吃蛋糕、唱歌、畅谈自己的梦想。2017年10月19日，是我46岁的生日，那天我自己都忘记自己的生日了，可是这个班的学生们却记得。那天的课间很奇怪，有两个女生一直在办公室问我语文方面的问题，事后我才知道她们是在拖延时间，好让教室内的同学做好准备。上课了，当我走进教室时，学生们请我看教室的大屏幕，那是班里的学生们为我录制的生日祝福的视频，看完视频，我有点感动，这时班长送过来一个笔记本，上面有每一位同学的祝福语，还有绘画内容，翻看了几页，我的感动又增加了一些。正在这时，几个学生手捧一个大大的蛋糕走向我，全班一起唱起生日快乐歌，那一刻我感动流泪，我感谢同学们给我过生日，我大声地告诉他们：我爱同学们，你们是最好的学生！我只是做了一名班主任应该做的，可是学生们却回报我这么多，我的学生们是多么可爱啊！我只有加倍努力，才对得起同学们这份信任和爱。

其实，让我感动的何止这一次，2007年春天，我因身体不适住院，傍晚，我回家拿换洗衣服时，夜色中，我看到我家楼下站了二十多个学生，原来我两天没去学校，他们不放心自己的班主任，放学后来家里看我，他们不知道，在郭老师的眼里，他们那时的目光比夜空中的星星还要亮。每年的教师节都有学生赶到学校来看我，2015年教师节，一位学生特意请山东省的一位著名美术家给我画了一幅《桃李报喜》。2022年8月7日立秋，路过校门的学生看到我在值夜班，送给我秋天的第一杯奶茶。毕业多年的学生，有一年夏天来看我，送了八矿泉水瓶的知了猴，试想一位学生，在炎炎的夏日，拿着一个手电筒，忍着蚊子的叮咬，为的就是给自己曾经的班主任捡知了猴，这是怎样的一份师生情啊！在新疆当兵考上军校的学生回家探亲，给我送来新疆的特大葡萄干……这许许多多的感动，让我感到了作为班主任的幸福。我感到热爱班主任工作，就会让自己成为一名幸福的班主任。

我的幸福源于我爱学生们,学生们也爱我。回想和一届届学生们共建优秀班级,励志追梦前行的征程,我满怀感恩之心,感谢班主任工作让我的人生充实而有意义。感谢自己遇到的每一位学生和家长,是你们让我的教育工作充满幸福,遇到这么多优秀的学生和家长,是我人生最幸运的事。我没有别的特长,我不知道自己除了能做好教师工作,还能做好别的什么工作,我只有在感恩中努力工作。

二十六载青春融入班级管理,让我越来越热爱班主任工作,是班级管理让我的教育教学工作变得丰富多彩。我认为热爱和坚持是做好班级管理的前提,我用爱建设温暖的班级,温暖的班级鼓励师生一路高歌前行,我们有过胜利,有过挫折,但是我们一直奋勇前行。用热爱建设温暖的班级,温暖的班级培养优秀的学生,我的主要做法有以下几个方面:写作与班级管理相结合、陪伴学生成长、家访每一个学生、尊重每一个学生、传承励志精神、关注初中生心理特点、建设自我管理班级。

曾经,在一个学期的开始,我在教室里养了一盆栀子花。那花一开始长得并不好,它的叶枯黄,而且落了许多,一点也看不出能开花的样子。但是,我没有放弃,而是悉心呵护着它,每天把它放到有阳光的窗台上晒太阳,按时浇水,有时还给它上点儿肥料。两个多月后,它突然开花了,而且是次第开放,开得那么娇艳,芬芳馥郁,学生们下了课之后,都喜欢围过来看这盆花。其实,引领学生成长也如养花,我们带着热爱和学生们一起建设优秀的班级,这个过程中也是需要精心呵护每一个学生,我们要用积极的心态面对学生成长过程中出现的问题,当我们足够努力的时候,相信学生就会变得越来越好,要相信相信的力量。我把呵护学生成长的点点滴滴,汇聚成这本书,既想反思总结一下自己的班主任工作,也想把自己一些成功的做法,分享给如我一样在追梦前行、努力做好班级管理工作的班主任们。如果此书中的一些做法能给班主任们的工作提供一点儿借鉴,我们就感到非常满足了,让我们在相互学习中,一起用爱为学生的成长铺路吧。

作　者

2023 年 1 月

目　录

第一章

家访全班，与家长成为一生的朋友

如果班主任想了解学生，那么最好的方式就是家访，从学生的家庭和生活环境着手了解学生的成长过程。家访是老师贴近学生生活、走进学生内心世界的最好桥梁。同时，家访中能很好地宣传班主任个人的教育理念，做好家校沟通，能很好地为班级管理保驾护航，大大提升教育效果。当班主任 26 年来，我家访过班里的每一名同学。家访也让我的班主任工作充满了许多温暖的记忆。记得 2012 年，我通知班里的双胞胎兄弟小波和小涛，要去他们家家访，可是他们告诉我过几天再去吧。等他们让我去的时候，我问为什么要我等几天啊，他们说现在搬新家了，希望我到他们的新家去参观一下。我在去家访的路上，买了六个很大的苹果，进门就跟他们说，希望他们搬新家之后全家人平平安安，六六大顺。2017 年，我准备到小乔的家里去家访，学生说自己刚搬新家，只知道小区的名字，不知道楼号，只记得自己家的楼前有两个盖楼留下的大土堆，我想有标志就好办。放学了，我来到小乔说的小区，可是寻遍小区也没有找到那两个土堆。我只好打电话，请家长下楼来接我，说起楼前土堆的标志时，小乔说："那两个土堆，今天傍晚被运走了。"我和家长不禁笑了起来。家访，也让我和许多家长成了一生的朋友，我经常参加往届学生的婚礼，也经常和往届的学生家长联系。

作为班主任，要学会去家访，那种只是到学生家去走一趟的并不是真正的家访，真正的家访是与学生及家长进行心灵的沟通，是为了解决学生成长中遇到的问题，是给学生送去温暖和关心的。我至今还记得自己的初中班主任到我家去家访的情形，那时我的父亲刚去世不久，她下班后骑着自行车，经过一段很长的土路，到我家家访。就这样，一位来自城市的老师，和我的母亲坐在农村简陋的房间里，亲切地交谈，鼓励我要好好学习。那一刻，我感觉自己有了学习的动力，决心要好好学习。

我认为家访不是只谈学生的学习，要学会和学生家长谈谈家常，了解学生家庭的基本情况。对于经济困难的家庭，班主任在谈话中不仅要注意做到共情，还要注意将教育资助政策告诉家长，符合资助条件的，要帮助家长进行申请。家访一定是带着鼓励去的，而不是带着批评去的，班主任要多肯定学生在学校的良好表现，挖掘学生身上的闪光点，让谈话充满温暖。学生有缺点需要指出的时候，也要委婉地指出，因为家访的时候，班主任是作为客人到学生家中去的，试想如果客人到来之后，就对主人家一顿批评指责，尤其是对家中的孩子进行批评指责，那他是不会受到欢迎的。所以，当看到学生出现问题时，我们尽量不要期望通过家访一下子就解决。班主任可以先在班级观察这个学生表现好的地方，然后在与家长交流的时候，可以先从学生的优点说起，最后再委婉指出学生存在的问题，让学生和家长认识到，如果能改正问题，那么学生就会得到更好的发展。

新班主任的家访，往往是从发现学生存在问题，想找家长帮着一起解决开始的。我认为一名学生出现了问题，应该是因为长期得不到良好的教育，是不良教育因素累积导致的，也许就是家庭教育出了问题，班主任如果想通过一次家访就解决问题，显然是不可能的。因此，进行家访的时候，我们还要善于发现学生家庭教育中存在的问题，及时进行家庭教育的指导。记得 2003 年，班里一名学生和其他班级的学生起了冲突，我在家访中了解到，该生的家长教育学生说，如果看到有人欺负别人，那么该出手就出手，像梁山好汉一样行侠仗义。我在家访中和家长普及法律知识，讲解家庭教育的正确方法，最终让学生和家长认识到了打架的危害。多年之后，学生大学毕业，说起这件事，还是感慨颇深，认为那次家访让他认识到了应该怎样和别人文明相处。

一、家访全班的目的

“长大后，我就成了你，才知道那间教室，放飞的是希望，守巢的总是你。”我上初中的时候，一次生病没有去学校，我的班主任张老师骑着自行车到家里去看我。我至今还记得，她坐在床边跟我母亲亲切交谈，鼓励我要好好学习。张老师的关心让我从一个顽童变成一个好学上进的学生，我参加教师工作后，就以张老师为榜样，关心学生，经常家访。张老师是全国优秀教师，是我人生路上的贵人。每当看到亲爱的张老师时，我就会想起那首歌《长大后，我就成了你》。

我经常跟家长说，本来我们素不相识，因为我担任孩子的班主任，我们才有缘相识，我们的缘分来自学生，只有学生健康发展了，我们才会是永远的朋友，因此家长和老师要一起关注学生的发展。为了更好地进行家校沟通，每一届学生，我都会家访每一个同学。家访全班就是要了解学生成长的家庭环境，更好地帮助每一个学生健康成长。

家访就是要了解学生的成长环境，给学生的成长加油鼓劲，温暖学生的心灵。班主任的家访应该是一次次送温暖的活动。家访也是落实德育工作的一项重要措施，有些私密的话语，在教室不方便说，学生在学校也不愿意说，而家访中师生就可以谈一些个人话题，老师可以更全面地了解学生。班主任通过家访还可以发现，一些在学校表现很乖巧的学生，在家里却并不听话，班主任要指导家长学习家庭教育的知识，和家长共同做好家校共育工作。教师可以搜集整理自己遇到的优秀家长的教育方法，在家访的时候提供给家长，因为家长也是在学习中不断成长，也是在学着做一名好家长。好学生是教育出来的，一个家庭要想教育出一名好学生，就要有科学的教育方法，而且要根据不同孩子的特点，因材施教。

二、家访全班需注意的事项

家访就是针对每个孩子的不同情况开展教育的最佳契机，应多表扬鼓励，少批评指责，给孩子留足面子，学生和老师的沟通能更顺畅，拉近关系的同时也能起到很好的沟通效果。在与家长们交流的时候，一定要注意共情，这样才有利于沟通的顺利进行。

班主任家访时要学会和家长聊天，多聊一聊学生家长感兴趣的话题。在家访的时候，要注意围绕一个主题聊天，学生在家里的表现，要让家长多说，学生在学校的表现，班主任多说一些，要注意适时进行正能量的评价，对学生的优点要及时鼓励。

第一，要备课。家访的目的、学生在前一段时间的优秀表现、学生上课的表现等，这些要提前整理好。家访后要对交谈过程、交谈效果进行整理。

第二，要提前通知家长，让家长有所准备，或和家长沟通好时间再去。同时，教师家访的着装要正式，表现对家访的重视。

第三，家访时应多表扬学生，多谈优点，对存在的问题，要委婉地指出。学生和家长都希望听到表扬，因此，班主任在平时的班级管理中，要注意发现学生的闪光点。

第四，尽量做到平时家访，期末过于集中的家访，会让家长感觉目的性太强，而且对班主任的身体健康也不利。班主任要把家访看作一件十分快乐的事，因为家访的目的是让学生健康成长。

第五，家访后，尽量写家访日记。用家访日记记录家访的过程和感想，积累教育经验，使其有利于后续教育工作。

第六，家访时，不接受家长的礼物。面对去家访的老师，家长们往往会十分热情，因为家长是把自己家庭的希望交给老师去培养，所以对老师往往十分信任，更想感谢老师。但是，教师一定要廉洁从教，不接受家长的礼物。一旦在家访的时候接受了家长的礼物，那么家访的性质就变了，对教育学生也不利。

家访前，我会提前几天通知学生，会先整理最近一段时间随堂听课发现的学生的闪光点和存在的问题，这样与家长交流起来就有根有据，学生也会心悦诚服。平时注重家访，及时帮助学生解决问题。平时家访累一点，班级管理就轻松一点。每一次家访，我都会写下自己的家访笔记，积累教育学生的资料。有时，家长们也会要求学生写老师去家访后的感想，第二天，学生会把自己写的感想交给我，读着那些感想，我感受到了学生的成长。

三、用心写好家访笔记

1997年秋季，我开始担任班主任，家访就开始走进了我的生活中，对小盛同学的家访，让我开始认识到了教师责任的重大。以下是我的家访笔记。

家访笔记一：让孩子顺利完成初中学业

1997级6班的四十多个学生中，我感觉小盛的理解能力和表达能力比较差，虽然平时很听老师的话，但是经常不写作业，任课教师反映他上课纪律也不太好。为了了解学生的成长环境，我今天利用下班后的时间对他进行家访。

晚上，我来到小盛的家里，只有小盛的妈妈在家，她说一会儿要去医院照顾小盛的姥姥。我们一边走一边聊孩子的情况。妈妈说，孩子出生时难产，伤着了大脑，造成智力水平比较低，自己没有工作，只靠父亲开长途汽车维持生计。听着家长的叙述，我感觉孩子和家长都不容易。

来到医院，小盛的姥姥躺在病床上，听到是老师来了，一定要坐起来。老人的身体很瘦弱，脸上布满皱纹，她拉着我的手说："这个老师真年轻啊，孩子跟着你，让你受累了。"我赶紧说："不累，当老师的应该多关心学生。"老人向我讲述了家里的情况，讲到自己的外甥小盛的时候，很是激动，担心老师们不喜欢这个孩子。我说："您放心，老师们会把小盛当作自己的孩子来照顾的。"老人拉着我的手说："我恳求一件事，请老师您帮小盛顺利完成初中学业，我感激咱学校一辈子。"我赶紧承诺，一定完成老人这个心愿。

从小盛家家访回来，夜色已深，可是老人那恳切的眼神，还一直浮现在我的眼前。我一定要完成老人对我的嘱托，再难也要让这个学生顺利完成初中学业。因为，不管是怎样的学生，他都是家里的宝，都是家里的希望。

作为一名班主任，要像对待珍宝一样，对待班里的每一名学生。

家访笔记二:送学生去医院

今天下午，已经上课了，可是小鹏还没有来，家里电话打不通，联系不上家长，不知道他到底是什么情况。这让我很不放心，我按照自己对待这种情况的一贯做法，赶紧去家访找他。

我按照自己记得的家庭地址，向小鹏的家中赶去。小鹏的家在一个新建的小区，很多人都不知道这个小区在哪里，我一路打听，一路前进，甚至走错了好几个小区，最后终于来到了小鹏家。敲了敲门，没有人应答，轻轻一推，门自己开了，小鹏的父亲喝醉了酒，躺在客厅的沙发上睡觉，酒味很大。这时，一个微弱的声音从里边的房间传出来，我走过去一看，是小鹏。他躺在床上，我问他为什么没有去上课。小鹏说自己感冒发烧了，没法去学校。我摸了一下他的额头，很烫，我立刻带他去医院看病。

骑上自行车，我担心小鹏坐不稳，就让他从后边抱住我，快速赶往医院。到医院急诊科后，我去给他挂号，让医生给他看病。当时，医生还责怪我，为什么不把孩子早点送来，但知道面对的是孩子的老师后，便不再说什么了。

医生给小鹏打了退烧针，开了药，之后，我就带着小鹏回家了。等我们回到家的时候，他的父亲还在睡觉。第二天，小鹏把医药费给我拿来了，他说他父亲一定让我收下。

我想，今后如果再有学生没按时来上课，并且也联系不上家长，我一定要第一时间去家访，可能此时学生正需要班主任的帮助！

家访笔记三：和有听力障碍的学生促膝交流

小玉是一名男生，一入学，我就发现他有听力障碍，需要戴着助听器，而且语言表达不是很清楚，我需要用手比画着和他交流。

今天下班以后，我来到了小玉的家中，奇怪的是只见到了他的爷爷奶奶，却没有见到他的爸爸妈妈。老人热情地接待了我，给我讲述了小玉的经历，小玉先天听力障碍，爸爸去世了，妈妈也不跟他一起生活，主要是爷爷奶奶照顾他。说到难过的地方，小玉的爷爷奶奶不由得流下了眼泪。

我告诉小玉的爷爷奶奶，尽管小玉有听力障碍，但是孩子的品质非常好，上课遵守纪律，从不与同学在教室打闹，文化课成绩不错，尤其喜欢钻研数学问题，老师和同学们都非常喜欢小玉。

小玉喜欢运动，跑步特别快。在运动会上，他听不到发令枪响，就看我的手势起跑，我在发令枪响的那一刻，用力一挥手，小玉就能按时起跑，运动会 200 米跑他取得第二名的好成绩。孩子不容易，孩子的爷爷奶奶更不容易，两位老人为培养孩子付出很多，我对他们充满敬意，我一定要帮助小玉健康成长，这样才对得起他的爷爷奶奶对我的信任。

家访时，小玉就坐在我的对面，我们这样促膝而谈，我的语速很慢，力争让每个字的声音都传到小玉的耳朵中。小玉一边发音不是很清楚地跟我说话，一边借助手势把意思表达清楚。我问他的梦想是什么，他说自己想当一名厨师，做美味的饭菜。

从小玉的家中出来，已经很晚了，路灯不是很明亮，小区里的路七拐八绕的，也不好走，但是我的内心充满希望。因为小玉尽管听力不好，语言表达也不是很清楚，但是我们倾心谈话的时候，我看到他的眼睛里充满明亮的光。我想，只要我和家长一起努力，小玉一定会有很好的发展。

家访笔记四：走进贪玩的小赵家

小赵是后来调进我们班的女生，个子不高，性格很活泼，学习成绩有点低，我今天决定对她进行家访。

小赵的家在郊区的特种动物养殖场，吃完晚饭，我骑自行车前去家访。动物养殖场都是一些矮小的平房，养殖户也住在那里。刚下过雨，养殖场泥泞的小路没法骑车子，只能推着车子前进，深一脚浅一脚，有几次差点滑倒。我想千万不能滑倒，要不然满身污泥，怎么坐下来跟家长谈话呢。

终于到了小赵的家里，家长一把接过我的自行车，推着就走进了院子里。院子不大，有只大狗在凶狠地叫着，吓得我紧跟在家长的后边走，生怕那只大狗会突然跳出来。进屋后，家长给我倒水，我们开始聊学生的情况。我介绍小赵在学校的表现，小赵整体表现不错，就是上课的时候，说话比较多，影响了学习，希望她能严格要求自己。

正说着，突然听到隔壁房间大声喊叫，我很吃惊，家长说这是小赵的哥哥，二十多岁了，因为生病整天躺在床上，不会说话，不能上学。我跟家长来到隔壁房间，里边的光线不是很明亮，在一张婴儿床大小的床上，躺着一个男孩子，十分瘦弱，床边装着护栏，大概家长怕他从床上掉下来吧。看到有人走进来，他显得很开心，继续大声咿咿呀呀地说着，我听不清他在说着什么，我感到有一些害怕。待了一会儿，我们又回到客厅，我本来还想说说小赵需要改进的地方(就是平时的不好表现)，此时却说不下去了。

在往回走的路上，尽管还是泥泞的小路，我却不怕摔倒了，因为已经家访结束了，摔一身泥也不怕了。我终于明白，小赵的父母为什么对小赵有些纵容，甚至有些溺爱了，因为小赵就是这个家庭的希望啊。

我明天要和小赵好好谈一谈了，帮助她认识到：为了自己，为了家庭，为了哥哥，要改掉不好的习惯，好好成长。

家访笔记五：寻找叛逆的小君

今天，从另一个班调过来的小君，放学之后没有回家，离家出走了，这让我很担心。家长找到学校来，询问老师是不是训斥小君了，是不是老师的原因导致他离家出走。我耐心地向家长解释小君调到我们班后的表现，并没有老师严厉批评他。

送走家长后，我十分牵挂小君的情况，他到底去哪里了，这样不回家是十分危险的。下班后，我赶紧到小君家。这是一个小工厂的家属宿舍，只有两栋楼，小君家住在一楼，房子不大，房间里边十分凌乱，墙边放着一些渔具，他的父亲平时喜欢钓鱼。家长说："小君平时不爱学习，最喜欢玩游戏，因为玩游戏过多，眼睛都近视得非常厉害了。"我还了解到，小君最近一段时间以来，因为玩游戏经常不写作业，可能是怕家长因为不写作业打他才离家出走的。而小君的姑姑，平时跟小君在一起的时间不多，当看到小君没有回家之后，第一时间想是不是学校和老师的责任，于是就找到了老师，并且态度也不好。我耐心地向小君的姑姑说明情况。最后，我请家长放心，我会发动同学们去找小君，一定要把他找回来。

从小君家走出来，我马上召集几个平时与小君关系不错的学生，了解一下小君可能去的地方，同学们说小君去高新区打游戏的可能性较大，因为那里有个游戏厅，小君说他经常去那里。我又问了一下小君原来班级中跟他关系好的学生的名字，问他原来班主任要了这位同学的联系方式、家庭住址。晚上 9 点 30 分，我来到了那位同学家，只有他自己在家里，他说他这两天见过小君。我跟他讲小君不回家的危险性，希望他能劝小君回家。一会儿这位同学的家长也回家了，他也答应积极配合老师，如果小君到他们家中，他会第一时间联系我。为了找学生，我买了一个BB机，我将号码告诉了他们。

晚上10点多了，我从高新区骑自行车往家走，快到家的时候，那位同学的家长用传呼机告诉我：小君到他家去了，他已经将孩子稳住了，希望我尽快赶过去。于是我转头又向高新区赶，接上小君之后，我先把他送回家，怕他脾气暴躁的父亲打他，我告诉他回家先认错。我在路上还买了一个面包给他吃，他很饿，一会儿就吃完了。

到小君家的时候，已经快凌晨了，他的爸爸妈妈都已经睡下了。我敲门，送他回到家里，并嘱咐家长不要打孩子，让小君也保证今后不会再离家出走。

我回到家的时候，已经是下半夜了，我也终于能安稳地睡觉了。唉！当班主任真的是不容易啊。

2000级1班是一个平行班级，有了前面三年的班主任经验，我感觉班级管理工作轻松了许多。在初三的时候，又从别的班级分进一些优秀的学生，这个班级不断前进，越来越优秀。

家访笔记六：家访长跑后不舒服的小李

学校举行越野比赛，小李是我们班参加比赛的女生，她平时跑步很快，可是今天的越野比赛中，许多女生已经跑回来了，小李还没有回来，急得我在学校的大门口反复向马路上张望，担心出什么问题。

终于，小李的妈妈带着她回来了，原来小李的妈妈今天早上就发现小李肚子疼，但是小李怕耽误比赛，不让告诉老师。妈妈不放心孩子，就偷偷跟在越野跑步的队伍后边，发现小李因为肚子疼无法跑步了，于是就用自行车载她。小李不让妈妈去医院，怕老师在学校里担心，要求妈妈先带着她到学校来，跟老师说一声。我不由感叹，多懂事的孩子啊！

放学之后，我来到小李的家里家访，那是一栋很旧的楼房，楼梯的台阶高矮不一，楼梯上没有灯，我摸着黑一步步走上四楼，一层有四户人家。走进小李的家中，发现房子尽管很旧，但是打扫得很干净。

妈妈说她跟小李的爸爸很早就离婚了，自己带着孩子生活，但自己下岗了，平时靠打工挣一点钱，孩子的爸爸每个月按时给小李生活费，勉强维持生活，为了孩子好好学习，将来有出息，她一直在坚持着。小李坐在我的边上，我问她现在身体好些了吗，她告诉我已经去医院看过了，医生给开了药，没有什么大碍。我看到在她房间放的古筝，才知道她一直在学习古筝弹奏，我对她的这个特长大加赞赏，希望她有机会在班里展示一下，她愉快地答应了。我向小李的妈妈表扬孩子的优秀表现，尤其表扬她在活动中表现出的坚强意志。我们一起聊小李未来的发展，了解小李的梦想，我鼓励她努力学习，相信她将来一定会实现自己的梦想。

走出小李家小区的大门，夜色已深，微微有些凉意，但是我充满信心，因为，我相信这么努力的学生，一定会有好的前途。

家访笔记七:在学生床前的轻声交谈

学生小鹏是一个有点调皮的学生，班干部多次和我反映他上课不遵守纪律，被任课教师批评，耽误大家的学习时间。

今天晚上，吃过晚饭后，我到小鹏家家访，想帮助小鹏养成课堂上遵守纪律的好习惯。夜色朦胧，我来到小鹏家的门外，轻轻叩门，是小鹏的父亲开的门，说小鹏今天睡得早，已经睡着了。

既然已经来了，我想还是和家长聊一会儿吧。小鹏家的房子不大，小鹏的床就在客厅的一个角落里。小鹏的父亲搬了两把椅子过来，我们就坐在小鹏的床边，轻声说起话来。我先表扬小鹏的优点，他热爱劳动，品质很好，是一个有良好前途的好学生，但是在学习上还不够努力，有点贪玩，老师和家长应该想办法帮助小鹏养成良好的习惯，提高学习的效率，提高学习成绩。小鹏的父亲说小鹏是家里的独生子，平时对他的要求不够严，希望老师在学校中严加要求，家长一定大力配合。

我不知道小鹏是否真的已经睡熟，可能有些表扬的话，当着面说并不十分方便，他这样睡着了，我表扬起来反而更方便。于是，我就继续轻声地向家长表扬小鹏，从班级活动中小鹏的积极表现发现他的闪光点，如果小鹏能够听到的话，可能会有很积极的作用。我还谈了自己对小鹏的期望，认为他是一个很有潜力的学生，如果能养成良好的学习习惯，一定会大有进步，能考上一所理想的高中。

小鹏在睡觉，我和家长却悄悄聊得很投入，不觉过去了好长时间。我告别离开，从曲折迂回的村中小路出来，走到大路的时候，夜色已晚，路上行人也很少了。

期待小鹏今后能有良好的表现。（我没有想到的是，小鹏在20多年后，成为我们区优秀的青年企业家。可见，班主任要用满腔的热爱对待每一位学生，因为我们的努力可能会鼓励他们走向成功。）

家访笔记八：在火烧铺中的家访

小帅是班里一个胖胖的男生，经常不写作业。在星期五下午放学后的班干部会上，许多班干部都对小帅的表现不满，希望老师找一下他的家长。于是，我让班干部想了一下小帅有哪些表现不够好的地方，整理出来，我好去和家长交流。

今天，我要去小帅家家访，小帅说父母平时的工作是打火烧（潍坊一种小吃），于是，我便去小帅家的火烧铺家访。我到火烧铺的时候，小帅的父母刚忙完一天的活，正收拾东西。我赶紧和他们一起收拾，我们一边收拾一边交谈。我得知小帅的父母很忙，每天早上三四点钟就要到火烧铺做准备，一干就是一天，晚上很晚才回家，基本上没有时间管孩子的学习。

收拾完东西，我们坐下。我照例还是先表扬小帅做得好的方面，然后将班干部总结的问题，逐一和家长分析，我们发现小帅并不是不想学好，而是因为自己的习惯不好，耽误了学习。我们便一起商量解决问题的办法，在学校里交给老师负责，严格要求，力争进步，在家里，无论家长多忙，每天都要抽时间过问一下孩子的学习，让小帅感受到家长很关心他。

我对小帅的父母说：“请你们放心，在学校里，我就是小帅的家长，一定会严格要求,为了小帅的发展,我们要一起努力。”

分别时,当与家长每天辛苦劳作的手握在一起的时候,我感到了自己肩上责任的重大。

2003级6班,是我担任班主任的第三届学生,初三的时候重新调整班级,这个班级又分进十几个优秀的学生,是一个不断进步的优秀班集体。

家访笔记九:在装修材料仓库的家访

学生小佳,是一位非常优秀的学生,在平时的劳动中非常能干,朴实勤奋,我很喜欢这个学生。为了进一步了解这个学生的情况,帮助他提高学习成绩,于是我去家访。

小佳的家在装修市场,我绕过许许多多的装修材料,来到了小佳的家。他的父母非常友善,叙说自己从老家到这里来做装修材料的生意,他们平时很忙,顾不上孩子的学习,孩子的学习主要靠他自己。我说,先看一下小佳的学习环境吧。我们来到小佳居住的小房间,房间内只有一张简易的书桌,没有书架,也没有台灯。小房间有些幽暗,小佳的学习环境确实不佳。我想象着小佳每天放学回到家中,坐在自己的简易书桌前,闻着装修材料的气味,在微弱的灯光下学习,真是不容易。于是,我向家长建议,给孩子买一盏台灯,解决照明的问题,不然对孩子的视力很不好。家长答应一定做到,尽快给孩子买台灯。

我们一起谈小佳的学习,谈对孩子未来的打算,谈小佳在学校的良好表现。装修市场的材料仓库弥漫着各种装修材料的气味,我们全然没有在意,因为我们在一起谈的是最有希望的事情,那就是孩子美好的未来。

家访结束后,我又穿过许多装修材料的空隙,走上大街回家。此时,华灯初上,星空闪耀。

家访笔记十:陪伴小刘回家

小刘是班里的一个男生,学习成绩不错,就是有点自负。今天,小刘因为他父亲的原因，遇到一点问题，需要我陪着他回家。

今天下午，我出去开会，开完会刚回到学校，就发现小刘和他父亲在办公室门口站着，神色有点紧张。我赶紧询问怎么了，小刘的父亲说是不敢回家了。接着向我讲述了事情的经过：今天下午，小刘与高年级的同学产生了一点矛盾，小刘的父亲来接孩子的时候，了解了这个情况，于是没有告诉老师，就私自找那个高年级的学生，训斥了那个学生，谁知那个高年级学生的家长也是一个脾气很急的人，听说这件事情后，十分生气，在校门口等着，要与小刘的父亲理论一番。

听到这里，我觉得事情有点严重，于是赶紧到校门口，果然发现那位高年级学生的家长在那里等着。我上前打招呼，解释事情的经过，叫上两边的家长，开展和解工作，最终对方家长答应不再追究，可是走的时候，他的态度还是不太友好。

天色已晚，可是小刘和他父亲还是不敢走，怕对方的家长还在外边。我就陪着小刘和他父亲在办公室聊天，一直等到晚上8点，小刘和他父亲才在我的陪同下回家。

我送小刘来到他的家里，再次与他谈应该如何处理和同学的矛盾。等到我往家走的时候，已经是深夜了。

小刘在毕业多年之后，给我发来短信：

教授知识的老师常见，以德育人、用心诲人的老师不常有。2003年9月，我的入校考试数学59分，郭老师您单独叫我到您办公室，跟我说“数学有点差，不要偏科”。初三上学期，一高年级学生和他爸爸堵在学校门口要揍我，郭老师您和保卫科老师一起带着我，熬到近8点。时至今日，这些仍记忆犹新。感谢郭老师在我青春年少无知时的教诲和包容——您曾经顽皮的学生。

家访笔记十一：在大雪纷飞的天气里家访

小样是班里一个个子矮小的学生，平时表现非常不好，总是违反纪律，任课老师多次向我反映小样存在的问题，甚至说，如果小样不在这个班里，自己的上课纪律会好很多，一定会提高自己任教学科的优秀率。我当然不能让小样不在这个班里,我要做的就是帮助小样改正缺点。

今天是周末的下午,我正好有时间,可以去家访一下小样。就是天气不太好,下着小雪,我冒雪出发了。等到了小样家的时候,我身上落了一层雪。

小样的家在一栋很旧的楼房里,是一楼的一个单元房。他的爷爷奶奶接待的我,老人十分热情,倒茶水,洗水果。从与他们的交谈中,我了解到小样是一个很不幸的孩子,父亲在他很小的时候就去世了,小样的母亲带着女儿嫁到了青岛,把小样留在了爷爷奶奶身边。我终于明白了为什么每次开家长会,都是小样的爷爷来。

听着小样生活的经历,我对他十分同情,原来小样的纪律表现不够好是有原因的。因为他从小缺少父母之爱,爷爷奶奶过于疼爱他,但是在教育他的时候不严格,导致他养成了不良的习惯。于是,我们一起分析如何才能进一步做好,帮助小样成为一个优秀的少年。

家访结束的时候,小样一直送我到楼门口。外边的雪下得越来越大了,我骑着自行车走出很远,到小区门口的时候,下意识地回头一看,小样还站在大雪中送我。

2006级2班,是我担任班主任的第四届班级,班里有几个学生学习特别自律,成绩非常优异,但是也有几个同学纪律观念不强,需要家校携手进行教育。我针对学生存在的问题,适时开展家访。

家访笔记十二:家访父子习武之家

小阳是班里一个学习不错的学生,本来不在我们的学区,家长说是原来住的房子因为附近学校扩建面临拆迁,就搬家到了我们学校上课。小阳父子都是习武之人,平时父亲做得最多的就是教孩子练武术。昨天,小阳因为和一个同学有点矛盾,于是动手了,情况不严重,但是性质很严重。于是,我决定家访,帮助小阳认识到自己的错误,以便与同学和谐相处。

吃过晚饭,我跟小阳的家长约好之后,就去家访了。小阳家租住的房子很不好找,我在夜色中找了半天才找到。到小阳家门口了,小阳的母亲却将我拦在了门外，她说，小阳的父亲喝醉了，如果听说小阳跟人动手，可能就要打孩子，他经常喝醉酒之后打孩子。我说，这种情况下，我更要跟小阳的父亲谈一谈，我明天晚上再来。

第二天晚上，我再次来到小阳家。接待我的是小阳的父亲，我把事情的原委向他做了介绍。我发现这位父亲尽管脾气很急躁，却是一个明白事理的人。他说，习武之人先修德，是自己没有教育好孩子。之后，我们一起跟小阳谈应该怎样与同学文明交往，小阳也认识到了错误，答应明天和家长一起去同学家道歉。我也跟小阳的父亲分析，孩子已经上初中了，不能打骂孩子，要尊重孩子，如果简单粗暴对待孩子，这样对孩子的影响也不好，做事情应该从大局出发。小阳的父亲也表示同意我的观点，今后在教育孩子时会尊重孩子。

从小阳的家中出来，天色已晚，我感觉很有成就感，这对父子尽管是习武之人，脾气有点暴躁，但还是很明事理的。相信孩子也会发展得越来越好。

家访笔记十三：到父母都是聋哑人的学生家中家访

学生小好，是班里一个比较特别的学生，成绩不是很好，整天只想着玩。我想去家访，了解一下他家里的情况。

晚上，我骑着自行车来到了小好的家。小好的家在农村，我进村子之后就打听他的家在哪里住，等我到他家门口的时候，发现小好的父亲早就在门口等着了，见面也没有说话，而用力地握手，然后是咿咿呀呀地比画着，将我的车子推进了家院子里。我有点愕然，不知道这是什么情况。这时，边上有一个中年男子说是小好的叔叔，他介绍说小好的父亲和母亲都是聋哑人，只有小好一个孩子，平时很溺爱孩子。

进门坐下，我只能尽量跟孩子的父母交流。他们望着我，应该是听不到我在说什么，只是比画着手势，使劲地点头，因为他们知道，老师是从心底里希望学生好，他们是信任我的。小好的叔叔和我介绍他们的情况，小好的父母天生就是聋哑人，幸运的是小好是一个正常的孩子，于是父母对这个孩子特别珍爱。

我想小好在许多人的眼里，可能有许多需要改进的地方，但在父母的眼里就是最珍贵的宝贝，是上天赐给他们最好的礼物。作为一名老师，应该努力教育好学生，才能对得起父母的这份信任。我学着用手势告诉小好的父母：老师一定会认真教小好，让小好健康成长。小好的父母使劲地点头，向我竖起大拇指。

家访结束，走出小好家的大门，又是小好的父亲帮我推自行车，目送我走了很远。

2009级6班，是一个非常优秀的班级，是我担任班主任的第五届班级，这些学生一开始成绩一般，但在励志班的口号——“战胜自我，顽强拼搏”的鼓励下，最终取得优异的毕业升学成绩。

家访笔记十四：家访优秀的学生，让我也受到启发

小诗是班里非常优秀的学生。学校领导来听课时，也注意到了这个优秀的学生，说她写字好，语言表达能力强。今天，我要去她家家访。因为我一直坚持全员家访，优秀学生更要家访，要发现他们优秀的原因，让同学们一起学习。

周末，我按照约定来到了小诗的家。尽管小诗的家是在农村，但是这个村子发展得非常好，他们住在崭新的楼房里，门牌清楚，很好找。

小诗的家里收拾得非常干净，墙上贴着学生画的画，画面很美，可见学生有很好的艺术素养。小诗的父母热情接待了我，谈了孩子从小的发展，小诗小学就担任大队长，对自己的要求很严。小诗的父母跟我说，有一段时间，小诗在自己的房间写作业，他们在客厅看电视剧，可能音量有一点大，小诗就写了一张小纸条贴在了电视机上，纸条的内容是“爸爸妈妈，在我写作业的时候，你们能不能不看电视？因为你们看电视影响我学习”。从那以后，小诗的爸爸妈妈在小诗写作业的时候，努力做到不看电视，给孩子创造一个安静的学习环境。

小诗是一名发展非常全面的学生，我向她父母介绍小诗在学校的优秀表现，表达对小诗的美好期望。家长表示一定配合好老师，一起为小诗的发展努力。

家访结束后，小诗的优秀表现深深震撼了我，我一定要在下周一的班会课上向全班同学表扬小诗认真学习的态度，号召全班向她学习。

家访笔记十五：家访励志进取的学生

学生小丽是班里的一个女生，平时表现非常好，前几天我跟她约好了，今天要去家访，为的是表扬一下她，给她的学习鼓劲。

晚饭后，我到小丽家家访。这是一个很旧的小区，按照小丽说的地址，我找到一栋旧楼，这栋楼只有两层，每一层有十几户人家，只有一个楼梯上下，小丽没有告诉我具体的位置。当我正在犹豫的时候，忽然听到楼上传来了读英语的声音，我循声而上，穿过二楼的一堆杂物，来到一间一居室门前，往里面一看，正是学生小丽在领着她的弟弟读英语。他们没有察觉我的到来，我感觉自己看到了最美的风景，没有人督促，姐弟两个在自觉地学习，这是多么优秀的少年啊！

我轻轻喊了一下小丽的名字，小丽应声答应后开门，把我迎进室内，房子很狭小，却很温馨。小丽的父母待人很热情，准备好茶水后，我们就开始聊天。家长说，小丽学习很自觉，不用家长督促。我也向家长介绍小丽在学校的优良表现，对班干部工作认真负责，上课表现很好，是一个好苗子。我们一起愉快地交流，把老师和家长的期望告诉小丽，希望她继续努力。

家访完毕，家长担心旧小区的路不好走，一直将我送到小区门口。在往家走的路上，想起班里有这么优秀的学生，我心里充满希望。

家访笔记十六：陪着学生一起上学

学生小真是班里的一名女生，平时有点贪玩，学习不太认真，家长对她的学习十分着急。那天早上，到上课的时间了，小真却没有到校，我赶紧打电话询问，家长说孩子和父亲因为作业的事情吵架了，小真的父亲把孩子的作业本撕破了。

放下电话，我赶紧到小真家进行家访。来到小真的家里后，发现小真把自己房间的门锁上了，她的父亲气得出去了，只有她的妈妈和她在家。我了解了一下事情的经过，帮助小真分析家长生气的原因。小真写作业不认真，态度也不是很好，可是家长内心希望自己的孩子重视学习，能取得好的成绩。在我的劝说之下，小真也认识到了自己的错误，认识到不能用不上学的方式来反抗父母，决定跟着我去上学。

我们师生二人迎着朝阳向学校走去。我问小真吃早饭了没有，小真说没有，我就给她买了两个肉火烧。我们一边走，她一边吃，到学校门口，刚好吃完。看着她走进教室，我的心才放下来。

在班主任工作中，我们会经常遇到父母和孩子产生矛盾的情况，这时候，班主任可以帮助他们进行沟通，让学生和家长学会换位思考，互相理解，让学生保持良好的学习状态。

2012 级 1 班，是我担任班主任的第六届班级，初一上学期快期末的时候，班里又调进 19 名优秀学生，我们将“做最好的自己”作为全班的追求，一起建设成了最优秀的班级。

家访笔记十七：和学生深夜在路边交谈

小艺是班里的一个男生，平时活泼好动，有时上课喜欢钻到课桌下，将同学的鞋带系在桌子腿上搞恶作剧。这是一个聪明但是有一点调皮的学生，但就是这样一位学生，也有与父母闹别扭、叛逆出走的时候。

今天晚上 10 点多了，我突然接到小艺家长的电话，说是因为今天说了小艺几句，他就跑出去了，一直到现在也没有回家。我赶紧穿好衣服，出门找小艺。我跟小艺的父母在路边见面了解情况，原来小艺的父亲这两天一直在督促小艺学习，看到小艺在学习时漫不经心的样子，就把话说得比较重，小艺一气之下就跑出去了。家长告诉我，小艺带着电话，但是打电话他不接。

我赶紧给小艺打电话试一下，他应该是知道我的电话号码，他接了我的电话。我问他在哪里，他说自己也不知道，我就让他说一下周围有什么建筑，我根据周围建筑的情况，快速判断出他的位置。我告诉他坐在那里不要动，于是骑着电动车走在前边，他的父母悄悄跟在后边，我们一起去找他。

找到小艺后，我先问他是怎么回事，他详细地向我倾诉了事情的经过和心中的委屈。我对他的委屈表示理解，我告诉他换个角度，再考虑一下父母的感受。终于，他觉得自己也有不对的地方，这样离家出走是不好的。他觉得自己这样做，不好意思面对父母，我说你的爸爸妈妈其实一直就在不远处等着你，我向远处一招手，他的父母就过来了。

夜深了，我和小艺、小艺的家长一起往回走，我的心情与出来的时候截然不同，帮助学生顺利度过心理上的难关，我的心情很愉悦。

家访笔记十八：鼓励父亲突然离世的学生勇敢面对生活

小W是班里一个内向的学生，平时话不多，但是在我们这个温暖的班集体里，脸上总是挂着微笑。可是最近一段时间，他脸上的微笑消失了，总是很忧伤。直到今天，他的妈妈给我打电话，给孩子请假回老家去，我才知道他的父亲因病去世了，内向的小W没有向老师和班里的同学说。

今天，我要和家委会的妈妈们去家访，她们负责安慰小W的妈妈，我负责给学生鼓劲，让他勇敢面对今后的生活。

下班后，我和家长们买上水果，一起来到小W家。是小W开的门，他一看到老师来了，泪水就流了下来。我们进门，家委会的妈妈们和小W的妈妈拉着手交谈，询问着有什么需要帮助的地方。我和小W交流，告诉他老师的经历：我也是在很小的时候父亲就因为车祸去世了，一开始我也是十分伤心，但是作为男子汉，伤心之后，就要振作起来，要勇敢面对生活。小W始终话不多，眼中含着泪水，但是，我发现他的眼神里悲伤减少了，希望的光增多了。

家访完毕，往回走的路上，我想小W遇到这样的困难，我今后要多关心他，多给他鼓劲，让他勇敢面对困难，努力学习。

一次次的家访，让我认识到，作为一名班主任一定要热爱班级管理，热爱班里的每一个学生，温暖一个学生，也就温暖了一个家庭，帮助了一个学生,就是帮助了一个家庭。

2014 级 2 班,是我担任班主任的第七届班级,这个班在初一的时候,我还同时担任初三一个班的班主任,两个班级齐头并进,都是非常优秀的班级。到初三的时候,以这个班为主,从其他三个班调入二十几位同学,组成冲刺中考的 C 班,我同时担任初三年级四个班的班主任,实行选课走班分层教学,分成三个教学班,其他两个班设助理班主任,我担任首席班主任。

家访笔记十九:家访初三转入学生

小雅是初三转入班里的学生,从一开始接触,我就发现这个学生特别有责任心,交给她的事情,她都能特别认真地完成,并且还是一个特别尊重老师的学生,教师节的时候,还在一段苹果树枝上写上"老师节日快乐",送给老师,寓意是希望老师们健康、平安、快乐。我从心底里喜欢这个学生,我想去家访,了解一下是怎样的家庭培养了这么优秀的学生。

放学后,我去家访,来到小雅和爷爷租住的小区,只知道楼号,却不知道几单元和哪个房间。看到楼下有几位乘凉的老人,便打听一下。当老人们听完我的描述后,高兴地说:"那是你的学生啊,那个学生可好了,见到我们就主动打招呼,特别有礼貌。"之后几位老人非常热情地告诉我小雅住在哪个单元房。没想到来家访,首先听到的是小区居民对班里学生的表扬,心中满是作为班主任的自豪。

来到小雅的家里,房子不大,但是很整洁。小雅的父亲忙于工作,她的爷爷接待的我,老人慈眉善目,谈吐文雅,一问才知道是一名退休的老教师,我明白了为什么小雅那么好,和爷爷的悉心教导有关啊。老人说小雅父亲已经买了房子了,但是还没有盖好,就先租住在这里,上学也方便。老人待人特别热情,在和他的交谈中,我也学到了许多的知识。我表扬小雅的优异表现,期待小雅认真学习,争取明年考入理想的高中。

家访结束后,在往家走的路上,我感到自己收获很大,为了遇到这么好的家长,我也要努力将班级管理做得更好。

附记：2022 年 9 月我收到小雅的短信：郭老师好！我现在实习的单位，离咱们学校很近，想念学校，想回去看看，能见到老师就很开心了。

家访笔记二十：在蛋糕店中的家访

小洁是班里一个不错的男生，平时表现很好，喜欢运动，学习也很积极。他的家长是开蛋糕店的，在一些重要的节日里，会给班里的同学们送来蛋糕祝贺。我决定家访小洁，了解一下他的家庭情况，以便于更好地帮助他进步。

小洁说，他的父母平时基本都在蛋糕店，晚上很晚才回家，非常辛苦，他让我到蛋糕店去家访。今天下午，我按照小洁给的地址去家访，那个小区道路很复杂，我竟然走错了地方，多次打听后，终于找到了小洁家的蛋糕店。店里很狭窄，而且摆着许多的糕点，显得有点拥挤。小洁的父母搬了两把椅子，我们就坐在店里的小过道上交谈，他们还需要时不时地招待到店的客人。

我向家长介绍了小洁在学校的优秀表现，小洁上课回答问题非常积极，乐观开朗。家长听到孩子的良好表现，也十分高兴，并表示很关注孩子的日常学习情况，可是因为工作太忙，没有时间陪伴孩子学习。我跟家长说，你们确实非常辛苦，但是也要尽量多抽出一些时间陪孩子，初中阶段是孩子快速发展的一个时期，家长要多关注孩子，让孩子的成长不留遗憾。老师在孩子的教育上全力以赴，家长也要在孩子的教育上全力以赴。

从小洁家的蛋糕店出来，感觉身上带着浓浓的甜味，真心希望小洁能够越来越好，用优异的成绩回报辛苦的家长。

2016 级 1 班，是我担任班主任的第八届班级，这是我唯一一次从初二接过来的班主任，我没有中间接班的经验，只有用好家访这个“武器”，全面了解每一个学生，帮助他们健康成长。我在家访中了解到，这个班级尽管只有 38 人，但是家庭有特殊情况的学生将近 20 人。但是，我管不了这些了，学校既然将这个班级交给了我，我唯一要做的就是全力以赴做好班级管理工作。

家访笔记二十一:培养班级骨干的家访

小X是班里一个很有个性的男生,留着一个光头,在班里有几个好朋友,有一定的领导能力。如果他能在班里起一个很好的带头作用,那么将是班级管理的得力助手,我决定对他进行家访,作为班级骨干来进行培养。

今天是周末,我按照此前的约定,来到小X居住的小区。这是一个比较新的小区,小X早早就在楼下等着我的到来。走进家门一看,装修很好,看来小X的家庭条件很好。小X的父母向我介绍他们家的情况,父亲从事物流运输,收入不错,但是因为忙于生意,对孩子的学习管得少,造成孩子的成绩不理想。我向家长介绍孩子在学校的优良表现,孩子积极参加班级的活动,尊重老师,但是上课纪律不是很好,影响了学习。孩子在学校跑操比赛和合唱比赛中表现很好,认真组织同学们参加比赛,取得了优异的成绩,具有很好的组织能力,是个不错的班干部,今后要严格要求自己,发挥班干部的骨干带头作用。我相信小X会帮助班主任做好班级管理工作,将我们这个班级建设成为最优秀的班级。

家访快结束的时候,家长表示一定会做好孩子的教育工作,和老师一起为小X的健康发展努力。

家访笔记二十二:和语文考零分的学生在家中交流

刚接过这个班级的时候,查阅他们的期末考试成绩表,发现有个学生小H的语文考了零分,这让我大惑不解。我感觉小H学习不好,但也不至于考零分,我想去家访了解情况。

今天,我利用周末的时间到小H家进行家访。小H家在城乡接合部的一个动物养殖场内,他们家不是养殖动物的,而是做豆腐的。我走进矮小的院门,穿过一个个做豆腐的大机器,来到了小H学习的地方。

小H的父母对人十分热情,怕我热着,提前准备好了风扇。我问小H为什么语文考了零分,他不好意思地笑了,说自己那天因为心情不好,不想做卷子,所以考了零分。我告诉他,你的数学成绩很好,说明你是一个聪明的孩子，在考试这么重要的事情上，我们要学会管理好自己的情绪。其实，每个人都会遇到不开心的时候，要注意管理情绪，不要耽误重要的事情。

家访结束后，我很开心，因为我了解了小H语文考零分的原因，我相信只要我们一起努力，以后不会再发生考零分的情况。

附记：经过我们的共同努力，小H的语文成绩考到了C以上。上高中之后，小H的家长发来这样一条短信：感谢郭老师的帮助，孩子的语文成绩有了这么大的提高，考上了高中，孩子这次月考成绩全班第一。

家访笔记二十三：发现学生的优秀，表扬学生的优秀

班里有个学生小L，经常请假，说是因为胃不舒服，需要在家休息。有一天，她没有来学校，于是我下课后第一时间，就赶到她家家访，她没有在家，而是被爷爷带去医院检查身体了。在与她奶奶的交流中，我才知道，她是因为小学时，从高处摔下来，摔伤了胃，需要经常到医院看胃部恢复情况。而且小L的父母离异，她跟着爷爷奶奶生活。想到小L平时表现那么好，真心为她在这样的经历中还能坚持好好学习，点一个大大的赞。

回来后，我为小L良好的表现感动，因为有父母在身边呵护的学生，有物质条件好的学生，这些为学生的发展提供了良好的条件，他们表现好要容易一些，而要像我们班的小L一样，克服困难，积极学习进取，付出的努力显然会更多一些，面对困难，坚持做最优秀的自己的学生，才是最值得表扬的。感动之余，我给她写了一封信，对她的良好表现大加赞扬，认为这样不向困难低头的学生，必将大有作为，因为“天将降大任于斯人也，必先苦其心志……”洋洋洒洒的一封信，充满了对学生的赞扬、鼓励，其实我这也是在勉励自己牢记作为教师的初心：关爱每一个孩子，尤其是那些最需要关爱的孩子。

小K是一名性格内向的学生，平时少言少语，而且缺乏自信，有书写障碍，不能清晰地写出汉字。去他家家访后，我才发现他是多么不容易。他的父亲是一名锅炉工，每天要工作12个小时，他的母亲生病需

要照顾。学校不允许带手机，可是小 K 却每天需要带着手机，因为担心回家进不去家门，我就让他每天把手机放到传达室指定的位置。他的学习成绩不好，可是在我的心里仍旧是最好的学生，因为他的品质是那样好。家访让我认识到，这样的学生更加需要关心。

这个班里家庭有特殊情况的学生有 20 多个，他们的父母都不容易，出现问题，不全是孩子的错。面对这样的困难，学生们不放弃，他们励志进取，是我最好的学生，我们在一起建设最优秀的励志班级。我有时却做得不够好，有时只是单纯要求同学们做到更好，可是换位思考一下，我也许没有学生们做得好，我的每一个学生都是好孩子。

现在的励志班，越来越好，这是家长和学生们共同努力的结果，我们共同奋斗，岁月见证我们前进的脚步。家访让我认识到，我们班的每一个学生都是好孩子。

2018 级 2 班，是我担任班主任的第九届班级，班级的 36 位学生，来自 16 个小学，我跟同学们开玩笑说，是怎样美好的缘分，让我们聚集到一起啊。班级学生们家住得比较远，增加了全员家访的难度。

家访笔记二十四：与优秀的学生家长倾心交流

小 T 是班里的学习委员，学习成绩特别好，性格活泼，但是他上课的纪律不是特别好，在学习上有些浮躁，我想通过家访，鼓劲他学习，并且要让他养成扎实学习、谦虚谨慎的习惯。

今天是周末，我来到小 T 的家。小 T 家住的小区门口，就有一所中学，而他没有在此上学，而是选择到我们班学习，足见家长对我们学校的信任，我一定要认真做好教育教学工作，才对得起家长的这份信任。

走进小 T 的家里，发现房子不大，却很温馨，在小 T 学习的书房里贴满了他获得的奖状，而且还挂着几幅画，是小 T 上小学的时候画的，画得非常好看。我让小 T 举着画，给他照了一张相，准备让同学们看一下自己的同学不仅学习好，而且还有艺术才能。

在与小 T 父母交流的过程中，我发现小 T 的优秀和父母的良好教育方法是分不开的，他们非常注重培养孩子的兴趣爱好，培养孩子主动学习，我深深感到，好孩子是教育出来的。我向小T父母介绍孩子在学校的优秀表现以及存在的问题，我们一起给小T鼓劲，鼓励他严格要求自己，争取更大的进步。

家访结束的时候，我和小T的父亲约好，在期中考试家长会的时候，请他做经验交流。

附记：小T考上重点高中后，家长发来短信：郭老师，我们对您的感谢已经无法用语言文字表达了，我们想表达的是无论孩子成绩怎么样，上没上一中，我们都对您心存感激，对这个孩子您的付出比我们做父母的多得多！是您一直没有放弃才有他今天的成绩。郭老师感谢您，三年班主任一生的朋友，我们以后一定保持联系，一如既往。

家访笔记二十五：给生病的学生送饭

小G是班里的一个女生，很小的时候妈妈就因病去世了，父亲因为工作忙，不能跟她住在一起，她独自一人跟着奶奶生活，是一个生活经历很坎坷的学生。

今天早上，到了上课时间，她却没有来，我不放心，就打电话联系她的家人。打她奶奶的电话没有人接，就打她父亲的电话，终于接了，说是昨天晚上，老人突然晕倒了，幸亏和小G在一起，小G打电话给120，才能及时送医院。今天早上，小G说是不舒服，就没有到校上课，大人忙得忘记给她请假了。

到中午放学的时候，在校午餐的同学告诉我，小G订的午餐没有领，我想小G一个人在家，而且还不舒服，一定无法自己准备午餐，我去给她送午餐吧。我从配餐公司领到小G的饭菜，骑上电动车就往小G的家中赶去，因为给她送完午餐后，我还要回家吃饭，所以时间有点紧张。

敲开小G家的门，只见小G一脸病容地站在我面前，看到拿着饭菜的班主任，她一下子愣住了。我没有进门，只在门口跟她聊了几句，知道她从早上就没有吃饭，我嘱咐她好好照顾自己，有什么事就第一时间给我打电话。

虽然我回家比平时晚了大半个小时，但是我很高兴，因为我的学生小G中午没有饿肚子。

2021年秋季开学，50多岁的我又接手了一个新的班级，这是我担任班主任的第十届班级，我利用开学一个月的时间家访了全班。因为落实“双减”的需要，我经常是在晚上的延时看管以后，7点半以后再开始家访。有时是下着小雨，我一手打伞，一手扶着电动车，冒雨前行；有的小区在进行暖气改造，挖了很深的沟，我都是绕过一道道深沟去学生家。有的家长说，当老师的原来这么拼啊！

家访笔记二十六：开完家长会后的家访

小L是班里一名随班就读的女生，学习成绩比较低，在班级活动中的表现还不错，今天开家长会，她的家长没有请假也没有来。

家长会结束后，已经上晚上9点多了，我坐着一个家长的电动三轮车赶到了小L的家里，敲开门之后，却发现她家里漆黑一片，原来没有交电费，停电了。妈妈已经睡下，爸爸还没有睡觉，为了不吵醒她的妈妈，我们三个到走廊里交谈。走廊里的灯亮一会儿就灭了，我们就拍一下手，灯就又亮了，我们继续交谈。

我向家长介绍小L开学以来的表现，对表现好的地方提出表扬，指出存在的问题。当说到今晚为什么没有去开家长会的时候，家长说是因为从工地回来晚了，就没有去。我告诉家长去开家长会的重要性，家长会不仅能了解孩子的学习情况，更重要的是给孩子做出表率，按时参加家长会，会让孩子认识到家长对自己学习的重视，希望家长今后能够按时参加家长会。家长也表示今后一定提前安排好工作，按时参加家长会。

等我家访结束回家的时候，已经是晚上10点多了，街上几乎没有人了。

家访笔记二十七：与家长“预谋”好的家访

学生小S是班里一个很调皮的学生，在他刚上初一的时候，我看到他上课表现有点散漫，就给他小学的班主任打电话了解情况。小学老师说他小学时纪律就不太好，需要进行加强遵守纪律习惯的养成教育。

我和家长在电话上沟通好，让家长故意说是因为小S经常违反纪律，家长决定不让他去学校，而老师是去劝家长让他去学校，家长让小S保证一定遵守学习纪律，然后才同意他到学校。设计好“剧本”，我就向小S家出发了。

今天是周末，我来到了小S的家。这是一个单亲家庭，父亲做保安，奶奶年龄大了，需要有人照顾。我一进家门，小S就告诉我家长不让他去上学了，我赶紧“劝”家长，让家长同意他去上学。家长一开始态度很“强硬”，“坚决”不让小S去上学，最后看在老师的面子上，学生小S保证严格遵守纪律，答应写出保证书，家长才同意让他继续去学校。

今天，我和家长配合默契，达到了教育学生的目的，为孩子画出了遵守纪律的红线，相信孩子会做得越来越好。

家访笔记二十八：给大病初愈的学生鼓劲

新学期开学，班级里分进来一名复学的学生小T。本来，小T是高一级的学生，可是她初二的时候生了一场重病，办理休学后，在医院治疗一年后，才复学来到了我们班里。

初见小T，她穿着厚厚的羽绒服，不太愿意说话。因为长时间的治疗，她的脸部很胖，坐在教室里上课，有的老师竟以为是一位家长来听课。我看着她每天严肃的表情，十分着急，我是多么希望她在这个班级里能够快乐地学习，我渴望看到她快乐的笑容。

为了更好地帮助小T，我在周末进行了家访。刚到小区门口，就看到小T的父亲和弟弟在等我。她的弟弟很活泼，拉着我的手就往家里走。走进小T的家，我发现她家里非常整洁，家长将准备好的水果端上，有点拘谨地开始了谈话。家长先说了一下孩子生病的情况。去年，当他们发现孩子有点反常之后，就赶紧带她去治疗。小T的父亲为了照顾孩子，很长一段时间不能工作。因为新冠疫情防控，当小T在重症监护室的时候，她的父母好长时间没有见到她。治疗结束的时候，她因为长期打针变得很胖,家人几乎都认不出她了。小T拿出了她生病前的照片给我看,真的是判若两人。

我告诉小T,生病是痛苦的,但也是一个宝贵的人生经历。我还记得,当得知小T生病后,全校师生都为她捐款,帮助她渡过难关。我向家长表扬了小T复学后的良好表现,上课纪律很好,认真完成作业,任课老师都很喜欢她。告诉他们,有什么困难们可以及时告诉老师,我们一起解决。我希望小T能够开心地学习,积极乐观地面对生活。最后家长反映小T在家里用手机的时间太长,我于是和小T探讨如何科学使用手机,她也愉快地接受了。

家访后,我发现小T变得自信了,她能主动问问题了。最让我高兴的是,我能经常看到她会心的微笑。

以上只是我担任班主任以来,家访笔记中的一小部分。无数个节假日以及披星戴月的晚上,我都走在家访的路上。家访是我班主任工作的一个重要方面,自从担任班主任以来,我就坚持家访每一个学生,坚持写家访笔记,在家访笔记中也会夹着一些学生对老师家访的感悟。这不是我要求写的,而是有的家长要求学生在我家访后写一篇家访感悟交给我,我明白家长希望用这种方式达到更好的教育效果。学生感悟摘取两则如下。

学生感悟一:谢谢老师的家访,让我明确了奋斗的方向,我将用努力的学习态度、优异的学习成绩,报答老师对我的关心,对我的爱!

学生感悟二:夜幕降临,华灯初上,正是许多人家休息的时候,可是我们的班主任老师,却没有休息,来到我家家访,为我的学习加油鼓劲。您的家访,如同在一片干旱的土地上洒下甘霖,滋润幼苗的成长。

当然,我也十分重视家访效果的反馈,及时跟进对学生的教育。2009级的学生小H,我去家访回来后,发现学生表现好了很多,我给家长打电话询问原因,家长说在我家访走后,孩子哭了,说自己如果不好好学习就对不起老师。小H的学习成绩在我家访后直线上升,最终考上理想的高中,后来考入理想的大学,最后考上了博士研究生。有的学生成长不是一帆风顺的,可能会遇到意想不到的困难,对这样的学生,我会立刻家访,帮助学生渡过难关。多年来,我养成了一个习惯,如果上学时间,学生没有到校,并且还联系不上家长,我会第一时间进行家访。

通过无数次的家访，我愈加认识到，家访最好是在学生没有发生问题时进行，及时沟通才会是和谐的。学生发生问题时，实际最怕的就是家访，班主任千万不要把家访作为教育问题学生的最有效的办法，那样往往会适得其反，提前家访，往往会把问题消灭在萌芽之中。

家访也拉近了老师和家长的关系，家长们更加关心班级的建设。例如，小毅家长为了让小组长更好工作，主动来培训小组长；教室的暖气设施坏了，家长们主动来维修好；运动会上，有学生身体不适，有家长去呵护；中考考场外的考前准备，有家长去给孩子们鼓士气，因为家长们都将励志班的学生当成自己的孩子。多年的班级管理工作，让许多家长跟我成了永远的好朋友，我们的友谊天长地久。

在家访的基础上，我还和家长们一起开展系列读书活动。例如，我和家长们一起阅读《做个不生气的好妈妈》，家长分享感受深刻的一句话：不生气，才能遇到更好的孩子和自己。我认为组织家长阅读，可以让家长和学生们更好地沟通，让老师和家长更好地沟通。在一次家访的时候，学生跟我反馈说，当老师生气发火的时候，同学们都会很害怕。我就和学生约定，如果发现郭老师生气，就提醒我一下不要生气。有一次班级参加活动时的纪律不是很好，我刚要发火，前边一个学生小声说，老师不要生气，生气对身体不好。我们互相对望了一下，不觉微笑，多么可爱的学生啊！

四、和家长一起学习家庭教育

孩子是家长的一面镜子，有什么样的家长，就会有什么样的孩子。作为家长，必须重视家庭教育，家庭教育是需要家长努力做好的一件事情，每一名成功学生的背后，都有成功的家庭教育。我们一直说，好孩子是教育出来的，如果家长对自己的孩子不满意，那么应该从自身找原因，因为家长的教育方式决定了孩子的成长方式，家长是怎样的，孩子就是怎样的。我至今还记得自己小时候读过的一则关于法官和小偷的故事。一名小偷，偷了东西，被抓住了，法官宣判他入狱改造。在宣判的时候，法官说了这样一句话：你的父亲是小偷，你也是小偷，将来你的儿子也会是小偷，这是永远改不了的。那名小偷因为这句话对法官怀恨在心，就想怎样才能报复法官。小偷出狱以后，就结婚生子了，恰巧法官也结婚生子,他们的儿子出生的日期只差了一天。小偷于是偷偷将法官的儿子和自己的儿子换了,因为孩子很小,法官也没有发现。多年之后,小偷的儿子在法官的培养下成了一名法官,而法官的儿子在小偷的教育下,成了一名小偷。法官的儿子因为偷盗被抓,被判刑入狱时,那个老小偷就告诉了老法官事情的真相,这就是那名小偷对法官的报复。这个故事同时也告诉我们,家庭教育对一个人成长的重要性。

我经常邀请往届优秀学生的家长进行经验介绍,分享成功的家庭教育经验。我也是在向优秀的家长们进行学习的过程中,发现了成功的家庭教育的一些特点。

第一,父母以身作则,要求孩子做到的,首先自己做到。孔子就主张“其身正,不令而行。其身不正,虽令不从”。比如要求孩子在学习的时候不看电视剧,那么家长首先要自己做到在孩子学习的时候在一旁是忙家务或是读书,自己也不看电视剧;家长要求孩子睡觉前不看手机,那么家长自己也做到睡觉前不看手机,全家人在睡觉前,将手机放在固定的地方。父母以身作则,孩子才能养成良好的习惯,这一点在《曾国藩家书》中就有很好的说明。教育孩子应宽严相济,该严格的时候要严格,一味放纵孩子,可能会害了孩子,等到后悔的时候就晚了。当然,我们也要注意舍弃传统家庭教育中那些不符合现代教育理念的糟粕,如体罚教育等。曾经有这样一个学生,他的父亲是练武术的,平时喜欢喝酒,一看到孩子有问题,往往上来就打,最后父子关系闹得很僵,不利于对孩子的教育。

第二,家长在对学生进行家庭教育的时候,要注意家风家训的传承,用好的家风影响学生。每个家庭传承的家风家训,是家庭宝贵的文化资产,我在引导家长进行家庭教育的时候,十分注意让家长挖掘自己家的家风家训。家长认真整理自己的家风家训,写成文章向孩子介绍,而我也注意把这些文章向全班同学的家长进行介绍。学生小然的家长整理的《欲高门第须为善,要好儿孙必读书》,参加奎文区组织的家风家训评选获得一等奖。小然的家长说:我会买几本好书,让孩子静下心来读,让阅读温暖孩子的心灵、照亮孩子前行的道路。

此外,我还注意和家长协助学生参加教体局组织的家风家训系列活动,2018级学生在奎文区开展的家谱小课题研究中获得一等奖,学生在课题研究中绘制的家谱一览表,细致地展现了一个大家族每个成员努力奋斗的历程。此外，班级多名同学在奎文区家风家训征文比赛中获得一等奖，励志班努力让充满正能量的家风家训引领学生成长。

第三，父母教育孩子对世界充满感恩之心。家长感激给予自己帮助的人，他们宽容大度、与人为善，他们同情不幸者，父母这种感恩的情怀在潜移默化中就会影响孩子的成长。我发现往届优秀的学生家长在介绍自己的教育经验的时候，首先表达的是感谢，感谢老师们辛苦的付出。其实老师们对每一个学生都是一样的爱，这一部分家长却对老师的付出念念不忘，这份感恩的心不仅让孩子在初中阶段的学习成功，而且会让孩子在以后获得更大的成功。我曾经的一个学生小吕，只在我班里学习了两年，当回重庆读书的时候，她给每一个任课教师都送了一本书，在书的扉页上，她写下感谢的话语，感谢老师们对她的帮助。当她到火车站乘车的时候，班里许多同学自发到车站送她。几年后，她在重庆考上了一所很好的大学，还和原来初中班级的同学保持着联系，互相鼓励前进。2022 年，我们在网上了聊到重庆的山火，她这样说："郭老师，作为一个重庆人，我对近日发生的重庆山火感到很心疼，同时也对参与这次扑火的英雄们表示崇高的敬意！我想，面临挑战时候不惧艰辛而艰苦努力的人是很有魅力的。希望我们的疫情也如重庆山火一样被扑灭。"家庭教育一定要培养孩子的感恩之心，感恩身边的人，感恩社会，感恩这个世界。

第四，成功的家庭教育，父母一定是关注孩子的成长的。好的父母善于和孩子沟通交流，也许孩子正处于叛逆期，父母与他们交流很困难，但越是困难，越要认真进行教育。父母的工作很重要，父母需要经济收入，可是父母对孩子的教育更重要，因为暂时挣不到钱，可以以后再挣，但是孩子的发展一旦耽误了，再想找回来，就很难了，孩子的成长只有一次。孩子可以学习成绩一般，但是不能走偏了路。曾经有这样的堂兄弟两个，他们的学习成绩差别不大，但是一个宽容大度，一个偏激乖张，初中毕业后，都去了职业学院，可是一个参加工作后，认真能干，跟同事关系很好，发展很好，可是另一个游手好闲，不肯努力工作。我在与他们父母交流的过程中，发现他们的教育方式是不一样的，家庭成长环境也是不一样。好的家庭教育，就是要给孩子创设良好的家庭环境。比如，孩子上网课的时候，有没有遇到困难，作业是否按时完成，上课是否按照老师的要求开摄像头，孩子有没有按时到网课教室上课，这些家长都关注了没有。不要相信那些"树大自然直"的话语，一棵小树苗，很小的时候，就已经长歪了，基础都没有打好，怎样能做到大了之后就自然直。我很小的时候，常听我母亲对我的老师说，孩子就是一棵小树，如果有了过多的枝杈，该掰掉的时候就掰掉，不然怎么长成大树。十年树木，百年树人。无论家长还是老师，做的都是教育学生的事业，我们只有关注学生了，才能发现问题，才能适时进行教育。

第五，良好的家庭教育中，父母同样关注孩子的心理健康。学生的健康包括身体健康和心理健康，有的父母只关注孩子身体是否健康，身体是不是不舒服啊，有没有磕着碰着，却忽略了孩子的心理健康。孩子是一个成长中的人，在成长的过程中难免遇到各种各样的挫折，比如学习的压力、和同学相处的和谐程度，等等，而有的父母只盯孩子的学习，忽视了孩子的感受，其实，每一个孩子都想成为父母的荣耀，但有的可能能力达不到，一方面有学生自身的因素，另一方面也有父母遗传的因素。家庭教育同时要做的就是关注孩子的心理健康，发现问题及时和老师沟通，孩子过早与异性亲密接触、孩子行为偏激、孩子出现抑郁，其实根源都在心理。家长们不妨学习一些心理学知识，学习怎样教育孩子，而不能总是从孩子身上找问题。有这样一个学生，他钢琴弹得特别好，我也很喜欢这个学生，可是在 2020 年春天上网课的时候，却经常不上网课，造成他学习成绩下降，他经常离家出去玩，家长在生气的时候还打了他，家长偏激的做法没能起到一点好的作用，反而使事情更难处理。好在我和他的家长一起关注孩子的心理，想办法和他沟通，最后这名学生学习变得认真了，也取得了不错的成绩。其实，每个孩子从一出生的时候，除了遗传父母的智力、相貌，其他的差别不大，之所以越来相差越大，就是家庭教育的问题。为人父母，要努力将一些问题消灭在萌芽当中，这样对孩子的成长更好。父母应抽时间和孩子多谈谈心，如果孩子不愿意和父母谈，那么父母要反思一下自身：如何让孩子敞开心扉。

第六，好的家庭教育，是父母懂得陪伴孩子的教育。科学的陪伴可以满足孩子爱的需求，朱永新曾说：在所有的问题儿童身上，都可以找到他们家庭的原因。家庭教育是我们整个基础教育链的基础，关键的关键。许多家长总以工作忙没有时间陪伴孩子为借口，陪伴孩子的时间少，耽误了孩子成长的最关键期。其实孩子的成长是阶段性的，父母在孩子需要陪伴的关键阶段，一定要努力多陪伴。在陪伴孩子成长的过程中，要尊重孩子，这是家庭教育的起点，奥地利心理学家阿尔弗雷德·阿德勒说，幸运的人一生都被童年治愈，不幸的人一生都在治愈童年。父母应该尊重孩子本身，尊重孩子的成长。父母在陪伴中要帮助孩子树立自信，帮助孩子找到他自己，顺着孩子的天性走。最好的教育是帮助孩子成为他自己，帮助他不断成长，不断超越自己，更加幸福地活着。父母应多陪伴孩子成长，因为陪伴孩子本身就是一种教育。可以和孩子一起读书，一起写作，传递正能量，你所说的也许他今天不懂，但是会成为他大脑思维的重要组成部分。曾经遇到一位老师，坚决不让自己上初中的孩子到寄宿制学校读书，她说，我能陪伴孩子就一定要陪伴她，这样才有利于孩子的健康成长，后来，这名老师的孩子顺利考上重点高中，后顺利考入大学。有天晚上，我批改学生的网课作业，发现一名学习很好的学生作业有点潦草，我就给他批了一句"字迹有点潦草，不应该是你的书写水平啊"。刚批完，家长就给我发过来一条短信："老师好！孩子今天感冒发烧了，坚持写完作业，刚睡下。等他明天好了，我再让他重新写一下。"看着这条短信，我震撼不已，我深刻地感受到这名学生的优秀，原来是有家长高质量的陪伴。

家庭教育十分重要，因此我在担任班主任的过程中，十分注重进行家校沟通，让家庭教育和班级管理融合到一起，这样才是一个全方位的教育，才有利于学生的发展。家校沟通、和家长携手育人中的心得体会主要有以下几个方面。

第一，作为班主任要尊重家长。我经常对学生进行家访，担任班主任 26 年来，我家访班里的每一个学生，当我去家访的时候，我对家长充满尊重，因为只有尊重才能建立起良好的关系。我去家访，有时是到同学的家里。记得有一次是在夏天最热的时候去家访一名学生，家长担心家里太热，准备了两个电风扇，让我感动不已。我常常想，当家长把自己家庭的希望托付给我们老师的时候，每一位老师要尊重这份信任。有时因为家长忙，我就到他们工作的地方家访，和他们像亲人一样亲切交谈。在日常家校沟通中，班主任也需要尊重家长，家长们从事各行各业，他们的工作、他们的性格也相差很大，但是我要做的是尊重每一位家长。有时候，有的家长可能因为孩子的问题，跟我交流的时候态度也不是很好，但是作为一名班主任，要善于给家长降火，而不要急于和家长争辩，这样才能心平气和地处理问题。2000 级 1 班一名女生的父亲是卖西瓜的摊贩，这名女生在课间跟一个男生产生了一点矛盾，本来是一件很小的事情，可是家长感觉到自己的孩子受了委屈，于是气冲冲地赶了过来，还光着膀子。我赶紧安慰这名家长，让他先找衣服穿上，让他不用着急，一切由老师来处理。最后我妥善地解决了问题，家长也满意地走了。尊重家长首先要做到的是，家长急，我们不能急，要想办法解决问题。班级的两名学生在走廊追逐打闹的时候，不小心受了伤，当去医院检查的时候，双方家长因为家庭经济不好，都拿不出医药费，在医院的急诊室就吵起来了，我赶到医院之后，赶紧先垫付上医药费，后来事情得到妥善解决。其实，班主任就是要多付出一些，这样才能赢得家长的信任，才有利于家校沟通。

第二，作为班主任可以和家长选定一本书，每个学期同读一本有关家庭教育的书，和家长们共同进步。每个学期的家校课程，我都和家长们分享阅读家庭教育书籍的心得体会。我曾经和家长们共同阅读《正面管教》，一起在学习中认识到，家长教育孩子的方式有严厉型、骄纵型等，应该努力做到正面管教。我和家长们一块学着给孩子制订一个惯例表，帮助学生养成良好的习惯，我引领家长们关注孩子当下最根本的需要，帮助孩子发展归属感和价值感，不给孩子设定无法达到的鼓励，因为那样孩子会产生压力。我还每个学期都和家长们一起阅读《牵手两代——家长课程》，在阅读中一起探索对孩子教育更好的策略。

第三，家校沟通，可以让家长们组织开展有意义的实践活动。2012 级 1 班的家长们经常利用暑假组织开展活动，我们一起到安丘青云湖进行拓展活动，我和家长们一起进行高空速降，学生们在一旁给我们呐喊加油。我们到滨海进行拓展活动，我们在大海中畅游，我们在海边的芦苇丛中进行真人 CS 比赛。家校沟通，就是要多开展活动，让家长、学生和老师在活动中更加融洽。在共同的活动中，班主任也是很快乐的，因为和学生们在一起，和家长们在一起，我们向着一个共同的目标前进。

第四，要和家长们建立良好的关系。我们要利用一切机会进行沟通交流，因为家校关系中的矛盾，往往是班主任和家长的沟通不畅造成的。班主任要建立与家长沟通交流的平台，可以是班级的钉钉群，也可以是别的交流方式，让家长们的意见和诉求，第一时间就能反映到班主任那里。家校沟通中，班主任和家长建立良好的关系，家校关系才会更加和谐，才能避免发生家长不理解学校安排的情况。班主任在和学生家长交流的时候，可以不必只谈学习，可以从表扬入手，谈学生平时学习中表现出的闪光点，可以说点家常，对学生出现的问题，一定要委婉地指出，而不能直来直去，上来就谈学生存在的问题，这样的谈话方式，相信许多家长都是不愿意接受的。我认为一名成功的班主任，首先就是一名善于和家长建立良好关系的老师。

第五，与家长们交往要注意廉洁。班主任在与家长交往的过程中，家长出于感激或是其他的原因，可能会想办法赠送给老师小礼物。尽管礼物可能花钱不多，但是班主任坚决不能收，因为当班主任接受家长的礼物之后，可能交往的性质就变了。一旦接受家长的礼物，可能别的家长也会效仿，从而影响班主任和家长的关系，不利于家校沟通。在与学生家长交往的时候，廉洁是一个底线，每一名老师都要遵守。当然，如果学生毕业多年之后，来看望老师，带一点小礼物给老师，是可以接受的，也可以回送一个礼物。作为一名有多年带班经验的班主任，我经常受邀参加学生们的婚礼，我去参加婚礼的时候，也都会包个红包送给自己的学生，以表达祝福之意。

第六，班主任要学会表扬家长。在生活中，每个人都希望被肯定，经常被正确地肯定，则会强化家长们做好家庭教育的信心。许多家长也是在家庭教育中摸索前进，就是有两三个孩子的家庭也是如此，因为家庭的中每一个孩子都是不一样的。我在开家长会的时候，经常表扬教育孩子非常成功的家长，即使是一件小事做得好，我也表扬，让这些闪光点照亮家庭教育的探索之路。有时学生做得好，我也表扬家长，认为是家长教育得好，才有学生这么好的表现。在对家长经常的表扬之中，学生的家庭环境也会越来越温馨，更加有利于家校沟通。

家庭教育中，培养孩子的自我管理能力是一个重要的方面。家庭自主管理是指引导孩子在家形成自主良好的学习、生活习惯。很多家长对于孩子在家的自主管理非常头疼，没有一定的标准和评价，因此在此需求基础上，我们可以尝试开展“梅花朵朵”家庭评级表活动和读书记录本活动，记录班级学生在家庭中培养好习惯的过程。这些活动，主要都是围绕培养孩子在家的自主管理能力开展的，读书记录本同时与学校开展的阅读活动相呼应。

结合班级情况，不断修订并最终形成最适合孩子和家长的家庭评价表，以便帮助孩子在家养成纪律、学习、礼貌、生活四大方面的有序习惯。每一项都规定了严格的标准和加分细则，并且注意了家庭评价与班级评价相统一，更好地促进孩子行动的积极性。家庭读书记录本，则对孩子和家长的读书过程和感受进行记录，每科只摘录一句精美的句子或是提一个问题，也没有加大孩子和家长的读书负担，更好地促进了家庭全阅读的开展。

这两个活动实施一段时间后，通过调查问卷，一半以上的家长反映孩子的家庭自主管理进步很大，大约三分之一的学生偶尔有无节制的表现。大约百分之十的家长反映个别项目没变化，没有变化的原因是之前孩子在此项家庭管理中表现就很好，比如读书，之前就坚持每天半小时，实行评价表后也是每天半小时，所以没有变化。综合来看，实施评价表后，所有孩子在家庭自主管理和读书阅读方面都有进步。

“梅花朵朵”家庭自主管理班本课程，不仅让孩子们养成了受益终身的家庭自主管理的好习惯，而且增进班级团结氛围，激发了孩子们的正能量。“梅花朵朵”让班级中的孩子们都如一朵朵梅花一样，绽放出属于自己最精彩的美！

第二章

陪伴成长，打造最优秀的班级

世界上最长情的告白就是陪伴，一名班主任热爱班级工作最好的证明就是陪伴学生成长。我认为一旦接手一个班级，就意味着班主任和这个班级荣辱与共，需要用自己的全部精力建设好这个班级。班主任陪伴学生的成长是一种爱的陪伴，更是一种科学的陪伴，在学生需要帮助的时候，出现在学生的身边，在学生需要独立成长的时候，不要在他们的身边絮絮叨叨。陪伴的时候，要做一名让学生喜欢的老师，因为如果学生不喜欢你，你越是整天陪在学生的身边，越起不到好的效果。陪伴是一种爱，科学的陪伴更是一种理性的爱。科学的陪伴，要尊重学生，陪伴学生一起参加活动，参加各种比赛，在陪伴中树立学生的信心，让学生无惧挫折，勇敢面对挑战，百折不挠。

作为一名班主任，要善于陪伴学生成长，有的班主任把班级事务都交给学生处理，这是培养学生自我管理能力的陪伴；有的班主任经常在教室听课，打造一间有特色的、传承班级精神的教室，这是善于随时抓住教育契机的陪伴。热爱学生，就是要懂得如何陪伴学生成长，班主任陪伴班级学生成长，是一种教育的艺术。

一、陪伴学生成长的目的

初中学生的独立意识进一步增强，他们最需要的是教师的陪伴，而不是像小学那样制定严格的管理制度，教师的情感投入很重要。因此，对初中班级管理而言，最好的教育就是陪伴，而且是高质量的陪伴。班主任对学生们的陪伴是爱的陪伴，更是进行学习引领、思想引领的陪伴，在陪伴中达到师生情感的共鸣。这也是一种相互陪伴，帮助师生共同成长。

陪伴学生成长，可以近距离地了解学生，了解学生的心理状态，发现学生出现的问题，将问题消灭在萌芽之中。陪伴学生成长，可以结合其生活中的细节进行教育。陪伴学生成长，和学生在一起学习，一起生活，可以更好地落实生活教育。

陪伴学生成长，关键在于唤醒学生，要用教师无私的爱，唤醒学生的责任感，唤醒学生的创造精神，温暖学生的成长。陪伴可以促进师生共同成长，让教育更加关注成长的过程。陪伴学生的最终目的是培养学生的自主学习能力，适时激励学生进步，逐步帮助学生树立正确的价值观。陪伴学生成长，可以创设一些适合学生个性的活动，让学生获得成功的体验，帮助他们更加有自信。

陪伴学生成长，便于关注学生的同伴交往。我在班级中划分学习小组，是希望优秀学生的好习惯可以起到一个示范引领作用。可是在班级工作实际中，往往那些需要进步的坏习惯更容易传给好孩子，因为要想有好的学习习惯，需要自身的努力和自我控制，而坏习惯无须任何努力就可以学会。老师在陪伴的过程中，可以对小组中出现的问题及时进行干预，时时纠正存在的问题，引导学生培养好的习惯。同时，老师可以对同学们优秀的表现及时、适当地进行表扬，同学们会向着老师积极关注的方向努力，不断增强自信心。

二、陪伴学生成长的策略

科学的陪伴是讲策略的，并不是一直在学生身边才是陪伴。我们发现有的班主任不是经常在班里，可是班级管理井然有序；而有的班主任整天跟学生在一起，有空就跟学生讲道理，甚至重复地讲一些过去的事情，学生都听过好几遍了，都有听觉疲劳了，这样的陪伴就是不可取的。班主任要注意多观察，可以强调一些问题，但不要唠叨。班主任的陪伴不仅是爱学生，更是为了培养学生的自理能力，班主任对学生的爱，有时像父母对孩子的爱一样，是为了将来的分别做准备。在长期的班主任工作中，我陪伴学生成长的做法主要有以下几个方面。

（一）陪伴学生和班级一起成长

陪伴学生就要了解每一名学生，每一届新初一学生开学之前，我都首先对着学籍照片认识每一名学生，当开学那一天走进我班教室的时候，我往往能准确地叫出每一名学生的名字。我感觉在第一次见面的时候就叫出学生的名字，是对学生的尊重，有利于快速拉近和学生的心理距离。

陪伴学生，要注意从一开始就建设优秀的班级。2012年秋季开学，我担任2012级1班的班主任，我在听课中发现有的同学习惯不是很好，于是就写了一篇《做一个高尚的人》，送给全班同学。

做一个高尚的人

生活中，由于每个人的经历不同、修养不同，可能会表现出种种不同的行为，作为一名成长中的学生，应该注意“见贤思齐焉，见不贤而内自省也”，向好的行为学习，培养自己高尚的道德情感，以高尚的情感引领自己的行为，做一个讲文明、懂礼貌的人。

一班的26位同学，来自各个小学，组成了我们共同的家，这个家需要我们每一个人去热爱她，我们与她一起成长。课堂上，积极发言，热爱学习，遵守纪律，是高尚文明的表现；集体生活中，尊重老师，文明交往，热爱劳动，是高尚文明的表现；班级活动中，关心同学，注意安全，不打闹，是高尚文明的表现；在家中，尊重父母，孝敬长辈，语言文明，是高尚文明的表现。作为一名充满阳光、充满希望的中学生，要努力让高尚文明的星光引领你前进。

金无足赤，人无完人。生活中、学习中，你也许会偶尔出现不文明的行为，没关系，只要你懂得时常反省自己，并勇于改正，那么你就会不断地走向高尚文明，因为学习的过程，就是一个不断改正错误、努力前进的过程。

三年的初中学习生活，也许能改变许多人一生的命运。在前进的道路上，我们努力向真、向善、向美的方向发展，相信我们的初中生活是充实的、丰富多彩的。也许你会遇到挫折，请不要灰心，因为阴霾过后就会有阳光，只要你始终让高尚文明的阳光洒满心间，那么你将会与这个优秀的班集体一起前进。曾经见过这样的学生，因为过度以自我为中心、叛逆而且不注意讲文明，导致自己跟不上班级前进的脚步，影响了自己的健康成长，让人扼腕叹息。我认为有的人之所以阴暗，是因为他没有走在阳光里。请热爱我们这个优秀的班级吧！她就是温暖我们成长的阳光来源之一。相信积极进取的一班，会在三年的初中生活中，不断给予你温暖与力量。

作为班主任，我希望将阳光与温暖传递给每一位同学，让高尚、文明之光引领班级不断前进。一班，我们一起努力！

2012级1班是一个优秀的班级，为了带动更多的同学积极学习，学校从其他几个班级中选取一部分不太好管理的同学加入一班，组成新一班。面对这样的一个新组成的班级，我跟同学们第一次见面时写了这样一篇文章。

亲爱的同学们，欢迎加入一班

凌晨4点，我从睡梦中醒来，再也无法入眠。今天是5月6日，将有一批优秀的同学加入一班，我们一起开始崭新的学习生活。

来到校门口，校门未开，传达室的师傅不在，等了半天才等到他来开门。我跑步进入学校，来到操场跑步锻炼。刚开始的时候，天还是蒙蒙亮，10圈下来，红红的旭日已经升到了两座教学楼的上方，阳光洒满了整个校园，而我就在这阳光中奔跑。

2012级的学生，本来平行分了四个班级，可能是因为我们全班的努力，使优秀的励志班走在了全年级，甚至是全校的前列，一班成为全校靓丽的风景，这让我们全班都很骄傲，家长们也感到很光荣，因为我们是领头的励志一班。担任班主任工作17年了，我是学校中班主任经历时间最长的老师，对许多东西看得很淡，视名利如浮云，而对班级工作却看得很重，我曾经对同学们说，走在校园中，我感到自己很有面子，甚至比校长都有面子，因为我拥有最优秀的学生、最好的班级。

可能正是因为一班的优秀，我们在羡慕的目光中迎来了这次班级调整，原来的一班同学不动，其他三个班级需要进一步培养良好学习习惯、成绩有待提升的19位同学来到了一班。咱班有的同学可能说这不公平，但是我首先要做的是对这19位来到励志班的同学大声说：郭老师欢迎你们，励志班的每一位同学欢迎新同学的到来！我感到很幸运，一班因为你们的到来而变得更加强大，更加优秀。我相信经过我们的共同努力，会再次证明一班的优秀。亲爱的同学们，从今天开始，我们就是相亲相爱的一家人。

原来的一班是一个优秀的班级，新的一班必将更加优秀。希望每位同学严格要求自己，用行动证明我们的优秀。对待那些积极进取的学生，我们会十分热情，而对待那些故意违反纪律、给一班脸上抹黑的同学，我们也必将十分严厉地批评，因为我们不容害群之马。我希望我们班每一个人要自律，包括老师在内，为了班级的发展，我可能有时对同学们会非常严厉，请每个同学理解老师的做法，当然我有做得不够好的地方，也请同学们指正。新的一班即将起航，“雄关漫道真如铁，而今迈步从头越”，让我们一起努力建设更加优秀的新一班。

原一班同学们都有统一的班服，全班都有桌布，从明天开始，原来一班同学们不再穿自己的班服，家委会商量给现在所有的新一班同学买统一的班服，没有桌布的同学，本周内配齐桌布，我们用整齐统一的服装展现我们集体的凝聚力。

坐在办公室里，窗外已经是阳光灿烂，鸟鸣声不时传入耳中。我是一名党员教师，我服从学校的安排，请同学们相信你的班主任会是一个最努力的老师，同学们在郭老师的心中也是最重的。想到即将走进一班的新同学，我十分激动，匆忙写下这些文字，见证我此时的心声。我亲爱的同学们，让我们一起把一班建设得更好。让我们一起说一声：一班，加油！

一个重新组合的班级，往往在起步阶段是最忙的，班主任也是最累的，我把自己的感想告诉新加入的同学们，让班级的力量拧成一股绳。

不要让咱们一班伤感

今天又睡得很晚，看了几个同学的QQ留言，感叹重新组合后一班的纪律没有原来好了，这让我很难过。

5月7日，19位同学在掌声中走进了咱们的一班，从此我们成了一家人，可能我们都有些不适应。可能这对咱一班不公平，可是我们没有过多埋怨，因为我们是永远优秀的励志班。我们走在一起继续学习，在两天的听课中，同学们都表现很好，像小孟、小林等积极发言，已经逐步适应咱一班的节奏,连任课老师们都说,一班就是强!

可是我们也存在问题,第一天的卫生大扫除,19 位同学打扫卫生区,两位同学领着,可是我们扣了 12 分,走在通报栏前我感到羞愧,这在咱一班是从来没有过的,扣分的同学你感到自责了吗?我们比二班人多,可是多的是几个分数暂时比较低的同学,但是我没有丝毫看不起你,我相信只要你努力就会进步,只要你努力遵守纪律就是一位好同学,可是你们在平时的学习生活中都做好了吗?

班级的荣誉需要我们一起维护,现在已是凌晨 1 点 20 分,有好几年的时间没有这么晚睡觉了,感觉这样带班很累。卫生分工已经明确,学习目标也已明确,希望我们一起做好,让我们的班级一直是优秀的班级,这样你可以骄傲地对所有人说,我是励志一班的学生,我们班是全校最优秀的班级。

这两天大声训斥同学们的次数有点多,可能是爱之深,责之切。希望同学们能理解老师的着急,这份着急源于老师的责任感。同学们参加各种活动要提前打个招呼,老师可以给你参谋一下,否则私自参加将会被扣分。发展处给同学扣的分,希望相关同学争取再挣回来,否则会影响综合素质评价。

一起努力吧,不要让咱们一班伤感。

陪伴学生们,就是和学生们荣辱与共,分享学生们的快乐,分担学生们的忧愁,跳绳比赛那天正好是 5 月 20 日,我写下了自己的感想。

我爱我们的一班

今天是 5 月 20 日,网络语言是“我爱你”的意思,今天下午一场激烈的跳绳比赛,让我看到了咱一班学生的可爱,不由让我说一句,我爱你们,一班优秀的学生们。

由于比赛用的大绳上午第四节课才到,于是我们没有时间在班内比赛选人,最后只得利用班会课剩下的一点时间边练边选,同学们的表现让我感动,一开始的运动员里没有小炯,出于兴趣或是为了集体荣誉感,他积极报名,而且表现优异;两位摇绳的同学小琛、小宇手上都磨出了泡；小晗、小萍在一边大声地为同学加油数数；小新为了多跳几个，光着脚上阵……在比赛的过程中，我与同学们一起努力，新的一班展现出良好的精神面貌。

其实，我们不在意比赛的结果，而在意比赛的过程，我们一起享受比赛的过程，比赛可以增强我们的集体凝聚力，展现我们良好的素质，只要尽我们最大的努力，我们就不后悔。后边还有个人比赛，希望后边参赛的选手取得更好的成绩。

励志一班，让我们一起加油！（期望明天检查作业时，同学们都完成。）

（当我在朋友圈发出这篇文章的时候，有往届的学生看到了，在后边留言："郭老师，2009 级 6 班的同学们也爱你。""郭老师，2003 级 6 班的同学们爱你。"）

新班级参加的第一次篮球比赛，我们输了，我却把它看作一次很好的教育契机，是我们增强班级凝聚力的好机会，于是我写下了自己的感想。

失败也是一次成长

篮球比赛，班级输了，许多同学垂头丧气，我却发现教育的机会到了。

比赛结束后，面对士气低落的学生们，我在黑板上写道：输比赛，不能输士气。我们先把热烈的掌声送给面对强敌、勇于拼搏的同学，我们虽败犹荣；我们的观众同学，热情而文明，也表现了一班良好的精神风貌。我给学生们讲威灵顿王子在多次失败后，失去信心的时候，看到蜘蛛结网七次才成功，最后他树立信心，继续努力，最终取得成功的例子。一个优秀的班级，不仅要赢得起，更要输得起。要善于从失败中吸取经验教训，争取最后的胜利，因为笑到最后的人，才笑得最美丽。我们一起分析失败的原因：小楠说不能一次失败就失去信心，小恒说队员的团结协作很重要，小晴说积极的状态很重要……

面对同学们的反思，我告诉同学们：一个良好的班级应该经得起挫折的考验，要百折不挠，要越挫越勇。我当班主任带的班级往往在一开始分班时成绩及各方面表现都不是最好的，但是励志班是在战胜挫折中不断成长的，到最后中考，都是成绩最优秀的，励志班的学生在以后的升学和工作中，都表现很好，后续发展都很好，同学们都走出了自己的精彩之路。

我认为班级带给同学的不仅只是胜利时的掌声，更有面对失败时的温暖和鼓励，因为我们始终是相亲相爱的一家人。

为了与学生们情感更加相通，和同学们成为形影不离的一家人，我坚持每天陪伴学生们的学习，坚持做到没有课的时候，就在教室听课，我备课批作业的地点就在教室，批改作业累了，一抬头看见的就是那些上课认真听讲、积极回答问题的学生，心情顿时愉悦。我将听课的笔记本按照学科分类，我每周累计听课约20节。听课使我熟悉每一个学生的背影，了解每一个学生上课的表现。听课时，我不是很关注纪律，因为有老师听课，也不必关注纪律，时间长了，学生都会习惯于遵守纪律，我关注的是学生们上课的学习效率。有时陪着学生听课，我也会动笔写下自己的感想。

窗外的松树

清晨，阳光洒满教室，窗外是两棵高大的松树，偶尔鸟鸣于树，清脆悦耳。

望着窗外的松树，我想起了唐朝李群玉的《书院二小松》："一双幽色出凡尘，数粒秋烟二尺鳞。从此静窗闻细韵，琴声长伴读书人。"时间悄悄流淌，窗外的松树伴我们成长。老师讲课，松树在倾听；同学们诵读，松树在倾听；我们欢乐的笑声、苦恼的叹息，松树都在倾听。有了松树陪伴的学习生活，我们的生命充满了绿色。

有时会有微风拂过松树，松涛声如琴韵，萦绕在耳边。清晨，我第一个来到教室，打开窗户，对窗外的松树说一声，早上好！傍晚，打扫完卫生，我们悄悄地跟松树说一声，明天见。一年四季可以轮回，但是人生不会轮回，时光在不断地逝去，就像孔子"在川上"说的"逝者如斯夫，不舍昼夜"，因此，我们要在松树的陪伴下认真读书学习。教室窗外的两棵松树，也让我想到了青州的松林书院。书院建于北宋宋仁宗年间，因院内对植古松两株，干矮枝阔，故名“矮松园”。松林书院是哺育名儒的摇篮，北宋十三贤中王曾，官至宰相，就曾在松林书院学习，松林书院的旧址现在是青州一中的所在地。同是松树的陪伴，相信咱们班的同学，也会不断学习新知识，成为有才能的人。

有了两棵松树的陪伴，我们的学习生活将更加美好！

听课过程中，我发现同学们美好品质的闪光之处，也会写下感想并及时反馈给同学们，一起营造良好的班级氛围。

互帮互助的一班

9月18日，小杰生病了，但是他坚持来学校上课，第四节课的时候，他实在坚持不住了，才告诉老师让家长接他回家。

小杰十分难受，走路都不稳，小鹏主动扶他走出教室门口，谁知一出门就吐了，小鹏赶紧在一边安慰：吐出来就好受了。听到小杰在走廊难受的声音，办公室里的老师们走出来查看，眼神中充满了关切。小杰走后，小鑫同学取了一些土来，认真地将那些呕吐物清理干净，毫无怨言，坐在教室门口边上的同学，没有一个埋怨气味难闻的，只有关心，大家牵挂着回家的小杰。

一个小小的细节，可以看出咱们的一班是多么团结，我们是一个温暖的大家庭，我们互相关心，同舟共济，我们是最优秀的励志班。

学生们跑操，我和全班同学一起奔跑，励志班响亮的口号响彻操场。我喜欢这种和学生一起奔跑的感觉，我们在奔跑中追逐梦想，我们跑过了春夏秋冬，我们跑过最美的青春。2016级的小凯是一个胖胖的男生，跑步跟不上班级，他对跑步也有畏难情绪。为了让他跟上班级的步伐，我就侧着身子拽着他跑，经过几个月的练习，小凯已经能跟上班级跑步的节奏，这样全班都跑得很整齐了，可是我的腰，却因为跑步时侧着身体用力扭伤了，到医院治疗才好了。

2012级的小安也是一个胖胖的同学，体育不是很好，跑步跟不上队伍，但是学习很好。我要想办法让他跟上班级跑步的队伍，不能让体育成为他的绊脚石。

不让一个人掉队

蓝天、白云，雁阵飞过，或是人字形，或是一字形，没有一只大雁掉队，一个优秀的班级，也应该像大雁一样，是互帮互助的集体，应该是没有一个人掉队的。

4 月 11 日跑操，小安没有跟上，班级队伍往教室走的时候，我注意到许多同学关切地问他怎么样了。作为班主任，我很自责，因为我只考虑了班级跑步的速度，而忽略了体质较弱同学的情况。每个人都有自己的弱项，对小安来说，跑步是他目前的弱项，但是只要他顽强拼搏，就丝毫不会影响他前进的步伐，我们现在需要做的就是帮他培养耐力。小安，从明天开始，郭老师陪你在后边一起跑步，我们努力不掉队。在集体跑步的过程中，我们可以慢，但是要整齐，现在的慢，就是为了将来的整齐，是为了不让一个同学掉队，因为我们是团结的一班。

不仅是小安，我们还有许多同学有不足之处，例如小毅的纪律问题、小庆的书写，同学们一方面要自己努力，另一方面也需要集体的关心，同学们，请伸出你的手，让我们一起努力，携手前进。

优秀的一班，我们绝不让任何一个同学掉队。

秋天，学校的银杏树叶如蝴蝶一般飞舞而下，我和学生们捡一片落叶，写上自己的祝福送给彼此，我的快乐是和同学们一起在银杏树下捡拾树叶，书写那些真挚的祝福。

深秋化蝶飞，留却一片情。小小一片叶，赠予同窗存。

每年的元旦联欢会，我都要陪着学生们吃蛋糕，和学生们拍一张全家福，在我听课的课桌上摆放着的同学们元旦的合影，看着同学们那灿烂的笑脸，心中满是幸福。

每一届初一学生的六一儿童节，我们都要举行“告别童年，拥抱青春”的主题班会，我们一起吃蛋糕，一起畅想自己梦想的高中、大学。每一届学生，我们都要过一次 14 岁的集体生日，我们一起吃蛋糕。（在我们班级的带动下，现在重要的日子吃蛋糕，已经成为我们学校的一项共同的班级文化。）我们在教室一起学习，分享着我们的快乐，分担着我们的忧伤，我的快乐是与学生们紧密联系在一起的。班级生活中，我们同呼吸，我们共命运。我喜欢在学生过生日的时候，给学生送去教师的祝福，给学生写生日祝贺信，有时还会送给学生一份小礼物。有一次，我经过市场，发现刚上市的油桃特别好，就自费给同学们每人买一个品尝，陪伴学生一起吃美食，也是很快乐的。

陪伴同学们听课，看到有的同学对自己缺乏信心时，我会把下边的话送给他们。

不要让前边的小个子挡住你的视线

生活中，有这样的事，当我们只是跟在一个人后边前进时，例如跑步，或是骑自行车，眼前可能只是那个人的身影。而当我们一旦超越那个人时，我们才发现，原来世界是如此广阔，而曾经挡住我们视线的人，并不十分高大，他也许就是一个小个子的人。

人，只有不断自我超越，不断奋斗，才会让眼界更开阔，生命才更加精彩。有时，我们会跟着别人前进，但到了一定时候，我们会超越他人，成为领跑的人，这需要实力，需要奋斗，需要我们持之以恒的努力。

努力，才能让今天的你不断超越自我，超越前边的小个子，成为明天的领跑者。

陪伴学生成长，可以随时发现教育契机。例如 2012 级 1 班拔河比赛获得第一名回来后，我让同学们把热烈的掌声送给自己。我问学生为什么鼓掌，学生说是因为得了第一名。我说不是，是因为同学们在拔河比赛的过程中，当差点被对手拔过去的时候，最前边的同学还差几厘米就会被拉过去时，同学们没有一个放弃的，观众同学也在呐喊加油，我为同学们这种不到最后一刻、决不放弃的精神，为同学们这种集体主义的精神鼓掌，这样的班级是最优秀的。

陪伴孩子成长，要发现学生的闪光点，及时给予鼓励，培养学生的自信心。2022 年 6 月，篮球比赛回来，我让同学们把最热烈的掌声送给自己。我问他们为什么鼓掌，他们说是因为我们胜利了。我说不仅仅是这个原因，在比赛的过程中，有的同学累得跑不动了，坚持比赛，运动员都注意配合，班长还自己掏钱给运动员买瓶装水，所有同学都在篮球场边加油，比赛结束还不忘与对手握手，展现良好的体育精神,我们为自己优秀的素质鼓掌。

励志班家委会经常组织学生进行室外拓展活动,每次活动,我也乐于陪伴着孩子们。2013 年暑假,在家长组织下,我陪班里同学到青云湖进行拓展活动,当一起用一根手指头抬起一根竹竿时,我们屏息凝神,一举成功。八米的高空速降,我和同学们一起完成,当我向上攀爬的时候,全班同学一起为我加油。2014 年暑假,我陪伴学生们到滨海开展拓展活动,老师、学生和家长一起进行真人 CS 比赛,乘坐豪华游轮。学校附近的一个敬老院是我们励志班的活动基地,我每年都陪学生们到敬老院开展活动,有劳动、有表演、有与老人们的交流,我们至今已经坚持二十多年了。

陪伴学生听课,有时会发现同学们纪律不是太好,影响学习的效率,我没有严厉批评指责,而是和同学们谈心,在沟通中培养学生的良好习惯。

让我们一起静静地学习

每天,坐在教室后边的角落,静静地看着同学们快乐地成长,是我最大的快乐。

教室是一个学习的场所,需要安静的环境,判定一个班级的优劣,往往是看这个班级在需要安静学习的时候,能否静静地学习。“夫学须静也”如果嘈杂的空气一直在教室飘荡,知识是无法进入心里的。曾经借助外出学习的机会,悄悄去看过青州二中、坊子四中、曲阜师范大学附属中学、复旦大学的晚自修课。教室里无论人多人少,即使是一百多人在学习,都是安安静静地上自修课,不由让人对那些学子产生敬畏之情,置身那种安静的气场之下,看到每个人都静静地学习,自己也不敢大声说话,唯恐破坏了那静静的学习氛围。静能产生力量,而喧哗则会让我们变得浮躁,缺少力量。

励志一班,全校第一大班,不仅是因为我们人数是全校第一多,更多是因为我们的良好班风、我们的优秀,让我们成为学校的标杆班级,就连升旗站队,各个班级都向我们看齐。全校师生都关注着我们,因为我们每一个同学都是那么阳光、那么自信。可是,在自修课的时候我们做到安静地学习了吗?

我认为一个优秀的班级，上课需要讨论发言时，就积极发言，需要安静思考学习时，就静静地学习。“静以修身”“非宁静无以致远”“定能生慧，静纳百川”，需要安静学习的时候，我们能安静了，才能更加快乐地学习。在教室上自修课，往往是你若安静了，我便安静了，全班便安静了。

静静地学习，从我做起，我们励志一班将充满力量。

由惨叫鸡想到的

今天考试中间休息，我发现有个同学拿了一个黄色的惨叫鸡在玩，于是我要了过来，代为保管，这样做是为了她好，也为了所有考试的同学好。

仔细打量这个玩具，全身没有一根羽毛，双腿伸直，连爪子也伸直了，脖子上的刀口还在流血，双眼瞪大，惊恐、悲哀，嘴巴大张，全身黄色，爪子、嘴巴、鸡冠都是红的，抓在手里有一种油腻的感觉，它的鸡皮疙瘩各个凸起。如此的模样，它唯有用自己的惨叫，诉说自己的不幸。

下课了，轻轻摁一下，响起它上气不接下气的呻吟，许多学生都笑了。其实，生活就是不停地战斗，和各种各样的困难战斗，我们需要的是前进的号角，而不是惨叫。一位街道办的工作人员曾经跟我说过这样一件事情，多年前在北海路边种树，当时的树苗都是一样的，一样地浇水，可是现在去看，有的树长得很好，长成了参天大树，因为它邻近一些住户，而这些住户经常管理照顾这些树木，而有的树木因为缺乏管理，长得还不如刚种上的时候，甚至枯死的都有。于是那位工作人员大发感慨：同样的树苗，因为机遇不同，从而生长相差很远，就像人一样，机遇也很重要。我们现在就有很好的机遇，不知道同学们想到了没有。

对现在的我们而言，良好的学习环境，就是我们的机遇，只有抓住这个机遇，才能长成才。我们要借助这个机遇努力奋斗，因为奋斗的人生，才不会有让人耻辱的惨叫，才不会有枯死的树木一样的哀伤。机遇对我们励志班的每个人都是一样的，把握住机遇，才是我们明智的选择。“天道酬勤”只有平时勤奋，才能抓住机遇，只有奋斗前行，才不会有那让人耻辱的惨叫。将来，同学们可能会面临许多很好的机遇，但机遇只垂青有准备的人。希望我们励志班的每一个同学，都为自己的人生做好准备，那样我们的人生才会精彩，我们只要冲锋的号角，而不要耻辱地惨叫。

准备好了吗？我们一起努力！

陪伴学生听课的过程中，发现有的老师特别认真，比如教生物的张老师，我就写一封表扬信，面对全班同学表扬我们班生物老师张老师。

向生物学科张老师学习

一位生物老师每天跨越大半个城区，来到偏远的十三中，来到奎文区最偏远的西北部，来给咱们班上生物课，尽管路途遥远，但是她从没有迟到。张老师的生物课十分精彩，注意联系生活实际，生动的讲解牵动着每一个同学的心。作为班主任，我为同学们感到无比的庆幸，我想一定是我们的努力才换来了这样的幸运，把美丽大方、学识渊博的张老师送到了我们的身边。

平时忙于班级烦琐的事务，感觉自己对教学钻研得少，听着张老师的生物课，感觉到了自己的差距，作为语文教师，应该向张老师的课堂学习，学习张老师的严谨、博学，教学语言的简洁、生动，学习张老师的循循善诱、因材施教、创设学习情境。我感觉自己需要向张老师学习的有很多很多，最需要学习的是张老师对生物教学朴素、真诚的态度。

其实，同学们遇到的每一位认真的教师都是我们宝贵的人生财富，需要我们珍惜，惜福才能得福。现在距离生物中考仅有 8 个月的时间了，我们每一个人都要认真学习生物，向 A 冲刺，用我们优异的成绩，回报给敬爱的张老师。

初中学生处于青春期，有点叛逆是很正常的，学生有时有不遵守纪律的表现，我从尊重的角度引领学生，让学生认识到尊重别人，就是尊重自己。

学会尊重别人

上课了，有的同学却迟到了，影响了全班的学习。上课学习时，有的同学走神、做小动作，以自我为中心，不把全班同学和老师放在眼里，于是老师批评他，这无形中影响了全班的学习，是对全班的不尊重。其实，学会尊重别人，就是尊重自己。

121班[1]，是一个优秀的班级，让全校学生羡慕，是许多班级追赶的对象，不仅是因为我们运动会的成绩最高、我们的学习成绩遥遥领先，而是因为我们121班每位同学都有良好的素养，是因为我们班纪律严明，是因为老师和同学们都从我们的日常表现，看到了我们班每一位同学的美好未来。可是，太阳再明亮，也有黑子，班里也会遇到个别同学偶尔犯错误的时候，可能是我过于急躁，当着全班同学的面，大声批评这个同学，可能因一个同学的错误，破坏了整体温馨的学习环境，我向同学们道歉，希望大家原谅一个心情急切的班主任的发火。希望我们每一个人都要尊重集体，这样才能赢得集体的尊重。曾经在同济大学看到，在校园的一大片空地上摆放着一些著名建筑的模型，那是同济大学的优秀毕业生设计作品。优秀的建筑来源于优秀的设计，其实我们每个人也要懂得设计自己的人生，要用良好的品德给自己打好基础，因为打不好基础，人生大厦就会矮小，甚至倾倒，尊重他人，是做人的第一步。

昨晚在校值夜班，与一位学生和家长聊了很长时间，家长待人彬彬有礼，相信在这样的父亲的熏陶下，学生一定会养成文明的习惯，待人有礼貌。和郭老师一起学习过的学生有很多，有学校老师的孩子，有学校领导的孩子，有医院院长的孩子，有普通工人的子女……凡是讲文明礼仪、懂得尊重他人的学生，人生之路都是比较成功的，可能是良好的修养帮助他们走向成功的。

曾经跟同学们说，老师的孩子是独生子女，我经常把学生看成自己的孩子，一样严格要求，希望学生们能有出息，因而可能要求上严厉一些，如果有同学有任何不理解的地方，可以提出来，因为老师不仅是单纯意义上的家长，更是学生发展的引领者，说出你的想法，大家认为对

① 因为这个班级是2012级1班，我们简称“121班”。

的，老师也会接受，因为老师的教育观念也需要与时俱进、不断完善。

带领一班，感觉压力很大，唯恐不能帮助每一位学生走向成功，尊重他人，是学会做人的第一步。尊重他人，从老师做起，从121班的每一位同学做起。

潍坊电视台记者曾先后两次走进我们励志班进行采访，他们赞叹能一直坐在教室听课的老师很牛，但我认为能陪伴学生们每一天的学习，是一件最幸福的事，因为我与孩子们在一起。

班级生活，是师生生活中的重要组成部分，我在陪伴学生学习的过程中，注意引领学生发现生活的美好、生活的诗意。

生活，因诗意而精彩

生活好像一个万花筒，单纯的内容经过多次折射后，就会显得多姿多彩、精彩纷呈，我以纯净的心灵，欣赏折射后的生活，让诗意充盈心中，生活因诗意而精彩。

校内有一块荒地，杂草丛生，于是按照班级划分，师生开垦荒地，种菜取乐。叩石垦壤，浇地撒种，没想到那样一块贫瘠的土地，除了石块就是沙子，土壤也没有多少，可是撒下去的种子却顽强地冒出芽，那嫩嫩的芽在微风中骄傲地向人们展示着自己顽强的生命力，于是师生们兴奋起来，那一块小小的菜园忙碌了多少人，又陶醉了多少人啊！多少学生忙碌在田间地头，听老师讲解各是什么菜，区分杂草和蔬菜；多少老师携家人菜地种菜，可谓是“晨兴理荒秽，带月荷锄归”，看着那一样样的蔬菜快乐地成长，看着爬蔓的丝瓜、葫芦，看着那一个个红红的萝卜，无不乐在心中，它们争相邀请品尝自己，就连防着偷菜贼都是那么有趣。徜徉菜地间，看着茁壮的幼苗，辍耕之垄上，吟诵诗句，诗意流淌在心中，生活因诗意而精彩。

学生毕业了，三年的时光转瞬即逝，临别赠言，不禁感叹“逝者如斯夫，不舍昼夜”，不料中考竟有此句默写，心中窃喜；毕业前夕，学生提议写班级日记，每人一篇，每天宣读，贴上自己的照片，毕业时人手复印一本，连平时最不善于写作的同学都文笔飞扬，心中赞叹不已；毕业了，每人手拿一本班级文集《共享那三年》，那里面有自己的成长，有班级的荣誉，有真挚的友情，带着自己的美好回忆走出校门；走出校门前，班级共唱《我的未来不是梦》，相约美好明天，我送学生们走出校门，学生悄悄将一个信封塞到我的手里，嘱咐我回家再看。回家翻看，封面第一句便是《诗经》的“昔我往矣，杨柳依依。今我来思，雨雪霏霏”。看着熟悉的学生笔迹，回想三年的相伴，师生之情跃然心中。学生走了一拨，来了一拨，一起走过的学生，有的会抽空来看我，有的结婚时也会邀请我。三年的时光将我们的欢乐定格在一起，我如同一棵树，在十三中的春夏秋冬中奉献着自己的青春，我喜欢教师这份工作，因为与学生的交往充满诗意，我的生活因诗意而精彩。

我是一个容易感动的人。最美教师，在学生的危急时刻，选择推开学生，将危险留给自己，在感动的泪水中，我仿佛看到一束美丽的茉莉花，清新淡雅；神九飞天，与天宫对接，女航天员刘洋携同伴遨游太空，敦煌壁画的飞天，一个遥远的梦想，如今梦想成真，我感到我们民族的伟大；感动中国人物评选，我每年必看，而且带着学生们看，往往看完后泪流满面，在诗意的感动中，我的生活更加精彩。

我以纯净的心灵，欣赏着多彩的生活，诗意流淌在心中，以平静的心看待自己的得失，以感恩的心对待周围的世界。生活因诗意而精彩！

遇到我过生日的时候，我也会经常把自己的生日感想分享给同学们，我的生日愿望也是和班级同学的发展联系在一起的。我把自己的生日感想分享给同学们，让同学们感受到老师的人生追求。

生日快乐

手机的日历，在我上课回来的时候响起，今天是我39岁的生日！

今天心情不错，班里学生在纪律和卫生的评比中获得全校双第一，算是一份很好的生日礼物。今天上课，我拿出十几年前学生的作文给学生们看，并且跟他们说当年的学生今天有的在国内发展，有的在国外发展，他们有医生、有教师、有外企高管、有民营企业家，也许当年他们没有想到有今天的成绩，但是他们努力进取，靠奋斗成就精彩人生，我希望给今天班里的学生也种下一个美好的种子，给学生以鼓励，让他们奋力有所作为！

今天，老人特意让我们全家过去吃饭，吃羊肉火锅，一家人围坐在一起，热闹而愉快。

明天新华中学的班主任来考察，真诚地欢迎他们，我们都相信初二六班是十三中最好的班级！

欢迎新华的班主任明天来指导！

2010 年 10 月 8 日

今天，是我的生日

今天，是一个阳光明媚的日子，是我 40 岁的生日，自己在教学工作岗位上已有 17 年了。

仔细想一下，与学生在一起的时光有欢乐，也有过困惑。欢乐在于与学生一起的共同奋斗，困惑在于自己做得不好时候的迷惘。每天早上，迎着灿烂的阳光走进教室，看到学生们那一张张纯真的笑脸，感到作为教师的责任重大，家长们把孩子送进校园，送进我的班里，我不仅需要对他们的学习负责，更要为学生的身心健康发展负责。亲爱的同学们，也许你一个不经意的动作、表情都会流露出你内心的想法，如果需要，我愿做你的朋友，现在是，以后都是，因为我们有同经历、共风雨的三年，人生中最宝贵的三年，学生的黄金时期！

老师也经历过初中三年，我认为是初中三年改变了我，因为我懂得学习了，我感谢所有给予我帮助的老师，他们有严厉的、有和蔼的、有朋友式的、也有母亲式的，正是由于老师们的帮助，我才一天天进步。我用我的经历告诉我的学生们，人生需要奋斗。我不是一个特别聪明的人，但是我参加工作以后，又考取了山东大学文学学士、曲阜师范大学教育硕士。我在教学上与历届学生一起努力，迈向一个又一个高峰，我还告诉学生们，要学会做人、做事，因为一个人的成功，往往源于他会认真做人、认真做事。

2009 级 6 班是一个非常优秀的班级，我经常为咱班感到骄傲。我会经常憧憬同学们的美好未来，但当看到有偏科的或成绩退步的同学时，我往往夜不能寐，因为现在的中考，要求的是各科的均衡发展。因为是朝气蓬勃的孩子，所以你们有时会有点任性，但是在我的心里从不对任何一个犯错误的同学有过怨恨，有的只是心中那份着急，希望你认真、再认真，快快长大，以宽容的心对人，以严格的心对己，每个人都可能会犯错误，但我希望我的每一个学生能少犯错误，多品尝成功的喜悦，这需要扎扎实实地努力学习、持之以恒地奋斗。

中考进入倒计时了，我默默地在心中祈祷，六班必胜，六班的每一位同学必胜。

今天是我的生日，我许下一个愿望，希望六班的每一位同学学习进步，健康成长，夺取中考的胜利！六班，加油！

42岁生日随想

今天，是我的42岁生日。早晨听到手机的震动声，打开一看是一条祝福短信："郭老师生日快乐，想对您说：我已不再顽皮，已经长大了。课堂上的点滴和清脆的下课铃声都已成为往事，唯一不变的是学生对您的思念和祝福。"看着发来短信学生的名字，想起她是1997级的一位学生，当她要离开学校的时候，悄悄来办公室问我的生日是哪天，"老师，等我以后长大了，一定记得给您过生日"。谢谢这位学生，这位已经做了妈妈的学生，直到现在还记得我的生日，我也祝愿她工作顺利，生活美满！

平时工作太忙，没有时间做自己的事情。国庆这几天放假，我从放假的第一天就陪妻子来医院做一个小手术，尽管是小手术，可是我还是很紧张。在医院工作的学生工作很忙，可是仍为了我们的事忙前忙后，一边细心地给我们讲解手术，一边安慰我们："老师，你们就是我的亲人，我一定会把这件事做好的。"为了让我安心，学生帮我们请了最好的医生，而且她一直在手术室跟着，最终手术顺利完成。我想对学生说，谢谢你，能遇到你们这样优秀的学生，是老师的福分。

从手术室回病房，需要人手把妻子抬到床上，于是我给自己的初中同学打电话。很快，他们夫妻二人赶到医院，陪着我在手术室外一直等了两个小时，当一切安顿好以后才离去。我的同学，是一个单位的领导，工作很忙，他的妻子在大学里工作。他们好不容易放假休息，当听到我有困难之后，在第一时间赶到我的身边。我的好同学，谢谢你们，遇到你们这样的好同学、好朋友，是我一生的幸运。

妻子回到病房安顿好以后，我紧盯着监护仪，什么东西也不想吃，邻床的大姐悄悄给我端来一碗小米粥，半开玩笑半严肃地说："吃点饭，现在不是你表忠心的时候，不吃饭累坏了，你们怎么办？"其实，她刚动了一个大手术，但心态是那么积极乐观，还关心着别人。谢谢那些同病室的朋友们，互相的交流、关心，让我学到了很多，让我们认识到健康是一件多么宝贵的事情。当遇到疾病困难时，勇敢地面对又是多么重要。渐渐地，她们一个个出院，我每次都去送她们下楼，其中一个退休教师说："在医院送人，我们不要说'再见'，只说'保重'。"经历过疾病痛苦的人，往往更加珍视健康。开学前，我们也将出院回家，但是那些生病朋友和家属们的关心照顾，我都会记住，感谢你们的帮助，祝福你们今后身体健康。

现在看书，我更加关注医学，这段经历让我的这个国庆节假期变得更加有意义。今天，我特意买了一份面条，我们一起吃长寿面，因为今天是我的生日，我怀着感恩的心，祝福自己生日快乐，也祝福所有认识的人身体健康！生活快乐！

今天，是我 51 岁的生日

课间，忽然接到母亲的电话，以为是有什么大事，电话那边传来母亲的笑语："生日快乐啊！别忘记吃长寿面。"

放下电话，看一下坐在身边说说笑笑的学生们，感觉很快乐，我过生日的快乐和学生们的快乐是联系在一起的。自从"双减"以来，我明显感觉更加忙碌了。我早上 7 点 15 到校，中午 12 点回家（中午守午休的时候就不能回家），下午 1 点半到校，晚上上晚自习到 8 点。我跟学生们开玩笑说，老师陪你们的时间，比你们的父母陪你们的时间都多啊。

尽管很累，但是心里还是高兴的，因为和学生们在一起。今天，2006级的小新到学校来，给刚换上崭新学生正装的同学们照相，当看到一身正装的学生们的时候，我有一种惊艳的感觉，我的学生们都是那么美啊！整天和这么美好的学生们在一起，是人生的一大乐事。

听同学们说，小新悄悄告诉他们，在他上学的时候，我是很严厉的，现在看我变得温柔了许多。我回想自己的班主任经历，自己确实是一位严厉的班主任，可能许多学生都害怕我，害怕被我批评。以前听一位远在东北的学生说，自己上学时很调皮，我严厉地批评过他，有一次在网上看到我的名字，还是有点害怕，害怕自己做错事被老师批评。我想，一名班主任可以严厉，那是对学生的爱，也可以温柔，那也是对学生的爱。记得有一次，年级重新分班，有一位女生家长强烈要求将她女儿分到我们班，学校领导仔细一问才知道原因，就是她女儿有一次摔倒在操场上，是我过去扶她女儿起来，又送她女儿到医务室处理伤口，那可能是我温柔的一面吧。

可能记得孩子生日最清楚的，就是母亲吧，儿的生日，母亲的受难日，愿每一个人认真走好自己的人生之路，成为母亲的荣耀。

经常去参加往届学生的婚礼，那是很幸福的事，我把自己参加学生们婚礼的感想说给同学们听，帮助励志班的学生们做好人生的规划，更好地成长。

努力，我们的未来就不是梦

昨天，我去国际金融大厦参加学生的婚礼；今天，我到富华大酒店参加学生婚礼，两天的幸福酒宴，将浓浓的祝福传递，分享歌声与微笑。我认为一名教师的幸福，就是看着自己的学生走出自己的精彩人生，迈入幸福的殿堂。

回想峥嵘岁月，感慨在心中。两位学生一个是95级的，一位是99级的，都是非常优秀的学生，给我留下深刻的印象。95级的学生待人总是那么彬彬有礼，在给我送结婚请柬的时候，还特意给我买了一件衬衣。（他还是按照自己记忆中郭老师年轻时的样子买的，我那时还很瘦，现在，衬衫有点小了。）婚礼上，当他迎娶美丽大方的新娘，深情地唱着歌走向新娘那一刻，宴会厅内充满真情与祝福。99级的学生好学上进，她那清秀的字迹至今仿佛仍在眼前，她与新郎一起在澳大利亚读博士，而且是同一个导师，想想悉尼那旖旎的风光，想想他们相互陪伴读书的情景，听着证婚人——来自英国的老人瑞查得的祝福，相信所有与他们一起学习过的老师和同学，一定在内心深深地为他们感到高兴。真诚地感谢两位同学邀请我参加他们的婚宴，祝福他们婚姻幸福美满！

幸福的生活，源于长期的追求奋斗，正像那位99级的同学所言，与新郎认识11年，相爱7年，他们是潍坊一中的同学，但在高中只是相识，猜想那时为了自己的大学梦想，是把爱埋在心底一起努力奋斗，让时间证明那份永恒的感情，最终一起考取澳大利亚同一位导师的博士生，相信走进婚姻殿堂后，他们的学业一定会取得更高的成就，生活一定会更幸福！

参加以往学生们的婚礼，总会让我对自己现在从事的工作有进一步的认识，总想告诉现在的同学们：初中阶段要种下自己的梦想，认真学习，不要给自己的人生留下遗憾，当你努力迈上一个个新的台阶时，幸福就在不远处等着你，如果你不把心思用在学习上，在那些经不起时间考验的东西面前迷失自我，或是迷恋于游戏，玩物丧志，或是懒惰不求上进，那么幸福就会离你越来越远，许多学生的经历已经证明了这一点。

今天是六一儿童节，请把我的歌带回你的家，让我们以儿童那样的纯真，追求心中的梦想，并为之努力奋斗，相信我们的未来不是梦。

在我们的校园中，我有一块菜地，经常与学生一起耕种，一起种蔬菜。种菜的时候，我也会想到学生的发展，想到怎样做一名好老师。我也会把我的感想分享给学生们。

给西红柿、茄子掰杈

在菜地中种了一些西红柿和茄子，它们生长得旺盛，让许多人赞叹，可是它们的果实却是那么小，让我纳闷不已。

那天，王老师领来了一位懂种菜的人，她一进菜园就说，你们的西红柿怎么不拿杈呀？一边说着，一边麻利地动手掰杈。我这才恍然大悟，原来那些长得旺盛的枝杈，影响了果实的生长。其实，学生的成长也是如此，如果学生只是由着自己的性子做事，当有了一些枝杈，不注意掰去，那么这些枝杈上即使能结出果实，也是一些长不大的小果实，而不能长大，我们只有时时反省自己，掰去那些影响我们成长的枝杈，学生们才能有出息，而这个过程也许是痛苦的，但是为了成长，老师、家长、学生有时必须掰去那些错误的枝杈，这样才会健康的成长。

想起我母亲的一句话：孩子就像一棵小树苗，有了错误的枝杈的时候，要及时掰掉，这样才能长成才。

陪伴学生成长，朝夕和同学们相处在一起，建设温暖的班级，作为班主任也被同学们的真情温暖着。有一年毕业时，一位学生悄悄把一封信放到我的手上，嘱咐我等同学们毕业离校后再看，送同学们毕业，忙碌了一天，晚上才有时间打开那封信，他自己制作的信封上写着：昔我往矣，杨柳依依；今我来思，雨雪霏霏。

尊敬的郭老师：

您好！今天是6月8日，我们毕业了，回首三年相处时光，我们都感到不舍，给您写封信，想亲口对您说声“谢谢”！

这三年，您就像我们的父亲一样关心我们，爱护我们。相信其他人也这么觉得，虽然我们对您的严厉有过怨恨、有过不解，但我们有更多的欢喜，原谅我们的一时冲动和我们的少不更事。既然六班是一个家，那么难免父母子女会有一些磕磕碰碰。现在要分离，才知不舍，才懂珍惜！

曾经，面对我们的错误，您都以一颗宽大的心包容了，谢谢您！本想发动全班为您唱一首《父亲》的，结果，由于时间关系，我们就把祝福放在心里吧。

天下无不散之宴席，总是会分离。但相信，无论如何，我们都是你的学生。郭老师，谢谢您，一直信任我，您的好，我们记在心里。这些话说是说不出来了，愿您以后工作顺利，也许我们不是最优秀的，但是我们会努力的。

祝您身体健康，工作顺利！

励志六班全体同学

张海燕老师是一名语文老师，也是一名认真做好教育工作的优秀班主任。下面是她陪伴学生成长的一段经历，让我更加明白了，作为一名教师，面对不尊重自己的学生时，要更爱学生，用教师真诚的爱，赢得学生的尊重。

作为一名教师，要爱学生，用爱架起沟通的桥梁，对待喜欢与老师交流的学生，有爱是不难的，且很容易做到，可是对待那些一开始对老师不太尊重、不大喜欢老师的学生，教师能够用爱架起沟通的桥梁，才是真的爱学生。

“爱是一种伟大的力量，没有爱便没有教育。”陶行知先生“爱满天下”的教育理念，就是要求我们从爱心出发，挖掘学生内在潜力，促进学生健康成长。

2005 年秋天，因为初二两个班的语文教师调走，刚送完初三本应教初一的我被学校安排接了这两个班级的语文。我中途接别人的班级，压力自然是有的。换任课教师，对学生和教师来说，都会有一个或长或短的磨合适应过程，因为每个教师的教学风格是不同的。

没有出乎我的意料，在我精心准备的第一堂课上，我就看到了一双不信任的眼睛，那是一双极有个性、目光不屑的眼睛。尽管已做好心理准备，说实话，这双眼睛还是把我的心给刺痛了：为什么自己这么努力还是不能被学生接受呢？在随后几天的课堂上，我发现大多数学生都能认真听讲，踊跃讨论，唯有她，这个班级的第一名，或者目光冷漠地瞅着我，或者与同桌小声说笑，一副漫不经心的模样。我觉得自己的人格受到了侮辱，同时我也万分不解：这样的行为对老师极没礼貌不说，作为班级第一名，她为什么要拿自己的学习开玩笑呢？我想找她谈一谈，弄清她到底是怎么想的，但一想到那双不屑的眼神，就觉得心里凉了半截。我竟然鼓不起勇气找她谈，日子就在这样的僵持中过了一个星期。

我有让学生写日记的习惯。我喜欢选一个没有课的下午，静静地坐在窗前，泡一杯淡淡的菊花茶，细细地品读学生用心写的日记。可以这样说，日记是我与学生心灵沟通的“桥梁”。不论学生写的是什么类型的日记，我总在后面用简短的话语写出我读后的感受。渐渐地，学生把我当成了纸上交谈的“知心朋友”——成功的喜悦，失败的痛苦，总在日记中悄悄与我倾诉。我也总站在孩子的角度去体验他们的喜、怒、哀、乐，以一个好朋友的身份去祝贺他们的成功，分担他们成长的烦恼与忧愁。日记，拉近了我与学生的距离，让我走进了他们丰富的情感世界。

开学一个星期后的一天，还是在这样一个没有课的下午，我像往常一样，打开学生的日记本，就在我批阅完一名学生的日记，准备拿起另一本时，她的名字赫然出现在面前。我伸向日记本的手竟有些迟疑，想拿起却又不敢拿起。犹豫了几秒钟，我觉得自己的行为实在可笑，莫非她的日记本中有豺狼虎豹不成？怀着忐忑不安的心情，我打开了她的日记，多日的疑惑也随之解开。原来，她对我的授课方式、教学风格都接受不了。她觉得我讲得太细，很多知识不用讲她也明白；讲课太平实，语言不够华丽，感情不够澎湃。尽管在日记中，她很有些出言不逊，但也毕竟客观地指出了一些问题。回顾自己的教学，的确有些地方讲得细了些，没有给优生提供拔高的空间；但话又说回来，有些地方该讲细致就应该讲细致，因为老师并不是只为第一名讲课，还要照顾到大多数学生。至于说教学风格，应该说各类教学风格本身并没有优劣高下之分，倒有各领风骚，异曲同工之妙。但作为语文教师，课堂语言不一定要华丽，做到优美生动是应该的。感情不一定要慷慨激昂，做到饱满也是应该的。我坦诚地将上述想法一一写在了她的日记本上。当然，我没指望通过这一次交流就能改变她对我的看法，但毕竟已走出了第一步。她能在日记中直截了当地提出自己的看法，不也表明她想和老师解开心结吗？其实，同样一个问题，换个角度来看，结果会大不一样。如果我把她的这次日记看成是“兴师问罪”，看成是故意找茬，那结果可想而知。

从那以后，我尝试着改变自己，完善自己，努力向一个学生喜爱的老师靠近，同时也时刻关注着她的变化。我慢慢发现：课堂上的她目光不再那么冷漠，尽管还不像别的同学那么热情洋溢；课下的她也不再见了老师就远远躲开，尽管还不像有的同学那样亲昵地围在老师身边。毕竟，她开始变了。

转眼间，两个多月过去了，天气渐渐转凉，然而我与她的心却越贴越近，越来越暖。有一次做课外阅读，碰到一个人物的背景资料需要了解，她向我询问，我也没法马上作出解答，于是就答应回去帮她查一查。回家之后，我上网搜索到了这个人物的详细材料并打印出来，第二天上课的时候交给了她。从她诧异的眼神中可以看出，她显然没有想到，也许她以为老师是找个借口随便说说罢了，回头就将这件事忘了。“谢谢老师！”她用充满感激的目光望着我说道。一句简单的感谢的话语，以前不知听到过多少次的感谢的话语，如今从她的口中说出来，竟让我心里暖融融的。

日子一天天地过去，生活、学习中的点滴小事改善了我们师生的关系，增进了我们师生的情感。“迎奥运”征文比赛，我为她加班加点修改作文，并嘱咐写字随意的她好好书写，最终她获得了一等奖的好成绩；临近中考，她上体育课扭伤了脚腕，每天拄着双拐来上学。我鼓励她好好养伤，战胜挫折，迎战中考，她满怀感激……

初三毕业，她顺利升入市重点高中。那年九月，我又接了新一届初三，那天，刚刚军训完毕的她和几个同学来看望自己初中的老师，她说虽然高中的校园整洁宽敞，设施完善，但回到母校还是感到更亲切，见到原来的老师就更觉得亲切了。此时的她，就像是久别之后回到父母身边的孩子，仿佛有说不完的话。我仔细端详着她：眼前的她因为军训而被晒得面庞黝黑，人似乎清瘦了不少，两个月不见，也似乎长大了不少。听着她侃侃而谈，我心中满是欣慰。想想当初，如果我因为她目光的不屑，因为那篇日记的出言不逊就此对她置之不理、放任自流，那结果还会是这样吗？

几天后的教师节，我收到了她寄来的贺卡。贺卡的背面是我熟悉的那有些随意但明显比当初认真的字体：

老师，祝您教师节快乐！

那天，当着您的面，道歉的话我始终没有说出口。今天这个特殊的日子，就让我送上这迟到两年的道歉吧！

老师，请原谅我当初年少轻狂的无知。您也许并不知道，其实我在内心早就接受了您。有一天放学之后，我到办公室背英语，看到您桌上的课本和作业，就随手翻阅了一下，看到您详细的备课和对学生作业的认真批改，我被深深震撼了。那一刻我才明白您是一位对学生多么认真负责的老师，我的行为对您造成了多大的伤害！

老师，请您接受我迟到的歉意。我永远以有您这样一位老师而自豪！

读罢全文，我的眼睛湿润了。我的认真负责终于赢得了学生的尊敬，我的爱心终于融化了学生内心的坚冰，还有什么比得到学生的理解更让人欣慰呢！

苏联著名教育家赞科夫曾经说过：当教师把每一个学生都理解为他是一个具有个人特点的、具有自己的志向、自己的智慧和性格结构的人的时候，这样的理解才有助于教师去热爱儿童。对于幼稚、敏感的学生来说，做教师的要考虑到他们的感受，体现出教师的真诚。只有这种建立在彼此尊重、彼此理解的立场上的爱，才能架起沟通的桥梁，才能拉近心与心的距离，融洽师与生的关系。有了爱，你就不会为学生辩解顶撞而发怒；有了爱，你就不会为学生幼稚无知而生气。

善于爱的教师会小心翼翼，时时刻刻关注学生的每一点细微的表现，给学生多一分宽容，少一些责难，我相信每一个学生都能感受到老师对他的爱，那么你的爱就会浇灌出一片生机与葱绿！

实践告诉我们，以人为本，关爱学生，是教育成功的法宝。也许只是一句简单的问候，一个肯定的眼神，一个慈祥的笑容，就可以架起沟通的桥梁，拉近心与心之间的距离。爱，如同炎炎烈日下的一眼清泉，饮之沁人心脾；如同苍茫大漠中一抹绿色，唤醒无限希冀；如同冬末春初的拂面春风，安抚人情冷漠。让我们以人为本，以一份爱心，善待每一位学生，相信学生未来的辉煌就在我们的关爱之中！

在陪伴学生一起成长的过程中，要有一双充满爱的、敏锐的眼睛，对部分学生的不文明行为要及时加以纠正，培养学生的文明习惯。一天，我看到有的同学随手摘学校的海棠果来玩，我用文章来告诉他们要养成文明的习惯。

我们的文明习惯伤不起

走进教室，看到有同学摘了那么多的海棠果，不由地一阵心疼。还未成熟的海棠果是青青的颜色，仿佛也泛着一种青涩的滋味，其实成熟的海棠果很好看，白里透红，娇艳欲滴，赏心悦目。我的学生们，如果你现在不摘它们，也许再过不长的时间，就会看见它们成熟后的色彩，可是，现在只能随手丢弃它们，丢掉我们的文明。其实，美好的东西，是需要等待的。

回想一下自己在小学时也有过偷摘人家果子的不良行为。那时，趁大人们不注意，会溜进果园偷桃子，被大人发现后会飞快地逃走，回家父亲就会严厉地教训我。有时还会趁人家不注意，去偷那些还没有长好的向日葵，逃跑时还能听见身后传来那位农妇高声地吆喝着的骂声，最终还是被父亲带着去向人家赔礼道歉。等到上了初中，就再没有这种行为了，因为父母和老师的教育让我明白，什么样的行为是文明的，什么样的行为是不文明的，是教育让我变得文明。我认为随着年龄的增长，我们要学习的不仅是文化知识，更要学习做人的文明修养。

平时总是告诉同学们，不能管住自己的人不是一个真正的人。那么，管住自己就从管住我们自己的手开始吧。也许有同学认为，这是公共场所的果子，没有人管，不摘白不摘。可是，你有没有想过，公共的财物是不可侵犯的，我们不可以为一己私心，就将它据为己有。我相信，同学们只是因为觉得好玩才摘海棠果，可是这种行为确实极不文明。况且有的同学还将海棠果丢得满地都是，破坏了环境卫生。不学无以成人，学习让我们变得文明高雅，让我们远离不文明的行为。2009 级 6 班，在 2 号楼的楼底东头上课，同学们每天经过海棠树，可是没有一个同学将海棠果偷偷地摘下来带进教室。因为他们懂得自己是高雅的学生、文明的学生。同样，我们也应该是高雅文明的学生，希望从今天开始再没有同学乱采海棠果，我们应展现我们一班良好的精神面貌。只有每一位同学的行为都是文明的，我们的班集体才是一个文明的班集体。

早上看全运会的新闻，一位四川的帆船选手，在比赛的过程中，发现一位辽宁队的选手落水后腿抽筋，呼喊救命，于是她毅然先去救人，救人成功，却失去了比赛的成绩，但她微笑着说，比赛以后还有，可是生命只有一次。什么是文明，美德就是文明，美的行为就是文明。康德说，世界上最能震撼我们心灵的，一是灿烂的星空，一是我们内心崇高的道德准则。拥有美德，我们的行为就是文明的。

待到明年春花开，当我们从灿烂绽放的海棠花下走过时，那沁人的花香，就是对我们文明的礼赞。潍坊十三中励志班，就是散发着美德和礼仪芳香的优秀班级。

(二)陪伴学生上好主题班会课

班会在班级建设中有着很重要的意义，可以达到集体教育的目的。传统的班会课，往往是班主任总结上周的表现，安排下一周的主要任务，这样的班会课最常见，但作用不是很大。班主任需要根据班级出现的阶段性问题和发展规划以及学校每个月的德育活动主题，认真上好主题班会课，这样会更好地引领学生的发展。作为一名班主任，不仅需要规划制定好每一个学期的主题系列班会课，更要针对出现的临时性问题上好主题班会课。以下是我召开的主题班会的示例。

主题班会一：认识自我，做最好的自己

初一年级上学期，我会召开主题班会“认识自我，做最好的自己”，让学生更好地认识自己的长处和短处，在成长的过程中，扬长避短，树立信心，更好地适应初中学习生活。

班会主题：认识自我，做最好的自己

一、背景分析

1.学情分析

刚升入初中的学生，自主意识不断增强，不但有了自我教育的需要，也具备了一定自我教育的能力。班主任要帮助学生学会客观认识和评价自己，并使学生养成客观认识和评价自己的习惯，让学生更全面深入地了解自己，培养学生正确的自尊和容纳他人的心理。

结合学校开展的初中和高中的贯通教育，初中和职业学院的贯通教育，让学生发现自己的闪光点，激发学生的潜力，我们通过主题班会做好初中学生职业规划的指导工作。

2.主题解析

随着我国经济的发展，对初中生开展生涯规划教育十分必要。让学生更好地认识自我，在学习中充满自信，不仅是心理健康成长的需要，更是未来职业发展的需要。我们要通过主题班会课等系列教育活动，让中学生尽早认识自我、认识职业，从小确立自己感兴趣的职业目标，从而有意识地在知识、技能和综合素质方面锻炼自己的职业竞争力。

“职业生涯规划”分为三步走：第一步，认识自己；第二步，了解职业；第三步，确立目标。面对初一学生，我们的主题班会主要关注的是第一步——认识自己。认识自己，是职业生涯规划的第一步。

二、班会目标

(1)在交流与反思中，认识一个真实的自己。初中学生通常对自己的认识的主观性比较强，有时对自己的缺点较为苛责，放大自己的劣势；有时也会放大自己的优点，盲目自信。初中生眼中的自己，有的时候与他人眼中的自己并不相同。初中生需要学会倾听他人的评价，以向内反思自己，需要看清自己的长处和短处，更好地认识自我。

(2)在认识一个真实的自己的前提下，扬长避短，做最好的自己。在建立对真实自己认知的前提下，期望通过班会课帮助学生建立第二个认知，即懂得扬长避短。每个人都有优点和缺点，人无完人，如果眼睛只盯着缺点，那么很容易让自己变得自卑，不利于培养自信心，唯有发扬长处，改正缺点，才可以做最好的自己，最终走向成功。

三、班会准备

学生：认真细致地观察同桌的言行，说出他的长处和不足。

教师：指导学生细致观察班内同学、准备学案、准备视频等。

四、班会过程

环节一：认真观察同桌的日常表现，用文字为同桌和自己画像。能概括出同桌和自己的长处和短处，并用具体的实例加以证明。

设计意图：引导同学们在交流与反思中，认识一个真实的自己。

环节二：同桌之间互相交流并继续完善自己的长处与短处。

设计意图：希望同学们通过此环节明白，有的时候自己过于放大的缺点或是优点，在别人那里并没有多大的区别，无须对自己的某个错误耿耿于怀，也不需要对自己的某个长处沾沾自喜。

环节三：根据和同桌共同分析出的自己的长处和短处，制订自己的扬长避短计划，即发扬自己的长处，改正自己的缺点。

设计意图：让学生在客观认识自己的基础上，指导学生在学习生活中对自己进行规划，培养信心，健康发展。

五、班会后延伸教育活动

将同学们本节课生成的扬长避短计划放在班级宣传栏，让同学们互相借鉴学习。老师也会针对大家的计划进行单独辅导，让计划更好地落实。同学们在慢慢发展自己的长处的同时，能渐渐进入生涯规划第二阶段——了解职业。

六、班会反思

初一学生年龄小，对自己的认识可能不全面，对自己的发展目标定位可能不准确。现代社会多元发展，学生和家长的价值观也发生了很大的改变，每个孩子的特点不同，发展轨迹也不会完全相同。因此，家长和老师要帮助学生正确认识自己的长处和短处，给他们以正向的引导，努力让学生了解自己，做好人生规划，对自己未来的生活进行积极的设想，这是他们克服眼前学习困难的最好动力。

本节班会课，成功之处在于引导学生认识了真实的自己，并对之后的学习生活做了初步的规划。但是，我发现自己没有抓住学生回答问题的契机，让学生充分展示分享，然后适时进行价值观引领，本节课的课堂生成还不够。在今后上这样的主题班会课时，我要努力给学生更多充分分享自己感受的机会。

主题班会二：直面困难，战胜挫折

初中阶段，学生会经历许多考试，同学们可能会遇到成绩进步的时候，也可能会遇到考试成绩不理想的时候，这可能就会使部分同学对学习失去信心，缺乏战胜困难的勇气，班主任可以在班里适时召开主题班会“直面困难，战胜挫折”。班会示例如下。

班会主题：直面困难，战胜挫折

一、背景分析

1.学情分析

(1)初中阶段经常进行考试，部分同学因为考试成绩不理想出现情绪低迷、学习积极性下降等情况，班级适时召开“直面困难，战胜挫折”的主题班会，促进学生自我意识的觉醒，增强学生抗挫折的能力，帮助学生树立正确的人生观和价值观，帮助学生健康成长，培养学生独立思考、分析和解决问题的能力。

(2)中学生的自我意识增强，学科作业增多，青春期与家长交流出现摩擦和分歧等，这些都是学生成长中遇到的困难。主要表现为有追求进步的想法，但害怕竞争，害怕失败……久而久之，学生会对自己的学习能力产生怀疑，自信心容易慢慢消失。班级管理中，要帮助学生树立学习的信心。

2.主题解析

人的一生不可能一帆风顺，总会遇到这样或那样的挫折。对待挫折，有的人勇敢面对，用事实和道理说服自己走出受挫的阴影，或用其他办法淡化受挫的感受；有的人则采取破坏甚至伤害自己的方式来发泄不满，媒体上的此类报道屡见不鲜。其实，挫折本身并不可怕，可怕的是不能正确看待挫折，不能采取正确的行动去战胜挫折。

二、班会目标

(1)通过本节班会课，培养学生敢于面对挫折、坦然地面对挫折的勇气。

(2)通过学习名人战胜挫折的事例，让学生学习怎样面对挫折。

(3)在游戏体验中，学生分享感受，分享自己应对挫折的小妙招。

三、班会准备

学生准备：提前搜集战胜挫折的小故事，练习脱稿讲述。

教师准备：备课并准备课件、心形便利贴、空白A4纸等。

四、班会过程

环节一：游戏导入

老师可以精心设计一个小游戏，激发学生的兴趣，活跃班会的气氛，让学生认识到生活中变化经常有，大家都会面临一些挫折，我们应该适应变化，勇敢面对挫折。

设计意图：创设情景，让同学们迅速走进主题班会的环境中，让同学们认识到挫折随时会出现，要勇敢面对挫折，做一个快乐向上、自信健康的新时代少年。

环节二：我的分享——分享课前搜集的名人战胜挫折小故事

生活是个万花筒，难免会遇到一些苦难和挫折，一些名人遇到挫折后的表现让我们钦佩不已。请你分享一下课前搜集到的战胜挫折的小故事。

同学们分享后，教师总结：其实我们在生活中遇到的挫折会很多，我们要努力战胜自己，战胜挫折，生活也会因我们的努力更加精彩。

设计意图：通过搜集资料、分享资料，提高学生的信息归纳能力，学习名人面对挫折时乐观、坚强、不放弃的坚韧品质。

环节三：我们来支招——分享对待挫折的小妙招

小组讨论要求：(1)说说你记忆最深刻的一次挫折，在什么时候，具体发生了什么事，当时你是怎么做的，结果如何。(2)组织学生以小组为单位交流分享，各组推选出典型案例全班分享交流。(3)小组代表分享。

教师总结：挫折是人生的一笔财富，从某种程度来说，它是我们事业成功的基石。挫折可以磨炼我们的意志，可以促使我们去学习更多的知识，迎接更大的挑战。

最后师生朗诵战胜挫折的诗歌，合唱励志歌曲。

结束语：在生活中，我们不要害怕挫折，如果你害怕挫折就是在躲避成功。请向着目标慢慢走，默默奋斗，不管有多难，挫折只会让我们变得更加坚强，我们一起守护着我们的光，那是面对困难勇敢的光，让我们勇敢面对困难，奋勇前进。

五、班会后延伸教育活动

回顾自己的生活经历，结合自己的实际情况，写一篇题为《直面困难，战胜挫折》的作文，600字以上。

六、班会反思

通过本次活动，学生能正确面对挫折，勇敢面对挫折，学着及时调整自己的心态。但是在学生们介绍自己的有关挫折的经历时，学生们表述不是很好，教师要积极创设情景，引导学生更好地表达，平时要加强语言表达的指导。同时，在班会课中，可以将中华民族勇敢面对挫折、勇往直前的精神介绍一下，增强同学们的民族自豪感。

主题班会三：我们的中国梦

我们教育的目标是培养社会主义的合格建设者，因此在班级管理中，要引导学生将自己的梦想和中华民族复兴之梦结合起来，这样为梦想而奋斗才有意义。围绕奋斗梦想与培养爱国主义精神，我组织同学们召开主题班会“我们的中国梦”。

班会主题：我们的中国梦

一、背景分析

1.学情分析

初中阶段，有的学生还不懂得将个人理想与国家发展联系在一起，需要从中华民族杰出人物身上汲取营养，获得力量，找到信仰。

2.主题解析

习近平总书记把“中国梦”定义为“实现中华民族伟大复兴，就是中华民族近代以来最伟大的梦想”。“中国梦”的内涵是国家富强、民族振兴、人民幸福。针对本班有的同学空谈梦想但是缺乏实干精神的现状，确立了本节班会的主题“我们的中国梦”，旨在激励大家树立远大的理想，并将个人梦想与国家发展联系在一起，并为实现这一理想而努力奋斗，培养实干精神。

二、班会目标

(1)通过梦想分享会，学习中华民族杰出人物为实现梦想而努力奋斗的精神。

(2)分享自己的梦想，学习从小树立远大的理想，并为之努力奋斗。

(3)通过梦想辩论会，认识梦想与实干的关系，培养实干精神。

三、班会准备

学生准备：(1)每位同学围绕“名人与梦想的故事”“我的梦想”“梦想与实干”，搜集整理资料，撰写稿件；(2)各学习小组先组内进行选拔，然后推选本组代表，准备在班会上进行交流展示；(3)学习辩论会的一般流程，进行小组间的辩论赛，为班级辩论做准备。

教师准备：(1)指导同学们搜集整理名人与梦想的资料并整合；(2)帮助同学们修改“我的梦想”稿件，进行朗读、演讲方面的指导；(3)指导学生学习有关辩论的方法与技巧。

四、班会过程

环节一：激情导入(齐唱歌曲《我的未来不是梦》)

同学们，励志班的班歌是《我的未来不是梦》，每个人都有自己的梦想，我们国家也有梦想。我们的中国梦就是实现中华民族伟大复兴，这是中华民族近代以来最伟大的梦想，这个梦“一定能实现”。

设计意图：《我的未来不是梦》是励志班传承多年的班歌，课前齐唱这首歌，能很快地引导学生进入到本节课的学习情境中来，创设主题班会的情景。

环节二：请同学们分享自己的梦想

学生1：我的梦想是成为一名画家，将来能够画出优秀的作品。

学生2：我的梦想是成为一名人民警察，保护社会的和平安宁。

学生3：我的梦想是成为一名军人，保家卫国。

学生4：我的梦想是成为一名人民教师，像老师一样培育人才。

…………

老师的梦想就是像赠言所说的“此生何所愿，桃李映天红”。我愿意用自己全部的精力，为同学们的健康成长铺路。

环节三：讲述中华民族杰出人物为梦想而奋斗的事迹

无数的中华民族杰出人物，为了今天的幸福生活献出了自己的全部力量，我们也应该肩负起自己的责任。请各小组代表，将课前搜集到的名人与梦想的故事与大家一起分享，让我们走进“中华民族杰出人物事迹介绍会”。

设计意图：本环节由学生分享中华民族杰出人物为中国的富强、人民的幸福而努力奋斗的事迹，启发同学们思考个人梦想与民族梦想的关系。

环节四：将自己的梦想与中华民族的梦结合在一起

周恩来的中华民族崛起梦、袁隆平的禾下乘凉梦、邓稼先的强国梦、张桂梅的教育梦、王亚平的航天梦……每一个伟人的梦想都闪耀着智慧的光辉，每一个梦想的实现都凝聚着辛勤的汗水。同学们只有将自己的梦融入中华民族的伟大梦，我们的梦想才会绽放出璀璨的光芒。

在2021年建党100周年庆祝大会上，青少年代表喊出的誓言“请党放心，强国有我”让我感动不已，中国少年，应该肩负起我们应尽的责任，请同学们分享怎样将自己的梦想融入中华民族的梦想。最后全班一起背诵梁启超《少年中国说》。

环节五：思考怎样才能实现梦想，展开班级辩论赛

(1)设置辩论赛的正反方观点。正方观点为“梦想比实干重要”，反方观点为“实干比梦想重要”。

(2)开展小组辩论。首先正反方陈述观点，其次正反方互相提问，再次自由辩论，最后正反方总结发言。

设计意图：让同学们在辩论中认识到“梦想与实干”的关系是密不可分的，既要树立远大理想，又要培养实干精神。

环节六：《我们的中国梦》诗歌朗诵

青春有梦，中国有梦，习近平总书记说过：“中国梦是历史的、现实的，也是未来的；是我们这一代的，更是青年一代的。”但同时又强调“空谈误国，实干兴邦”，这实际上是在提醒我们青春没有实干，梦想就是空想。我们要撸起袖子加油干，才能实现我们的梦想。

请同学们朗诵老师写的《我们的中国梦》。

我们的中国梦

男：今天，你如同一片白云，飘进我的梦中。

女：今天，你如同一缕春风，吹拂在我的脑海。

合：这就是我们的中国梦！

（一）

男：在梦中，清越的战国编钟声传来，领略江南水乡的柔情、长城万里的雄浑。

女：在梦中，嘶鸣的战马奔驰而来，英雄横刀立马斩敌首，五千年的光辉涌入我们的灵魂。

男：《满江红》　岳飞

合：全班齐背《满江红》。

（二）

男：今天，你入我梦来，我却分明听到你的啜泣。

女：是列强瓜分的铁蹄践踏神圣的土地，是割地求和给万里河山留下伤害几许，是破碎的卢沟晓月、十四年风霜、山河失色。

合：中国，中国，屈辱的中国！

女：我的心同你一样啊，痛到了极致！

男：把痛苦深深地埋在心底，不屈的信念在磨炼中孕育。

女：《少年中国说》（节选）　梁启超

合：全班朗诵《少年中国说》（节选）

（三）

男：滚滚长江东逝水，体内血液如黄河般奔流不息。

女：艰难的国运，雄健的国民，我们万众一心，战胜一切困难！

合：中国，中国，英雄的中国！

女：《沁园春・雪》　毛泽东

合：全班朗诵《沁园春・雪》

女：我骄傲，我是炎黄子孙。

男：我自豪，我是龙的传人。

合：当雄鸡在那遥远的东方高唱的时候，
中华民族腾飞的捷报一定会频频传扬！
中国人民一定会用自己的智慧和汗水
去铸就明天的辉煌！

男合：这是我的梦。

女合：这也是我的梦。

大合：这是我们的中国梦！

五、班会后延伸教育活动

班会课后，同学们以《中国梦，我的梦》为题，撰写演讲稿，并进行演讲训练，推荐优秀同学参加学校升旗仪式学生演讲。

六、班会反思

这节班会课上，同学们通过学习中华民族杰出人物为民族梦想而奋斗的事迹，分享自己的梦想，认识到只有将自己的梦想融入中华民族的梦想，自己的梦想才会更加有意义。这节课努力将爱国主义教育落实到中学生的学习实践中，同学们进一步认识到，不仅要有梦想，而且要有实干精神。通过班会课，我认识到不仅要通过班会课进行爱国主义教育，更要注意将爱国主义教育与平时的学科学习结合起来，爱国主义教育才会进行得更好。

主题班会四：网课期间微班会

新冠肺炎疫情期间，我们有时需要上网课，在网课期间，张海燕老师每天一个微班会，陪伴同学们进行每一天的学习，发挥了很好的作用。

2022年冬天，学生居家上网课，为了更好地进行班级管理，我创新性地上好每天的微班会，提高对网课课堂的管理能力，帮助学生养成良好的网课习惯。别看它只有10分钟，却能发挥大作用。

微班会我设计了三个板块：(1)每日点评，总结提升；(2)分享经验，共同提高；(3)交流谈心，拉近距离。

一、每日点评，总结提升

我们班级常规是按照学部要求的居家量化统计表来统计的，为了体现一天当中学生课堂上的表现，我又设计了一个“微班会日点评量化统计表”，从周一到周五，除了晨修、午练，所有学科都有。然后再根据同学的表现，分类列出了迟到、缺勤、不开摄像头、积极回答问题这几种情况，由小组长和课代表共同记录，一天的课程结束后，把情况汇总给班长。班长再把这些情况汇总填写在表格上，在微班会上汇报点评同学一天的课堂表现。每日一点评，对按时出勤、积极回答问题的同学是一种肯定、激励，对经常迟到、缺勤的学生也是一种警示。

记录表由班长、小组长、课代表共同记录、点评，一开始我也担心孩子们做不好，不过通过这几周的实践，我发现，不能低估孩子，班主任该放手时就要放手。这样做促进了学生的自主管理，锻炼了学生的班级管理、组织表达能力。

班长点评完后，班主任进行简单的总结点评，对课堂上能够积极回答问题的同学提出表扬，对迟到、缺勤的同学，提出期望。通过这种形式，学生们网课迟到、缺勤的情况就很少出现了。

二、分享经验，共同提高

这一环节，由每周量化积分前三名同学分享自己的网课学习经验。这是对优生学习的肯定，可以督促优生积极发挥自己的榜样作用，奋勇争先，再接再厉。通过分享，也让其他学生发现自己的不足，从身边的榜样身上汲取力量。从而相互促进，共同提高。

三、交流谈心，拉近距离

最后，同学们可以自由交流，自己谈一谈一天中上网课的感受，或者是提出自己的困难。对于生病还坚持上课的同学，我会送去真诚的关心与慰问；对于存在问题的学生，我会在微班会结束后向他了解情况，问清楚原因。比如我们班的小李同学，前一段时间因为没有设备，无法上网课。后来家长给他配备了网课设备，现在能上网课了，孩子很高兴，课堂上表现特别积极。但是前几天又发现他总是迟到，问了之后才知道他是为了照看妹妹。与学生的谈心交流，可以拉近与学生的关系，增进师生情感。

微班会，作为班会课的补充，要发挥其应有的作用，这需要我们在微处做实，在微处做精，充分发挥“微”班会的“威”力，助力班主任班级管理工作常做常新、智慧高效。

学生复学之后，我们的微班会变成每天早上的晨会，我们在总结中不断成长。当然，主题班会课还是我们班班会课的主要形式，因为这是对学生进行集体教育的重要形式，是班级自我管理提升的重要途径。针对中学生的叛逆期特点，我召开“正确应对青春期叛逆”的主题班会；每年的5月25日，心理健康教育活动中，我会组织召开“注重沟通，健康成长”的心理健康主题班会；劳动教育对培养学生全面发展有非常重要的作用，我召开“劳动最光荣”主题班会；针对学生过度使用手机，我召开“合理使用手机”的主题班会。初中三年的班级管理中，我注意规划系列主题班会课，有计划地用主题班会引领学生发展。

（三）陪伴学生成长的如歌岁月

班主任工作中，寻梦前行，用爱和坚持陪伴同学们前进。1997级6班，我第一次当班主任，我开始喜欢上了这个平凡的工作。这是一个按照学习成绩分的普通班，全班有42名学生，学生们的学习基础不是很好，但是他们的品质都是很好的。回想当时，一个新班主任，面对一个新班级，老师和学生都有点兴奋、激动，都想展现最好的自己，这是优势所在，但是缺乏了解，因此需要快速磨合。现在想起来，还是激动不已。

那是一个普通班，在那个年代里，许多初中学校按照学生的学习成绩分重点班和普通班。开学前一天分班结束后，我就拿着学籍卡片，对着学生的一寸照片，一张张记他们的名字。开学第一天，我站在门口迎接每一名学生的到来，我能叫出每一个走进教室的学生的名字，学生们在惊讶中带着惊喜走进了属于自己的六班教室。他们可能想不到，这个一见面就能叫出他们名字的老师就是班主任，在接下来三年的时间里，将和他们共同建设班级。我告诉同学们，我们的班级将是怎样的优秀班级，学校所有的老师都看好我们班级的发展前景。

接下来，我发现班里有一个特殊的学生，感觉有几个同学都听他的，我就特别留意他，当天就抽时间对着学籍卡片查他毕业的小学和家庭住址。在开学的第一个星期里，我到他毕业的小学，找他原来的班主任和任课教师了解情况，晚上就到他的家里家访，之后也找他的小学同学了解他小学的表现。我在课间找他谈话，鼓励他进入初中后，要把不好的习惯留在过去，把自己的优点带入初中，我为这名同学建立专门的档案，我时时关注他的表现，对热爱体育的优点和热爱集体的优点及时表扬。最后，这名同学成为班级建设的骨干，家长也告诉我，孩子在家里说“一定要努力学习，做一名好学生，给郭老师争光”。这件事让初当班主任的我认识到，新建班级一定要注意对特殊学生的教育，班级管理要做到抓两头，带中间。

我和学生们一起制订班规，开学后一两周的时间内，我们一条条完善班规，班规由学生们共同制订，便于共同遵守。我和学生们一起进行班规学习，每天严格落实，同时也会准备一个反思记录本，将每天完成的情况进行评价和反思，争取用21天的时间，在班规的帮助下，让每一个学生养成良好的习惯。这个习惯分为学习、纪律、卫生、活动四个方面，逐步让好习惯成为学生的一种本能。

为了让学生们迅速了解自己的任课教师，我给每个任课教师写了一段文字介绍，让学生了解自己的任课教师的毕业学校、教学成就、性格特点，帮助学生培养对教师的崇拜之情。我在开学第一个月，集中力量对全班进行家访，了解每一个学生的家庭情况，做到如果哪一个学生某天未能按时到校，在联系不到家长的情况下，能第一时间找到学生家。

我认真考察，精心选择班委，培养班委。班干部是班集体的核心，是班主任进行工作的有力助手，班干部的质量直接影响着班级工作的开展。我从那时就开始锻炼自己识别学生能力的眼光，我当时是先指定几个同学担任班委，让他们工作半个学期后，进行全班投票选举，最后确定。我和他们一起商定了各个班委的职责，然后按照职责开展班级工作。

我细心安排值日，让每一个学生都有事做，有活干。一开始的时候，卫生委员制订的值日生表和卫生大扫除分工比较粗略，造成了有的卫生死角没有打扫干净，之后我们就进一步细化卫生分工，实行组长责任制，组长具体负责当天的所有值日工作达到规定的标准。

“好的开始是成功的一半”，初当班主任的那份激动和热情，激励着我努力将各项工作做到最好，我们的班集体向着良好的方向有条不紊地发展。就连传达室的保安大爷见了我，都对我竖起大拇指，表扬我们班级发展得那么好。

这个班的同学热爱集体，劳动认真，他们朴实认真的风格给我留下了深刻的印象。在这班级建设的过程中，我们的一些成绩好的学生，像小梦等同学在初一期末的时候，被选拔到了前边的班级，一些在前边班级成绩下降的同学，又被分到了我们的班级，我们班级就这样一直努力前进着。在初三毕业的时候，我因为去参加义务献血活动，就没有赶上他们的毕业典礼。当我献完血回到学校的时候，学生们早已经毕业离校。我们的教室门已经上锁，我站在教室窗外，向教室内看去，发现桌椅摆放整整齐齐，教室被打扫得一尘不染，教室的黑板上这样写道：1997级6班班主任郭新军，今天，我们毕业了，请郭老师放心，我们每一个人都一定会好好发展的，我们六班永远在一起。看到下边全班同学的签名，我站在教室的窗外感动落泪。我的第一届学生们啊，谢谢你们对一个新班主任的支持！

送别了1997级6班，我开始担任2000级1班班主任。这是一个平行班级，因为有了担任普通班班主任的经验，担任平行班的班主任之后，我感觉自己得心应手。60多位同学组成我们优秀的一班，一班是当时10个班级的排头班，在各个方面都起到了带头作用。记得有的班主任拿着一班的成绩激励全班同学说，我们要努力向一班学习。整整三年的时间，一班一直处于年级的领先位置，在各方面工作都做得很好，被评为“奎文区优秀班级”，中考升学率年级第一。在带这个班级的时候，也让我逐渐学会了如何和叛逆期的学生进行交流沟通。小超是班里一个胖乎乎的男生，平时表现不错，可是在一次上班会课时的叛逆表现，让我认识到一名班主任，要研究学生的心理，同时也要用一颗充满爱的宽容之心对待学生。

在担任2000级1班班主任的时候，我不仅努力当好班主任，还积极进行语文教学的探索，积极承担区级以上公开课任务，被评为“奎文区教学能手”“奎文区初中语文学科带头人”。当校长到我们班里宣布我被评为奎文区初中语文学科带头人的时候，同学们回以热烈的掌声，让我感动不已，我也感到自己的荣誉是和学生们紧密联系在一起的。市、区的初中语文教研活动多次用我们班的学生开展，学生们也拓展了视野，即使有四五十位老师在听课，同学们也能做到积极发言，大方回答问题。全校老师都认为这个班级学生的语文素养很高，有的语文老师还带着录音机来录我班学生在语文课堂上的展示朗诵，再放给自己班级的学生们听。有时，区里安排给我一个讲课任务，我会和班里的同学商量，怎样才会讲得生动，同学们给我提了许多很好的建议。很感谢这个班级的同学们在我语文教学钻研过程中给予的帮助。因为班级表现优秀，考核一直名列前茅，我因此被评为“奎文区优秀班主任”。很感谢这一届的学生们，帮助我在教学业务上和班级管理上有了很大进步，我常常想，教师的引领对于学生的发展很重要，而学生对教师的成长也是十分重要的。

2003级6班，是让我感觉很有成就感的一个班级。分班时的成绩不是很高，但是全班同学共同努力，班级建设也越来越好。从这一届学生开始，我开始担任年级主任(教导处副主任)，从此开始担任班主任兼学校中层职务。我在工作中注意发挥党员的先锋模范作用，时时处处讲奉献，努力将工作做好。在带这个班级的时候，我注意培养班干部，几名班干部发挥了很好的带头作用，带领班级取得了一个又一个的优异成绩。这个班级被评为“潍坊市朝阳读书优秀班级”“奎文区优秀班级”，2006 年中考仅潍坊一中就录取 11 人，我负责的年级报考潍坊一中 55 人，考上了 55 人。报考其他高中的学生也考得很好，创造了学校中考的一个新纪录。

这个班级之所以取得这样的成绩，主要得益于在初三年级的分层教学。初中阶段，学生往往在数学和英语上分化明显，因此我们采取这两科的分层教学。我在学校领导的指导下，具体负责初三年级的分层教学。我在初三年级的七个班级中，选择一个纪律不是很好的班级进行拆分，将学生们拆分到其他六个班级中。将六个班级划分为两个模块，一个模块三个班级，在每个模块内对数学和英语分成三层教学，这样数学老师和英语老师可以根据不同层次的学生因材施教，更快地帮助学生提高学习成绩。这是我们学校第一次实行分层教学，也是在一边探索一边前进，我感觉自己付出了极大的努力，一方面要做学生们的工作，一方面还要做好家长的工作、任课教师的工作，保证分层教学有序进行。在分层教学中，任课教师们也付出了很多，十分辛苦，因为改革就意味着奉献和付出。当然，学生们对老师的付出也是看在眼里的，中考前的毕业典礼，许多同学都流泪哭泣，不舍得离开母校，不舍得与老师们分别。

这一届学生毕业后的第一个中秋节，当我正在和家人吃饭赏月的时候，突然接到班里小 W 同学的信息，她说班里的许多同学已经在学校门口等着我，他们准备好了月饼，要和我一起在校园吃月饼赏月。当我赶到学校门口的时候，十几个学生已经等在学校门口，那年中秋月正圆，我们师生一起在月光下吃月饼，聊着我们共同经历的流金岁月，畅想着未来的美好，师生如同家人一样聚在一起，学生们温暖了一位班主任的心。小 W 同学现在已经是潍坊护理职业学院的一名优秀教师，相信她也是一名温暖学生的教师。2007 年，我因为过度劳累，在正月十五住进了医院，在住院的第二天早上，第一个站在病床前的大夫是医院检验科的主任——我已经毕业的 2003 级 6 班的学生的家长。这位家长说，看到检验单上郭老师的名字，不知道是不是自己孩子以前的班主任，又看了一下医保信息后，确认是郭老师，于是一早就到病房，并请主治大夫多加关照。感谢我的学生们和家长们，我只是做了一名班主任应该做的，他们却给予了我很多，我唯有努力将班主任工作做得更好，才对得起这么多家长的信任。

记得有一天课间，学校保安跟我说，有我以前的学生在学校门口等我。我匆匆赶到学校门口，发现是2003级6班的学生小M，她现在已经是日照市一所医院的主治大夫，这次带着刚满月的小孩回家探亲，特意从学校门口经过，请自己以前的班主任看一下孩子。那一刻，我感受到的不仅是一位班主任的幸福，更是像一位父亲一样的幸福。有人说我带的班级管理得都很好，我每次都说，那是因为我很幸运，每次都遇到最好的学生和最好的家长。

2006级2班是努力进取的典型班级。作为学校中层领导，我负责这个年级的招生工作，为了招生我付出了艰苦的努力，在这届学生上小学六年级的时候，我就认识了许多即将升入我们学校的学生。新学期开学前，为了帮助年轻班主任成长，我将一些优秀的学生分到了他们的班级中，而将一些难以管理的同学分到了自己的班。这样的班级，我付出很多，收获也很大，最终班级建设得越来越好，我们取得了一个又一个优异的成绩。当然，有几个经常违纪的同学，让我操碎了心，同时我还要帮助缺乏经验的年轻班主任做部分学生的思想工作。这届学生升入初三的时候，根据学校的安排，我进一步分管科研和师训工作，我们的励志班经过两年的努力越来越好。在上自习的时候，经过我们教室门口的老师都赞叹班级安静的学习氛围。初二的时候，班级团支部被授予“奎文区红星团支部”，这是当时学校初中年级中唯一获此殊荣的班级，团支部书记被授予潍坊市优秀团员。在初三中考的时候，班级中考成绩优异，圆满完成了学校的中考任务。

在担任班主任的时候，我因为需要完成在职教育硕士的学习，需要脱产学习一段时间，在那段时间里，有个别同学养成了一些不好的习惯，我为了让班级重新步入正轨，在处理个别同学的问题时，有点急躁，我在多年后反思自己当时的做法，主要是急于处理班级存在的问题，在耐心、细致上做得不够好，当然，这个班级总体表现还是很好的。通过2006级2班的管理工作，我深刻认识到：一是初一下学期学生的管理十分重要，如果管理不好，个别学生就不能很好地进入初二的学习；二是当学生出现问题的时候，作为班主任千万不要把学生简单地推给家长，因为出现问题的学生，往往家庭教育也存在问题，班主任应该做的是为家长的教育提供帮助，而不是将全部教育责任推给家长。作为班主任，应该指导家长做好家庭教育工作。

2009级6班，是一个起点比较高的优秀班级，有的老师说这个班级是我班主任生涯的“巅峰之作”，但是我认为这个班级的成功，让我对班主任工作更有自信，也帮助我更加努力地做好班主任工作。这个班的班级考核保持了三年的全校第一，班级团支部被授予“奎文区五四红旗团支部”，中考升入普通高中率100%，是学校历史上第一个全班升入普通高中的班级。

在初一分班的时候，尽管是平均分班，但是因为分到我们班的几个优生没有来报到，班级学习成绩整体还是偏弱，在第一次期中考试的时候，年级前十名我们班一个也没有。在第一学期期末考试的时候，年级前十名我们班也只占了一个名额。在学科竞赛优胜班级中，我们只获得了我任教的语文学科的红旗。面对这样一种情况，这一届励志班的同学在学习上一开始还是很受打击的。校长看到这种情况就跟我说：“现在这种情况下，就不要考虑战胜对手了，你们先战胜自己吧，因为自己是最难战胜的。”随后，我们班级就召开战胜挫折的主题班会，明确了班级口号——战胜自我，顽强拼搏，班歌——《我的未来不是梦》。我们一路喊着班级口号，勇往直前，一次次在学习上进步，最终中考取得优异成绩，在战胜自己的同时，我们也战胜了对手。最后，学校老师都表扬这个班级，不仅是学习成绩最好的班级，而且也是最懂得感恩、与任课教师关系最好的班级。

在与这个班级的学生共同前进的过程中，我发现班里的每一位学生家长都很优秀，优秀的家长们培养出了优秀的学生。从这个班级开始，我发现培养家长很重要，我学会了“用家长来教育家长”，就是邀请往届优秀的学生家长给家长们做报告，用成功的家庭教育案例来引导家长们科学地与孩子交流，这样对班级工作非常有利。同时，我还组织家委会开展读书活动，做到教育学生，首先培养优秀的家长。

2012 级 1 班，是一个家委会工作开展得非常好的班级。这个班级的各项工作走在全校的前列，每年的班级考核也都是全校第一名，班级自主开展活动多次被潍坊市级媒体报道，班长被评为“潍坊市优秀共青团员”，班级中的小凡同学被评为“潍坊市美德少年”。2015 年中考，70%的学生升入普通高中，30%的学生进入职业学院。

这个班级的第一次家长会，按照学校的安排，全校班主任观摩。我们在家长会上，有学生的才艺表演、家长代表讲话，有往届学长给每一位同学的来信，鼓励他们在励志班好好学习，有往届读博士的学生家长进行经验交流，家长会最后全班齐唱歌曲《国家》。这次家长会后，我感觉班级就像拧成了一股绳，班里布置一项工作，家长们都是一呼百应，让其他的班主任羡慕不已。家委会定期到学校，参加小组长培训，每逢暑假，家委会就组织同学们进行拓展活动，家委会成了班级建设的坚强后盾。每次学校有大型活动的时候，有才能的家长就会到学校来指导同学们，给同学们加油鼓劲，班级活动开展得有声有色。

三年的初中生活，这个班级从优秀的 27 人，后又接纳 21 人，最后成为优秀的 48 人，完成毕业升学的任务，打造了励志班勇于奋斗的传奇。全班同学始终坚持奋斗，取得了一个又一个的胜利。在初一的时候，这个班的家委会就商量着给全班同学买班服，我们整齐的队伍一亮相，就成为学校的焦点。初一暑假的时候，我们一起到青云湖开展拓展训练活动；初二暑假的时候，我们到滨海欢乐滩开展拓展活动，我们一起玩海上遇险游戏，一起进行真人 CS 比赛，我们一起在海中游泳……这个班级是开展拓展活动最多的班级，这得益于家委会的积极组织。活动增强了班级凝聚力，我想也许在学校课堂上学的东西，不久之后就会忘记，但是这些拓展活动的记忆，一定会给同学们留下深刻的记忆。

2014 级 2 班，是我在担任 2012 级 1 班班主任的时候，兼任班主任的班级。这个班级初一的时候，我主要的工作就是熟悉班级中的学生、帮助学生们养成良好的习惯。这两个班级的学生，平时也注意互相监督，互相检查纪律，互相学习。

2014 级 2 班的体育成绩特别好，在每次的运动会上，都能夺得全校体育总分第一名。学习成绩在同年级的四个班级中，也一直处于领先地位。在升入初三的时候，年级家委会的家长们，要求自己的孩子进入该班学习，在这种情况之下，学校领导决定撤销四个班级的行政编制，实行分层教学，全年级只安排我担任班主任。从担任这个年级的大班主任，将四个班级重新分层，师生开始双向选择，到顺利开展分层教学，我付出了极大的努力。在最后的中考中，我所带的 C 层 48 名同学，考入普通高中 45 人，再次创造了学校毕业班中考记录。中考结束后，学生小博的家长给学校送来锦旗：优秀的教师队伍，卓越的教学成绩。

2014 级 2 班的班级建设也是非常成功的，班级荣获奎文区五四红旗团支部，班长小琳被评为“奎文区优秀团员”，三年的班级考核一直保持中学部第一。

2016 级 1 班，是我从中途接手的一个班级。中途所接的班级经过几年的经营，已在原班主任的管理下形成了一定的班风，班级整体有一个相对成型的风格，同学之间也有了一定的默契。在这种情况下，新班主任更要走到同学当中去，深入了解各方面的实际情况，找到工作的最佳切入点和突破口，从而使自己的班主任工作有个好的开局，这样才能得到更多同学的认可。

2017 年 9 月，我开始担任 2016 级 1 班的班主任。在开学前，我拿到了班级的学生名单，首先看到的是学习成绩班级第一的同学。我给她的家长打电话，邀请家长带着学生到学校来。我向家长了解，对班级管理是否满意，最希望新的班主任在哪一个方面做好工作，班级家委会工作开展得怎样。然后，我又召开开学前的班委会，让学生们知道班主任换了，班级管理要迈上一个新的台阶，每一位班委要为班级建设提出自己的建议。

开学第一周，我们班主持升旗仪式和干值周工作。我精心选择参加升旗仪式的同学，对升旗手认真训练，争取做到每一个动作都规范，让主持升旗仪式的同学背主持词，让国旗下演讲的同学和我一样背诵演讲稿，我从演讲稿的写作，到学生们背诵的停顿、感情，都是一遍遍指导，升旗仪式上，我班成为第一个国旗下背诵演讲的班级。对于纪律值周的同学，我要求他们站在甬路边执勤时，一定要站得笔直；对于卫生值周的同学，我要求他们做到打扫卫生干净彻底。第一周的工作结束时，我制作美篇"风中亮出我们的旗帜"，首页配图是全班合影。我努力让全校师生和我们班家长，看到一个不一样的班级，看到一个更加优秀的班级。

我注意和同学们沟通感情，让他们迅速接纳新的班主任。我会和学生们一起打球，一起聊天，有时会主动找学生聊天，增加与学生相处的时间，以便了解学生的想法，也让学生更好地了解老师。同学们开玩笑说"郭老师是被语文教学耽误的体育老师"。我给学生们买蛋糕，给他们过 14 岁的集体生日，让这个班级因为新班主任的到来而更加温暖。我也像往常一样，迅速家访全班同学，当了解到这个班级虽仅有 36 人，但是单亲家庭、父母长期生病导致经济困难的家庭等八类群体学生数占到 2/3 时，我十分意外，这样的学生是更需要老师的关心的。

当然，我也在班级里加强纪律管理，不以规矩，不成方圆，我努力纠正他们的缺点，肯定他们的优点，让班级有秩序，在稳定提高中前进。让学生们养成知错就改，积极向优秀同学学习的习惯。

经过一段时间的艰苦努力，2016 级 1 班，从初二开始逆袭，成为全校班级建设的标杆班级，班级团支部被授予“奎文区五四红旗团支部”，尽管只带了这个班级一年，我却与学生和家长建立了深厚的友谊，我们一直保持着联系。由于初二的逆转，加上初三的努力，这个班级在初三中考中考出了优异的成绩，语文学科还获得了中考教学质量奖。

2018 级 2 班，是一个优秀的班级，起点比较高，全班 36 位同学，毕业于 18 所不同的小学。在初一分班的时候，因为要照顾进入励志班家长的需求，班级学习成绩高的学生相对少一些，但是我们没有受这些因素的影响，而是依旧发扬励志班顽强拼搏的作风，努力奋斗，学生成绩逐步上升，班级也更优秀。由于中考成绩优异，这个班级的各科任课教师，均获得奎文区中考教学质量奖，其中语文一等奖、道德与法治一等奖。

在班级建设中，我注重培养同学们的实践创新能力，班里的小文发明的多功能清洁车概念车型，我帮助他修改文字说明，获得市创新实践大赛一等奖，也帮助小文培养了对自己学习的信心。小轩等同学的创新发明，如节能台灯、医用外科机械手、种子拼图等，也在创新实践大赛中获得很好的成绩。小博同学被评为“潍坊市读书之星”，小城获得奎文区科技论文三等奖，小冉获得奎文区“人人参与　科学防疫”创新教育主题征文优秀奖，小宇获得潍坊市中学生科技论文三等奖。在初二的时候，班级到孟良崮开展研学活动，瞻仰孟良崮战役牺牲烈士纪念碑，红色研学活动让同学们更加体会到，今天和平幸福生活的来之不易，要珍惜良好的学习环境，努力学习。

2021 级 1 班，是我在 50 多岁又开始担任班主任的班级。这个班级有 36 位同学，我们共同组成了一个新的励志班。分班之后，我让熟悉这些学生的我校另一位小学老师，帮我看一下班级中有没有能担任班干部的同学，结果那位老师说一个也没有发现。面对这种情况，我没有灰心，我觉得这一届励志班可以提升的空间更大。在学校举行的运动会上，班级获得八、九年级组第一名，在滨海实践基地举行的徒步活动中，被评为优秀班级，小冉同学在奎文区科技劳动征文活动中获得一等奖。在班级管理中，我努力培养班干部，让学生们进行自我管理。在尊重学生需求的前提下，我积极探索学生自我管理的办法，班级在自我管理中不断进步，成为一个让全校师生赞扬的优秀班级。

我在长期的班主任工作中，总结了接手一个新的初中班级，面对新学生需要注意的事项，主要有以下几个方面：(1)要了解每一个学生，出现问题时及时将问题消灭在萌芽之中；(2)制订班规，让学生知道什么是可以做的，什么是禁止做的；(3)告知学生初中生学习的一日常规；(4)告诉学生综合素质评价的日常评价办法，从开学的第一天即纳入考核；(5)关注细节，正确引领，培养学生的文明修养；(6)激发学生参与班级管理的积极性，卫生区的抽取、发书等，都让学生自己来；(7)从一开始就将班级管理的各项工作落到实处，良好的开始是成功的一半；(8)不管面对怎样的学生，都始终要满怀信心，我们不能选择学生，但是可以选择我们对学生的态度，我们的心情是可以影响学生的。

时光飞逝，我已经担任班主任26年了，在这26年的班主任工作中，我从不敢有丝毫的懈怠，时刻提醒自己要对得起这份沉甸甸的信任，这份责任也让我变得幸福，让我收获了许多。从2000级1班开始，我所担任班主任的八个班级，都曾被授予区级以上优秀班级。我们努力奋斗，最终一起收获。

在一届届的班主任工作中，我深刻体会到，只有热爱学生，建设温暖的励志班，才会让平凡的班主任工作更加精彩。我对学生们的爱，也让我收获着作为一名普通班主任的喜悦，每逢假期就会有学生来看望我，我的喜悦是与学生们的美好发展联系在一起的。陪伴学生成长，成就一份事业。我用心爱着我的学生，我爱我的班级，我用写作、陪伴、家访、励志和一届届学生一起成长，不忘初心，勇往直前，我在平凡的岗位上，始终追求着自己的教育梦想。班主任工作，没有终点，只有起点。

第三章

爱加尊重，呵护每一名学生成长

学生是成长中的人，班主任要关爱学生，要尊重每一个学生，不能以高高在上的态度面对学生。我们不仅要有尊重孩子的心，更要从自己的语言、行为等方面表现出来。如果教师忽略学生的感受，对学生缺乏尊重和包容，那么这样的教育就是失败的，不利于建设优秀班级。我们对学生说话的时候，语气要温和，举止要得体，学生在被尊重的时候，才会感受到来自教师的温暖。越是面对难以管理的学生，我们就越需要充满爱心和尊重。

我有好多次遇到有些偏激的学生，有时也想发火，可是想到自己是一名教师，就是来帮助学生，就是要用一颗包容的心对待学生，于是就会耐心地做学生的工作。曾经有一位学生，在初二的时候，认为我对她不公平，言语很偏激，我没有对她发火，在冷处理之后，我继续认真帮助她、教育她，但是她对我的态度还是那么冷冰冰的，我以为这种情况很难改变了。可是，在毕业典礼那天，她满脸泪水，给我深深鞠躬，说自己不好，谢谢老师的帮助。那一刻我十分感慨，当我们认真对待每一位学生的时候，原来她的内心早已经接受你了，可是碍于面子，表面上还和原来一样，这也许就是初中生的特点吧。

一、爱学生、尊重学生，是班级管理的前提

人民教育家于漪老师说，教育的智慧来自对学生的挚爱深情。学生是教师心中的“宝”，班主任会倾听、爱护、宽容、帮助，教育的智慧大门就会向你敞开。班主任对学生的爱，应该像阳光一样，洒向每一个学生。班主任对学生的爱，不是单纯的爱，而是一种充满教育智慧的爱，是一种充满尊重的爱。尊重学生，会让学生充满前进的信心，让学生更加自尊。爱学生，就要对学生遇到的问题产

生共情，对学生尊重的态度比说很多话都重要。

小悦，一位来自北京的女孩，2015 年初三下学期伊始，转到班里准备迎接中考，北京的教学进度跟潍坊不一样，而且她的父母还在北京工作，只有奶奶陪着她在学校附近租房学习，迎接考试。面对这巨大的压力，我决定和她一起奋斗迎接中考。

学生远离父母，肯定会非常想念他们，作为班主任应该给予学生的就是如同父母一般的关爱。为了让她提高体育成绩，我放弃周末休息的时间，让她和奶奶一起来到学校，我陪着她一起进行体育模拟测试，找到努力的方向，最终她的体育成绩从 D 提升到 B。我把她每天的学习生活拍下照片，通过 QQ 发给她的母亲，她每一次作文的进步我都会告诉她的母亲，让她的父母及时表扬她的进步。学校的实践活动她没有参加，没有成绩就无法报名中考，我就周末单独陪她到学校补上实践成绩。我的小菜园收获了，我就送一些菜给她家，让她和奶奶尝尝。远在海南的学生春天给我空运来荔枝，特别好吃，我也给她送一些去，因为她远离父母，更需要关心。因为远离父母，所以有时她性格有些偏激，我就耐心引导。毕业前夕，家长来到班里，表达对老师的感谢，在毕业典礼上还送来锦旗——关怀教导有方，疼爱无微不至，最终小悦以优异成绩考入高中。她在给我的信中写道："郭老师，今天您守护我们，明天就由我们来守护您！"

毕业后，她回来看我，说那次我给她送菜走后，她感动地哭了。我们漫步校园，我抬头看了一下校园的一棵杏树，随口说这个季节的杏一定很好吃，下午她就给我送来了一箱的杏，说是自己老家种的。看到那一箱子的杏，我感觉心理暖洋洋的。

当学生需要帮助的时候，教师的爱就是温暖他们前进的动力。在班级建设的过程中，难免会遇到各种各样的问题，作为一名班主任，如果能从尊重学生的角度出发，灵活处理问题，就会促进班级向良好的方向发展，也会有利于学生的健康成长。

人都是有自尊的，尤其是班主任在学生面前的自尊好像特别强，一旦学生的言行有伤班主任的颜面时，往往会引来一场暴风雨，于是班主任们经常板着脸，"老板"的称呼可能由此而来。我常常想，学生的自尊也需要我们的呵护，不要忘记他们正处于成长的特殊阶段，遇事多想想他们还是个孩子，也许我们就没有那么大的火气了。

学生小超，是一个自尊感特别强的学生，可是写作业不太认真。由于几次没有写好作业，于是在一次班会课时，我不客气地当众指出了他的缺点。只见他气冲冲地站起身，满脸怒气地走出了教室，还没等我反应过来，在“咣当”的一声摔门声中，小超已经到了门外，这时教室里一片寂静，学生都在看着我的反应。我当时心想：坏了，他跑了吗？我怎么办？

好没面子。于是我望望班里的60多双眼睛，微微一笑说，他太激动了。紧张的气氛一下子缓解了，学生们也笑了。我赶紧到门外去看，只见他生气地站在走廊上，我走过去问：“怎么这么大火气啊？我说的不对吗？”“他说，郭老师你对我很好，我感激你，我这个阶段也努力学习了，也觉得对得起你了。你说的是对，但是当着那么多同学的面说我，让我多没面子啊！”看着他生气的样子，我既好气又好笑，更有几分自责，觉得自己伤了学生的自尊。我说：“那你有没有考虑这样摔门出来，也让我很没有面子啊。”他平静了一会儿说：“我是做得不好，但是您应该原谅我，因为我正处于青春叛逆期。”这句话更把我惹笑了，气氛顿时缓和了下来。从那以后我分外重视保护学生的自尊，初三毕业后，这个同学以优异的成绩考入一中，之后又顺利考上大学，后来又考上研究生。我发现凡是自尊心强的学生，往往学习成绩也好，但是这也更需要老师保护好他们的自尊心，激发他们的上进心。

小慧，是一个很有个性的女生，学习成绩也好。有一次，我检查默写几首古诗，发现她错了一个字，于是跟她说，回去把这个字改10遍。只见她把本子向桌子上一摔，气呼呼地就坐下了，我很纳闷，于是把她叫到教室外面，问她怎么了，只见她气愤地说：“我就错了一个字，你为什么让我把那几首古诗写10遍？”我不禁哈哈大笑，我说是那个字10遍啊！她也笑了，我想如果我当时发火，可能就不是这种结果了，有的矛盾就是相互不尊重，不注意沟通造成的啊！一次，学生在上自习，我说：“小慧啊，你看你的桌子，太乱了，收拾一下吧。”我向前走，本能地感觉到她在我的身后了做一个鬼脸，我一回头发现她确实正在我的身后做鬼脸，同学们都紧张地看着我，以为我要发火，可是我却对她微微一笑，说：“你刚才的样子很可爱，觉得你跟老师很亲呢！”也许一件小事，换个角度去想，我们就不会发火，同时也就保护了学生的自尊心。教育是一件很微妙的事情，教育意味着一棵树摇动另一棵树，一朵云推动另一朵云，一个灵魂唤醒另一个灵魂。

面对学生，讽刺挖苦的话不要说，呵护学生的自尊，师生关系会更和谐，学生也会更加积极地学习、快乐地学习。善待学生，就是善待我们自己！

当然，我尊重学生不是没有理由的娇惯，当他们犯了错误时一定会帮助他们纠正。尊重学生是在尊重学生独立人格的前提下，对学生进行应有的教育，让学生明白，他不可以为所欲为。

学生小R，是一个比较有个性的学生。在他上初二的时候，父母生了二胎，小R感到自己不被关注了，变得很叛逆。一个冬天的傍晚，大雪纷飞，小R与接他放学的父亲发生了争吵，他下车独自走了。小R父亲给我打电话，说是找不到孩子了，这让我十分着急，下着那么大的雪，小R会到哪里去呢？

尽管已经放学了，可我无心回家，担心学生出问题。我问了小R的父亲，孩子下车后走的方向，就朝着那个方向找过去了。夜幕降临，大雪纷飞，寒风刺骨，我走在雨雪弥漫的道路上，四处张望，寻找着学生。走了一段时间后，我发现自己的鞋子里已满是冰冷的水，我的整个脚泡在水里，走路发出"哧哧"的声音。终于，家长发来信息，说小R自己走回家了，我的心这才放下。我又嘱咐家长，让他们千万不要训孩子，等明天我们一起和学生谈话。第二天，我和小R面对面坐着，听他倾诉心中的委屈。我告诉小R，他的父母很爱他，昨天和我一起在大雪中找他，平时在家中只是因为弟弟小，可能关注多一些，今后他们会注意多关注小R的。当看到小R理解的表情时，我才放下心来。然后，我和小R分析他对父亲态度的错误，带领他从生活中发现父母对他的爱。最后，小R答应我回家就给父母道歉，今后不再犯这样的错误。

通过这件事，我发现有的家庭生二胎的时间比较晚，这时候父母也要多关注第一个孩子的心理。第一个孩子在很长的时间内独自拥有父母的爱，当父母生育二胎后，他会感觉自己没有原来那么受关注了，这时可能有的学生在心理上需要一个适应期。班主任要和家长一起多关爱这样的学生，尊重他们，和他们平等交流，帮助他们度过这段特殊的时期。

二、尊重学生，温暖学生的成长

在我的班级相册里，有这样一张照片，一位腿部缠着绷带的男生，跟我并排站在班级队伍的最后方，注视着学校领导在主席台上给我们班跑操比赛第一名发奖。这名腿受伤、缠着绷带的学生，名字叫轩轩。

2017年9月，我刚担任八年级的班主任，在周一升旗时，他站在队伍最后边，他纪律不好，我让他向后退一步站好。可是在他转身的时候，我听见他嘴里骂了我一声，本想发火，可是想到他是自己的学生，发火只会激化矛盾，于是我冷静下来问他："你站在升旗的队伍里随便说话对不对？"他说不对，我接着问："既然不对，我管你对不对？"他说对。"我在管理你的时候，既没骂你也没打你，你骂老师对不对？"他羞愧地低下头。我说："有的人骂人并不是出于真心，而是口头语，我觉得你刚才骂人的话是口头语，对不对？"他抬头坚定地说："对！"我说："那你以后要养成语言文明的习惯。"他默默点头，表示认同老师的要求。在处理这个问题的过程中，如果我不冷静，严厉斥责，可能会激化矛盾，会让学生自暴自弃，老师应灵活一点，有时委屈一下自己，换来的却是学生的健康发展。

事情过后，轩轩仍旧在班里保持愉快的学习状态，在学校举行的跑操比赛中，他因为腿受伤不能上场，就拖着受伤的腿在跑道内侧跟上班级，跟着喊励志班的口号，一个整齐的方队旁边，一位腿负伤的同学跟跑，并大声地跟着喊口号，这是多么感人的一个场景啊！当跑步比赛结束颁奖时，他跟我一起立正站在队伍的最后边看着学校领导给第一名的我们颁奖。学校组织到北辰湿地远足研学，我因为要到市教育局开会，没有跟着全班一起去，可是励志班仍是全校表现最好的班级，轩轩同学跑前跑后指挥队伍。我常常想，我们要感谢学生呈现的问题，解决问题需要爱心，更需要智慧。我不怕学生出现问题，因为按照心理学上墨菲法则，你越怕出问题，就越会出问题。面对学生，多一份尊重，灵活解决出现的问题，班级工作就会迈上一个新的台阶。

尊重学生，相信学生，往往会激发出学生巨大的潜力。2013年，学校举行合唱比赛，我发动学生自己组织，学生们认真准备，还邀请家委会的家长来学校观看比赛，我们班在比赛中一举夺冠。2014年，学校召开运动会，需要各班进行民族展示，我们励志班展示的是汉族，我把策划准备工作全都交给了学生们，最后展示非常精彩，尤其是同学们临时用教室白色窗帘做的汉服，令人赞叹不已。在这次展示中，李白、杜甫走在最前边，会舞蹈的同学在主席台的前边表演《爱莲说》，同学们用戴的帽子拼成一个"汉"字，演出非常成功。2016级1班，许多老师认为是一个最难带的班级，我从初二接手，和同学们一起奋斗，最后成为最优秀的班级，2018年5月，班级团支部荣获"奎文区五四红旗团支部"。我们的学生每一个都很棒，要相信他们会做得更好，他们就会做得比你想象得还要好！

爱学生，尊重学生，就要时时处处心里想着学生，每个学期开学前，我习惯先和同学们来到教室，将窗户擦好、教室的东西都整理一遍，买来绿萝，一起规划一下新学期的工作，问一下同学们有什么想法，找出新学期努力的方向。2008年秋季开学前，小艺和小佳作为班里的班干部，她们提议，新学期首先要是抓好班风，抓好纪律，因为刚从外校转来的学生可能会带来一些不好的习惯，于是我们立刻制订详细的计划，开学之后一经落实，班级的精神面貌焕然一新。有的老师告诉我，上自习课的时候，经过我们班级，以为没有人，可是走近一看，全班都在安静地学习。之所以出现这样的效果，是因为我把管理班级的权利给了班干部，尊重学生的意见。

在我的班主任工作中，有两次遇到学生丢失手机的情况，但最后都妥善处理好了。2010年，学生小影告诉我，自己的手机没有了，她想检查一下同学们的书包，我没有允许。我对全班同学说，小影的手机不见了，也许有同学只是和她开一个玩笑，希望你找时间给她放回去吧。结果第二天，手机就放到了小影的桌洞里了。2017年，一位学生小晓说自己刚买的手机没有了，她要去查监控，我没有允许。校长问我是不是有同学手机丢了，我说只是同学们开的一个玩笑，我按照自己对同学们的了解，锁定一个同学，通过谈话，让他认识到错误，最后让他悄悄把手机送了回去。学生是成长中的人，我们要允许他犯错误，只要能改正就行，要懂得保护他们的隐私。

这一间小小的教室，本来是那么平常，可是因为有爱的师生们走进来，因为有师生的互相尊重，它变得那么温暖而美好！作为一名班主任，是什么让我喜欢走进教室的感觉，喜欢看那一双双明亮的眼睛，我觉得是因为我从心底里尊重每一个学生，我的尊重让他们身上也有了我的影子。班主任与学生在一起的时候，真诚爱心是重点，正确引导是主线。我们要相信，学生潜力无限大，及时鼓励不能少。班主任在平时的班级管理中，要尊重和善待每一个学生。班主任工作虽累，却充满意义，只要带着爱心和智慧，班主任工作一定会做好。

热爱班主任工作，热爱每一个学生，我的教育格言也“一以贯之”了许多年，那就是“每个孩子都是好的”。我一直给孩子们灌输的观点就是，每个人看待事情的角度是不同的，那么每个人的行为也是不同的。所以，遇到事情，我们先不要急于批评，而是试着用同理心站在他的角度看问题，探究他行为背后的原因。当我们用爱心帮助一个学生成长之后，整个集体就都完成了一次成长。孩子的行为都是有原因的，行为只是冰山的一角，原因才是真正的水下的样子。孩子的行为，也是其背后原因的求助线索，班主任有责任顺着线索探究真相，这样也是从根本上帮助孩子成长。不以孩子的行为评价孩子、不给孩子的行为贴标签，多进行积极关注，坚信每个孩子都是好的，帮助迷路、走弯路的孩子尽快找到正确道路，这是每一个班主任应该做的。

小硕是一名优秀的学生，从初一开始就担任班长，我给她写生日贺信，鼓励她勇于奋斗，百尺竿头更进一步。

给小硕的生日贺信

小硕：

你好！今天是2015年12月3日，农历十月二十二日，是一个让我们励志班高兴的日子，因为今天是你的生日，老师代表我们全班的家人祝你生日快乐，天天快乐！

最早听到你的名字，是从你小学老师对你的表扬，表扬你在小学进步很大。最早见到你，是在北宫大街小学的门口，看着你迎着阳光走进校园，是那么有精神，那么可爱。老师很幸运，在2014年9月，你和37位同学一起走进了励志班，从你当班长开始，我们便开始一起奋斗。

周末，我有时会在路上遇见你，看着你背着二胡学习归来的身影，欣赏你刻苦学习的精神。第一次运动会，看着你和初二、初三的学生一起长跑比赛，一开始我有些担心，怕你太累，可是当看到你奋力奔跑勇于追赶对手的身影时，我欣赏你的拼搏精神。在奎文区科技节上，我们一起准备演讲比赛，面对各校的优秀选手，你顶住压力，从容比赛，老师欣赏你面对压力时的从容。运动会开幕式上，你演奏的二胡令无数师生倾倒，每天放学，你总是走得很晚，班里的事，你总是积极主动，从无怨言，你是励志班同学学习的榜样。

女儿的生日，母亲的受难日。为了你的发展，你的母亲为你付出了很多。为了你上初中，你母亲很早就向老师打听学校的情况，面对你母亲对老师的托付，老师感到自己的责任是那么重大，这饱含着一位母亲对女儿深深的爱。在与你母亲交谈的过程中，我能感到她对你殷切的希望，她希望你平安成长，希望你进步，希望你每天快快乐乐的，你的进步就是她最大幸福。今天是你的生日，老师希望你回家跟母亲说一句谢谢，感谢母亲为你的付出，今后你会越来越好，用美好的未来回报你的母亲。

千言万语，汇聚成老师美好的祝愿，祝愿我们班的小硕越来越好！祝愿我们的班级越来越好！祝愿全班每一名同学越来越好！

很幸运与你们在一起的班主任：郭新军

我爱每一个学生，当学生们过生日的时候，我经常会写生日祝贺信，送给亲爱的学生，祝福他们生日快乐。

给小欣的生日祝贺信

小欣：

你好！今天是你的生日，我真诚地祝福你生日快乐！

那天，你偶然说起三月八号是你的生日，我就在想，要送一份怎样的礼物给你呢？我的语文课代表有过许多，你是我十分欣赏的一个，我就送你一封信吧，就算是礼物了啊！

第一次见你，是看到你十分工整的字迹，感觉这学生不错，而且从眼神中也看到你对语文的热爱，就选你当课代表吧。事实证明，我当初的决定是对的，你跑办公室忙碌的身影，你关心班级语文学习的点点滴滴，老师都看在眼里，记在心上，你辛苦了！我真诚地向你表示感谢！

还记得那次家访吗？临走时来了一场雨，你匆匆给老师拿雨披，让老师好感动，老师能感觉到你是一个懂事的孩子。运动会上，你拼搏的身影也让我难忘，我很幸运能与你这样的好学生在一起学习。

女儿的生日，妈妈的受难日。你的妈妈为了你的成长付出了更多的心血，为了你的成长，妈妈每天辛苦地工作着，头发花白，有时你妈妈打来电话，询问你的学习情况，她那着急的语气让老师充满责任感，你一定要好好成长，不要辜负妈妈的期望。

小欣，凡事都要对自己有信心，只要坚持不懈地努力，没有不能实现的理想。我祝福你,希望你在今后的学习中不断进步,在本学期的地理和生物考试中考出好成绩。

我期待你的进步!

班主任:郭新军

在班级建设的过程中,有的学生因为家庭会回到老家去上学,我总是自己花钱将学生在班里学习的照片冲洗出来,放到一个影集中,让学生带走,我还注意写信送给回老家上学的学生。2015级的小洋在初三回重庆上学的时候,我给她写一封表达祝福的信,让她带着老师的祝福回家乡上学,鼓励她继续努力学习。(学生在回到重庆的时候,给我发来信息:我一定会努力学习的,郭老师要记得在重庆还有你的一位学生。)

海内存知己,天涯若比邻

小洋:

你好!今天是你在潍坊十三中励志一班最后一天上学,6月30日,你将乘飞机,飞跃千山万水,回到山城重庆,回到你的故乡。遥望蜀州,蜀江水碧蜀山青,我们的友情天长地久。

你是一位阳光的女孩,热情、正直、好学、无私,充满爱心。初次相识,地道的重庆方言秀,让我们感受到你的活泼;运动会上,你拼搏的身影,定格在十三中的跑道上;元旦联欢会,你落落大方,川剧变脸让我们开怀大笑;面对困难,你毫无惧色,尽显宽容风范;拓展活动,勇敢参加,站在高空的那一刻超越自我;你是我们班站队的派头,习惯于看你站在队伍的前面,如同阳光那样明亮……难忘你上课时的积极,难忘你认真的态度,难忘你对班级的热爱,难忘你放学后从四平路经过的身影,难忘你的率性爽朗……而这些都将随着你的返乡,成为我们永久的记忆。此地一别,不知相聚是何年。不知哪些新的同学和老师有幸再将与你一起学习,我们全班相信他们会如我们一样地爱你,因为你是那么优秀。

你的家长,也是非常优秀的。每次给班级反馈意见,总是写得那么认真,发自肺腑,字里行间流露出家长的正直,流露出家长对老师的尊敬。教室里的第一盆花，是你家长送来的，粗壮的小芙蓉树下，云竹婆娑，无鲜花争艳，却四季常青，青翠盈目。炎热夏季，你的家长为班级装上瓷砖窗台，让我们的窗台成为全校最干净、最美观的。去年夏天，我去家访，与你父亲畅谈，他对你殷切的希望，让老师感到责任的重大。前段时间，你父亲返回重庆工作，我因为忙于班级的事，没有为他送行，请你代我向他说声抱歉，告诉家长，因为我的好学生小洋，我和你的家长会成为一生的好朋友。

两年的时间，一路有你，我们已经习惯于看你的笑脸，你是我们一班不可分离的一个好学生。作为中学班主任老师，我已经习惯于三年一轮的分别，面对你的离开，我是那么不舍，我们全班都不舍，因为我们是那么爱你！期盼你在故乡新的学校，学习顺利，考上理想的高中。

“海内存知己，天涯若比邻。”我们不会忘记你，小洋也不要忘记我们，不要忘记在山东半岛、在齐鲁大地、在白浪河畔，有我们永远的潍坊十三中励志一班。因为真挚的友情，让我们即使远隔千山万水，我们的心也会永远在一起。让我们一起相约美好的明天，因为我们的未来不是梦。

让我们一起奋斗，让我们一起奔向美好的未来！

班主任：郭新军

小安是一位学习成绩优异的同学，但是有一点骄傲，为了让他更好地进步，我给小安同学写生日贺信，勉励他做最好的自己，让自己更加优秀。

给小安的生日祝贺信

小安：

你好！偶然得知明天是你的生日，老师祝你生日快乐！天天快乐！

孟子说：“得天下英才而教育之，三乐也。”作为一名老师，能有你这样优秀的学生，我感到是人生最大的幸福。一次次考试，你优异的成绩让全班为你感到骄傲；一次次活动，你用认真的态度让老师和同学们不由心生敬重；一次次谈话，你用真诚诠释着应该怎样热爱班级和关心同学。

还记得那晚，你被撞着了胳膊，我听后匆忙赶到医院，看到眼中含泪的你，老师心疼不已，当同学家长听完我对你的介绍，说你是我们年级学习成绩最好的学生，那位家长羡慕不已，尽管他们家庭的经济情况不太好，但表示一定尽快凑齐药费，不耽误你的治疗。第二天，在胳膊还是很疼的情况下，你就来到学校学习，生怕落下功课，在自习课上，你还是那样严格要求自己，在教室外边巡视检查的老师见到我后，说的第一句话就是："郭老师，您班里那个吊着胳膊的同学管纪律真好！一班我们都不大用过去查纪律。"

学习、纪律等方面，你都表现那么好，你是我们班的骄傲！你是一个正直、无私、积极上进的优秀学生，以你的努力，老师相信你一定会考上一中、再考上自己理想的大学，将来会是"乘风破浪会有时，直挂云帆济沧海"。当然，老师也希望你注意加强锻炼身体，在与同学讨论问题时，注意一下对方的感受，要虚心听取别人的见解，切记做人不仅要认真，更要虚心、宽容。

在前进的路程中，也许会遇到风雨，但是要相信阳光总在风雨后，只要努力拼搏，你的人生就会越来越美好！明天是你的生日，也是六一儿童节，过了生日，长了一岁，应该是比以前更懂事了，更有责任感了，在家里要多体谅父母，感谢父母的养育之恩。明天是你的生日，也是我们全班高兴的一个日子，每一个同学的生日就是我们全班值得庆祝的日子。

小安，再次祝你生日快乐！祝你的初中学习生活快乐！祝咱们的一班越来越好！

班主任：郭新军

校园里有几棵高大的芙蓉树，花开时节，满园芬芳，班级优秀作文汇集成文集《芙蓉花开》，我给 2006 级 2 班全体同学写一封毕业祝福信《芙蓉花开》，鼓励班级同学毕业后，要继续努力追求进步。

芙蓉花开

亲爱的同学们：

大家好！

六月，校园里的芙蓉树鲜花盛开，那粉红色绒线球一般的花儿，在高大的树上怒放，芳香满园，沁人心脾，陶醉了每一个人的心扉。我们分别在六月，花香飘洒在彼此心中。你们，将带着春天的花香走向新的起点；我，深情凝望着即将毕业的每一个学生，依依不舍中看着你们迈出这人生的关键一步，我的祝福如同花香，弥漫在你们的身边。

三年了，我们朝夕生活在一起。回首走过的历程，我们有过欢乐，有过伤心，有过成功，有过失败，是我们一起谱写了二班前进的乐章。难忘一次次共同参与的活动，难忘一次次开心的大笑，难忘一次次倾心的交流，难忘课堂上的互动……因为一起走过，所以我们就拥有了这份生命的精彩。共同的经历让我们明白：生活是公平的，当我们用心地学习，坚强地面对困难的时候，我们就是在不断地成长。

三年里，作为班主任的我，从同学们身上学到了很多有益的知识，也感谢所有同学们对我的理解和支持。爱之深，责之切。所以对同学们犯的错误，有时的批评是严厉的，相信同学们会理解老师的一片苦心的，对于老师没有做好的地方，也请各位同学予以谅解。三年的班级工作中，我感谢同学们对于我的关心，我也感谢每一位家长对班级工作给予的支持，我对这些将铭记在心。

三年的奋斗足迹，证明我们的每一个同学都是优秀的，这也正像我认为的，二班的学生都是最好的，都是充满希望的。青青的校园里，到处是我们共同走过的足迹，岁月可以拭去许多东西，但是同学们真挚的友情、对母校的热爱之情，却永远铭刻在岁月的记忆中，未来会证明：你们是十三中的骄傲！前进的征途中，也许会遇到困难，但请相信身后一直有老师期盼的眼神和鼓励的掌声，老师永远相信你的努力会换来成功！

毕业之际，谨以同学们初三下学期师生作文集赠送给每一位同学，以期对同学们的作文有所帮助。祝愿同学们在今后的日子里,永远拥有一个朗丽的天空,永远拥有幸福的人生!

当我们想获得学生尊重的时候,我们首先要尊重学生,要帮助学生养成尊重他人的好习惯。师生互相尊重、平等交流是培养学生责任心的一个重要方式。班主任工作中,我经常遇到学生犯错误的情况,我不会冲他们大声训斥,那样会伤害他们的自尊心。我认为不论学生犯错是有意还是无意,只要他们能诚实地承认错误,勇于改正错误,就都是好样的,老师应既往不咎。

一天,我刚到学校,小 M 同学就迎着我走了上来,说自己犯了一个错误,在推厕所门的时候用力过大,打碎了玻璃。我首先肯定他能主动承认错误很好,接着我问他这件事应该怎么处理。他说,他应先去学校总务处承认错误,然后跟家长说明一下,看能不能找人帮忙换一块玻璃。家长帮忙换完玻璃后,我表扬了小 M 的做法,同时提醒同学们在公共场所要注意举止文明,安全第一。尊重学生,不仅让学生能主动改正错误,还要培养他们独立解决问题的能力。

三、民主管理,建设和谐的班级

民主管理的班级,就是对学生爱加尊重的一种表现。“本立而道生”,班级管理中的“本”,就是要尊重学生,进行民主管理。民主管理班级的理念、教师积极向上的心态,会对学生一生的发展产生积极的影响。在班级生活中,教师和学生的地位是平等的,要相互尊重。我认为在一段好的师生关系中,老师要放下身段,服务学生,传递温暖,营造一种和谐的温暖关系。

对于班级的重要事务,我总是注意征求同学们的意见后再做决定。在每周结束的时候,我会召开班委会,让班委们反馈班级存在的问题。有的时候,班委会跟我说,自己反馈的内容,能不能不让全体同学都知道,他们怕有的同学会不高兴。我就告诉班委同学,既然反映的是实际情况,就不要担心个别同学不满意,如果有了问题不反馈,那大部分同学就会不满意的,因为做老好人的班委是没有尽到自己的职责的,不利于建设和谐的班级。

在建设民主管理的班级时,要善于表扬每一位同学,要肯定班委同学和所有同学努力的过程,表扬同学们付出的努力。2012 年 5 月,2009 级 6 班的同学参加体育中考,首先是女生测试,全班男生给女生呐喊加油,等到男生测试的时候，天色已晚，有的班级的女生已经先走了，而我们班的女生在班委的带领下，没有一个早走的，她们在等着给自己班的男生加油。终于等到我们班的男生测试了，我们看不清夜色中男生奔跑的身影，却听得清女生高声的加油呐喊声。最终，我们班中考体育测试A率年级最高。我在同学们回到学校的第一时间，就表扬同学们这种团结友爱的精神。

班主任要善于在日常生活中发现学生们优秀的表现，并及时表扬。2018级的小G同学，劳动特别认真，每次都将窗户擦得特别干净，我及时表扬她的这个优点。我喜欢在班会课上，让同学们互相发现对方优秀的表现，每周一次班会课中的“我发现的班级中的美好”活动给了同学们一个相互鼓励的机会。我还结合每个月班级活动的开展，组织小组长们评选班级中的“月度人物”，让同学们在发现美的过程中，建设和谐的班级。在每学期的综合素质日常评价中，我注意倾听同学们的意见，组织班委将需要加上的分数及时给同学们加上，发挥综合素质评价的导向作用。表扬要发挥导向作用，应符合“立德树人，为国育才”的教育要求。

民主管理的班级，要提高班干部的民主管理的水平，培养民主管理的种子学生。当班干部来询问某个问题如何解决的时候，直接告诉他们怎样做，并不是民主管理的思维，我通常用以下三句话来启发班干部：“你觉得怎么做才好？”“你还有没有更好的办法？”“你真的是太棒了！”

班级活动是增强班级凝聚力的有效途径之一，在班级活动中要激发每一名学生参与活动的积极性。班级活动中的分，要考虑到每一名同学，让人人有事干。为了更好地开展班级活动，我经常是先征集同学们的意见，然后再集中大家的智慧，将活动开展好。比如每个学期的评优选先活动，班级评选的标准都是由班委和各个小组长制订，由同学们选出的监督员监督评选过程，公平公正地进行评选。

民主管理班级，要注意征求家长的意见。在家校共育中，家长的作用十分重要，因此我们要注意将家长请进教室，参与班级的学习，参与班级的管理。2012级1班的学生家长，看到班级小组长发挥作用不明显，就主动提出培训小组长。我会主动开展家长进课堂活动，每次参加完活动，家长们都留下对班级管理的宝贵意见。在班级开展活动时就更需要取得家长们的支持了，学校组织研学活动和班级拓展训练，家委会代表全程参与，提供安全保障，我所带班级的暑假拓展训练、博物馆研学、班级团建活动等,都凝聚着家长们的智慧和汗水。

在班级民主管理中,我们还要考虑到不同学生的特点,做到因材施教。比如布置作业时,因为每名学生的学习水平和能力是不一样的,我们可以分层布置作业,分层评价,让学生更加喜欢班级学习生活。我们用民主管理的方式,激励、唤醒、温暖、鼓舞每一名学生向上发展。民主管理班级,应对每一个学生严格要求,严格落实班级的规章制度,这种严格是民主管理的保障,也有利于培养学生的自制力。当然,对学生严格要求的前提是不伤害他们的自尊心。当学生遭遇失败的时候,我们要帮助学生从失败中走出来,要多加鼓励,千万不能说"我就知道你不行"之类的话。对学生的良好行为,要通过鼓励帮助他们继续保持下去。但是,在表扬学生的时候,也不能过分表扬,过分表扬和不表扬一样不会产生好的作用。民主管理,就是要让每一名同学注意观察班集体中的闪光点,用表扬的方式让这些光照亮每一个人。

民主管理班级,有助于培养孩子的独立意识。作为老师,要把更多的机会留给学生,让学生独立去做,不要什么事都替学生做。如果老师事事都替学生做,学生往往会缺乏做事的勇气。在班级管理中,不妨故意向学生"示弱",把更多锻炼和实践的机会留给学生,让学生在民主协商中担起责任。我们的班本课程是建设励志班,我们每一届学生一起探讨励志文化的含义、班名的含义,制订我们的班训、班歌、班级发展目标、班规等,这些都是民主协商完成。

第四章

初中生教育工作技巧

良好的心理素质是青少年健康成长的重要基础，班主任要针对学生的心理特点，做好班级管理工作。《中国国民心理健康发展报告（2021—2022）》显示：14.8％的青少年存在不同程度的抑郁风险，4.0％的青少年属于重度抑郁风险群体。在教育教学实践中，我发现部分教师对心理健康教育认识不足，重视程度不够，有时会把心理问题误认为是品德问题，没有采取科学的教育方法。在家庭教育中，部分家长对心理健康缺乏科学的认知，家庭教育能力不足。

班主任在学生的心理健康教育中有很大的作用，是守护学生心理健康的"第一道防线"。我在班主任工作中，努力学习并掌握共情、倾听、沟通等心理基本能力素养。初中生心理具有波动性，需要老师进行心理支持，使其完成从儿童到成人的过渡，班主任要关注学生的成长，学生也需要被老师看到。班级管理中，要营造良好的班级氛围，即应当为学生营造心理健康的教育环境，这是非常重要的隐性环境。在引领学生成长的过程中，我通过开展心理健康教育主题班会，帮助学生认识自己，发现自己，针对有心理问题的学生进行疏导干预，同时注意对个别学生进行心理辅导帮助。我鼓励学生参加学校组织的文化艺术节、亲子体验活动、兴趣活动、公益活动、德育活动等。当我们去社区的敬老院开展送温暖活动时，学生们自发给老人们带去水果，为老人们表演节目，老人们拉着学生们的手，嘱咐同学们要珍惜时间，好好学习，这就是很好的心理健康教育。我在各种活动中，放手让学生们自己去组织，培养他们的自信心。多年之后，有学生跟我说，因为郭老师的鼓励，她更加相信自己，才取得了一个个优异的成绩。我认为，参加各种活动是进行心理健康教育的最好途径，一个优秀班级的心理健康教育不是单纯的说教，而是应把心理健康教育寓于各种有意义的活动中。

针对学生心理特点开展教育工作，还要做好家校共育。班主任要经常与家长沟通，与家长达成教育共识。我每个学期都认真上好家长课程，因为要想改变学生，就要从家长做起。我的家长课程主要有以下五步：视频导课、现场研讨、问题总结、作业巩固、微课延伸。当然，我也努力学习心理学知识，保证自己的心理健康，因为教师心理健康是对学生进行心理健康教育的前提。

一、初中生的心理特点和教育技巧

（一）初中生的心理特点

为了更好地对学生进行心理健康教育，首先需要了解初中生的心理特点。我结合心理学知识和教育实践，将初中生的心理特点归纳为如下几个方面。

1.初中生的自我同一性发展的特点

自我同一性，即青少年同一性的人格化，是指青少年的需要、情感、能力、目标、价值观等特质整合为统一的人格框架，即具有自我一致的情感与态度、自我贯通的需要和能力、自我恒定的目标和信仰。

青少年时期是“自我同一性”发展的重要时期，个体此时开始体会到自我概念问题的困扰，就是开始考虑“我是谁”这一问题。2015 年初三毕业前的一天，一个经常和我一起打篮球的学生，坐在操场边沉思，我问他怎么了，他说：“初中三年我一直在玩，现在马上要初中毕业了，如果考不上高中，不知道自己将来能干什么。”我说：“现在距离中考还有两个月的时间，只要努力进取，一切都还有希望。”他听了我的话，点了点头。这个学生成绩中游，人也比较聪明，再加上他两个月的拼搏努力，最终他如愿考上了高中。这个学生在自我同一性的发展上就是好的，他思考“我是谁”“我要去哪里”。美国精神病学家爱利克·埃里克森(Erik H. Erikson)认为，自我同一性在生命的每一个周期都很重要，但在青少年期最混乱，如果处理好，就会促进人格的整合，而如果处理不好，就会造成危机。

我曾经的一名学生小琳，初一的时候，活泼乖巧，但是学习不刻苦，在班里成绩不突出，但是上初二以后，突然开始刻苦学习，成绩上升很快，最后考上理想的高中，之后又顺利考上了大学。大学期间，她一边完成学业，一边兼职做家教，勤工俭学。大学毕业后，又考上了心理学的研究生。大学期间，她曾经到我的家中来做客，我问她初中阶段成绩突然提升的原因，她像往常一样笑着说：“就是突然觉得自己长大了，要考虑自己将来要干什么，自己想为这个目标努力了。”我们发现，自我同一性发展好的学生，往往是开朗乐观的，他们都有积极的心态。

以上两个事例都说明了自我同一性发展的重要性。自我同一性是个体关于自己是谁、在社会上应占什么样的地位、将来准备成为什么样的人以及怎样努力成为理想中的人等一系列的认知及感觉。自我同一性所解决的是过去的我、现在的我、他人眼中的我以及这些是不是同一个我的问题。自我同一性的确立是青年期发展最重要的课题，若初中学生的自我同一性不能建立，则会导致其社会角色的混乱，甚至人格分裂。有这样一位初中女生小X，她从小学习跳舞，但跳得一般，相貌也一般，但是她从小的梦想是成为一名舞蹈艺术家、成为一名演员，她的人生目标和现实情况出现冲突，她不能很好地解决，一会儿她对自己充满信心，一会儿又觉得自己不行，有时还会听到一个人在她耳边说她不行，最后不得不求助医生，最终她被诊断为抑郁症。还有一位女生小L，她非常喜欢说相声，梦想成为一名相声演员，她的手机里都是一些相声表演视频，可是她的学习成绩很差，小学的时候，家长曾带她去测智商，结果为智商极低。我去家访的时候，他的父亲说自己小学上了八年才毕业，可见小L的智商与遗传有一定关系。小L的理想和现实是有矛盾冲突的，导致她小学时抑郁症发作，因此不能到校上学。进入初中后，我看到她在劳动、学习等方面表现好的时候，就及时表扬。有一次晚上开家长会，她家长没有来也没有请假，家长会结束后，我及时赶到她的家中，补上她的家长会，肯定她上初中以来好的表现，让她看到班主任对她的重视，让她保持心情愉悦。我努力让这个随班就读的学生做到每天按时上学，发现自己的优点。当然，她也有心情不好、请假不来的时候，这时我就降低对她的要求，这样她就可以愉快地学习。

初中生往往有四种同一性状态，即同一性获得、同一性延缓、同一性早闭、同一性扩散。

(1)同一性获得

同一性获得的青少年选择了自我投入的目标和方向，并对特定的目标做出了坚定、积极的自我投入。同一性获得是个体自我同一性发展的最佳状态，这样的青少年通常表现出更高的自主和自尊水平，对外部环境具有更强的适应力。我的一个学生小C，是一个向着目标坚定奋斗的男生。在我们一起去实践基地开展一周的实践活动的时候，许多同学都想的是怎样去玩，而他带了十几本书。我问他一周时间能看完这么多的书吗，他说都计划好了，每天晚上看两本书。小C真的做到在实践基地每晚都看书，我也经常看到小C在课余时间看书学习，并全身心投入学习，最终他以优异成绩考上高中，大学后又考上研究生。学生小G也是一个向着目标努力前进的女生，在一次数学考试中，全班只有她一个人得了满分，可是她还是认真听讲，在纠错本上将重点题又做了一遍。当我讲一篇文章《十四岁的际遇》，文中的小姑娘十四岁就考上了北大，我问班里的同学，将来咱们班有没有能上北大或者清华的学生，全班同学都看向了小G。最终，小G经过努力考上了清华大学，毕业时又考入美国普林斯顿大学继续深造。

(2)同一性延缓

同一性延缓的青少年，他们生活中没有明确的目标和方向，常常在各种选择之间犹豫不决且容易焦虑。

许多初中学生觉得是在为父母学习，在为老师学习，喜欢这个老师就多学习一些，不喜欢的就排斥，缺乏明确的目标性，他们有探索，但是还没有和目标达成同一性。学生小N是一个老师的孩子，他的地理成绩不好，家长很着急，跟我说成绩低的原因是孩子不喜欢地理任课教师。小N的各科成绩是不错的，只有地理成绩低。我找小N谈话，了解他不喜欢学习地理的原因，小N说有一次他在回答地理问题的时候回答错了，教师在课堂上说他连这么简单的问题都不会，他感到很伤他的自尊，从那以后，就不愿意学地理，就连地理作业都不愿意写。学生小W是一名很贪玩的女生，许多家长都告诉孩子别和小W一起玩，小W感觉自己受到了歧视，就给我写了一封很长的信，请我和那些家长解释一下，她也是名好学生，之后要努力考上高中。我表扬了她有志气，鼓励她用行动证明自己是一名优秀的学生。可是，她努力学习没有几天，就又开始玩起来了，上课注意力不集中，作业完成也不好。

从上边这两个学生的例子，我们可以看到，有的初中学生在同一性发展上目标不明确，缺乏行动，出现了同一性延缓。

(3)同一性早闭

同一性早闭的青少年是以别人对他的期望为投入方向的，完全按照父母为他制订的目标发展，导致自己发展的同一性早闭。这类学生经常出现在家长比较强势的家庭，他们是老师、家长眼中的“好学生”“好孩子”。通常表现为按照家长的要求做，没有自主性。

曾经的一名学生小东，是一名在老师眼中老实、听话的学生，在班里从来不调皮打闹，他的学习也不用老师和家长操心，他写作业很认真，一切听从老师和家长的安排，但是没有自主性。在初三中考的时候，他考入了一所理想的高中，当开始高中的住校学习后，他很不适应需要自主安排的学习生活，不能很好地在学校完成高中学业，仍然需要在家长的帮助下学习。

(4)同一性扩散

同一性扩散的青少年，他们生活没有目标，常常虚度时光。

在初中班级中，有时会遇到这样的学生，在班级中很少和同学交流，他们有好朋友，但只是在一起玩，不能和好朋友一起努力学习，缺少为生活而奋斗的动力。小 N 是班里的一个女生，她是在初一军训刚结束的时候转来的，原来的学校说她不适应住校生活。其实，我一见到她就发现她不喜欢和人交谈，总是自己躲在一个角落里，家长却认为孩子一切正常，进入新的班集体后，她也不和同学交流，上课喜欢自己低着头折纸玩，总是沉浸在自己的世界里，不苟言笑。听家长说，孩子上初中了还要和妈妈挤在一个床上睡觉。这种情况就是同一性发展得不好，将影响学生的学习和生活。

2.初中生的情绪问题

(1)情绪冲动，容易失控

初中生正处于青春期，情绪受外界影响明显，如果遇到不满和矛盾时，容易激动、暴怒，呈现激情状态，很容易产生偏激心理，且男生比女生明显。第一次当班主任时，有这样一个学生小 S，他是一个个子很高、很帅气的男孩，他喜欢打篮球。有一次我们和其他的班级开展篮球比赛，结果我们班输了，他感到很沮丧。在上楼梯的时候，有一个学生瞅了他一眼，他就问人家瞅他干什么，那个学生说瞅你怎么了，结果他们动起手来。2003 年，我们班的物理老师正在班里上课，一名学习成绩差的男生，质疑物理老师对自己不公平，没有给自己看物理作业，在他和物理老师争论的过程中，激怒了班里的一名男生小 H，小 H 认为这样耽误了上课时间，两个男生吵了起来。班里的同学找班主任处理问题，班主任决定让这两个学生一起到办公室反省，可是那个学习好一点的学生又十分冲动地哭了起来，认为这耽误了自己的学习时间，担心考不上高中，我耐心劝解后，他才慢慢平静下来。以上两个例子可以看出，初中生遇到问题时，很容易情绪化。

(2)心理不成熟,容易固执己见

2003年秋天,有这样一位男生,入学第一天就和同学打架,老师在问他原因的时候,他说看不得有同学欺负人,他打人是要伸张正义。他的家长来了后,他说这是他父亲教给他的,在该出手时就要出手,这让他父亲也没法劝他,他固执地认为自己是对的。

初中生在遇到一些问题的时候,情绪上会表现出固执性,就是我们所说的“犟”,他们不肯承认自己的错误。性格外向的学生,可能会和你进行激烈的辩论,性格内向的学生,可能会不说话,把头扭向一边,不愿意看老师。曾经遇到这样一个学生小Z,在上初二的时候,就不愿上学了,要去职业学院学技术,家长没有办法,领着他来找我,让我和他谈谈。可是小Z什么也听不进去,最后还是坚持去职业学院学习,可是去了一个月之后,感觉不好,就又回来了。当初我们劝他的时候,他怎么都不听,只有当自己去了感觉到不好的时候,才愿意回到初中学校继续学习。还有一个学生,想在初中毕业前去职业学院学厨师,家长和老师讲什么都不听,最后家长买来一袋子土豆,让他把这些土豆切成土豆丝,结果,一个上午,学生就改变主意了,他还是想继续学习。学生小H,在一次期末考试的时候,没有在试卷上规范填涂准考证号,监考老师批评了他几句,他就十分生气,赌气不做试卷了,最后考了零分。在实践基地开展活动的时候,觉得有的同学对他不公平,就情绪失控地吵起来,大声地哭泣,谁说都不听。

3.初中生的逆反心理

(1)青春期的特点,决定了青少年容易出现逆反心理

在青少年成长的过程中,他们逐渐由服从权威到挑战权威,这就是逆反心理出现的原因。在青少年成长过程中,自尊心、成人感日渐增加,他们有强烈的自我意识,喜欢独立思考,甚至不接受老师、家长善意的批评和帮助。一小部分初中学生的逆反心理还表现为“强烈的自尊”,有些看似是自尊的表现,实际是一种逆反心理,他们是为了掩饰自己内心的空虚。在我设计的一份心理学调查问卷中,我发现有的初中学生越是内心空虚,越是表现为那种高度的自尊,这其实是一种伪自尊,是一种不自信的表现。

学生小好,是一名初二的男生,在班级生活中,很容易被激怒,一点小事,他都会感到是对自己的伤害。我在家访中了解到他是一个离异家庭的孩子,跟着父亲生活,父亲平时不大管他,从小缺少关爱,他就像一个刺猬一样,随时维护

着自己的自尊。

学生小 H，出生于武术世家，父亲喜欢饮酒，一喝醉了就打他，甚至打他的母亲，导致他总是用仇视的目光看待周围的人，很容易对周围的人发火。在学习中，他表现出了强烈的叛逆性。这和他从小缺少关爱有密切的关系，他总是有一种强烈的不安全感。

从以上两个事例可见，很多学生的逆反心理，主要来自家庭，主要是因为在家庭中缺少关爱。

(2)过分的关注和唠叨，也会让学生产生逆反心理

教师在班级管理中尽量不要唠叨，强调一些事情可以，但是说得太多了，可能会导致学生的逆反心理。当学生在心理上与老师敌对的时候，教师越是说得多，可能效果越不好。教师在引导学生正确看待问题的时候，一定要注意采用科学的方法，千万不能因为教师的过分关注，恰巧关注的方面又是学生所不愿意面对的，从而将家庭矛盾转化为师生之间的矛盾。学生小 M，父母离异，母亲抛下她和弟弟到外地去了，她的奶奶带着她，奶奶又经常说她妈妈不好，于是导致她出现了厌学情绪，整天和一些好玩的学生混在一起。我一开始没有注意到她的这种家庭情况，只是劝她要好好学习，给她介绍往届的优秀学生，鼓励她，可是她表现出来的是不满意，埋怨老师要求太严格，不愿意按照老师的要求去做。“上兵伐谋”，对待这样的学生，不仅要会动之以情，更要有谋略。于是，我把她安排进一个优秀的小组，让小组带领她前进，对她表现好的方面，我也及时向家长进行表扬，逐步温暖她叛逆的心灵，帮她迈入健康成长的快车道。当然，转化这样的学生，要做好长期准备，转化不可能一蹴而就。面对这样的学生，千万不要生气，班主任生气时的批评，往往会让这样的学生更加叛逆。

(二)针对初中生心理特点的教育工作技巧

1.热爱班主任工作

从踏上教师工作岗位开始，人民教育家于漪老师就是我心中崇拜的偶像，我有幸能当面向于漪老师学习，让我更加明白了热爱教育才能做好一名班主任，热爱是对学生进行心理健康教育的基础。

2009 年 3 月 12 日，怀着激动的心情，我们一行三人在蒙蒙的细雨中，来到上海市教研室 107 会议室。于老师很忙，在开会，当听到我们来了之后，抽出时间来见我们。虽然之前没有见过面，但是那亲切的笑容，还是让我们一眼就认

出了她。年近80岁的于老师，还是如我们在录像课中见到的一样，衣着朴素，思维敏捷。我们三人，面对语文界的精神领袖，激动不已，内心的激动无法用言语来表达。于老师亲切地与我们交谈，每一句话都是对我们心灵的启迪。当谈到她写了那么多好的作品时，于老师对我们说："要多做，只有多做了，深入地做了，才有的写，即使没有做好，也能积累经验。"于老师亲切的话语如和煦的春风，吹到了我们的心中。她不仅与我们三个普通的语文老师一起合影，而且给我们每人都装了满满一袋的书。最后，她应我们的要求，为奎文区语文教师题词：热爱学生，热爱语文事业，为语文教育事业奉献心血与智慧。这么多年来，我一直按照于老师的教导做好班级管理工作和语文教学工作，履行一名教师的道德责任和学业责任。

在于漪老师亲切的话语中，我体会到了一名班主任对学生的爱。只有用满腔的热爱对待学生，才会关注到学生们的心理特点；尊重学生，才会准备两把尺子，一把量学生的长处，一把量自己的短处，这样才能让学生健康成长。

苏联著名教育家苏霍姆林斯基说，教育者应当深刻了解正在成长的人的心灵，只有在自己整个教育生涯中不断地研究学生的心理，加深自己的心理学知识，才能够成为教育工作的真正的能手。

初中阶段是学生个体由儿童走向成熟的过渡时期，在这一时期内，学生的心理十分不稳定，极容易产生心理方面的问题。班主任作为学校教育的具体执行者、学生成长与发展的引领者，要密切关注学生的心理状态，深入探究学生的心理发展规律，促使学生健康全面地发展。

我的硕士研究生导师是曲阜师范大学的心理学教授韩仁生老师，他的研究方向是动机心理学，擅长归因研究。我跟随韩老师学习，在研究中发现应该着重从学生的行为分析学生的心理特点，学生的心理活动是行为的内因，要能正确对学生的心理现象进行归因。教师在教育工作中，要注意研究学生的心理，激发学生自我完善、积极进取的动机。教师要注意满足学生的一些正常的需要，因为，当儿童感到不安全的时候，当他在安全需要、爱的需要、归属需要和自尊需要方面受到阻碍和威胁的时候，他就会更多表现出自私、仇恨、进攻性和破坏性。比如有的教师让学生到教室外罚站，表面看是处分学生了，可是学生的归属感却没有得到满足，也许会让他产生破坏性的心理。

我曾经遇到过这样一个初中男生，他很聪明，可是他平时的学习习惯不好，家长为了帮助他养成良好的习惯,决定利用自己休年假的时间,每天陪着孩子学习,希望帮助孩子认真学习、帮助孩子进步。可是事与愿违,不到两天的时间,学生就与父亲吵了起来,为了躲避家长,甚至闹到了离家出走的地步。这位父亲不了解初中学生的心理特点,没有采取有针对性的教育技巧,才导致孩子出现问题。

初中学生年龄一般在十一二岁到十四五岁,这个年龄阶段在儿童心理学上被称为"少年期",这个时期学生心理发展总的特点是,处在一种半幼稚半成熟的状态,它充满着独立性和依赖性、自觉性和冲动性、成熟性和幼稚性,错综复杂,他们处于学习人际交往的过程,需要得到尊重。其实,每一个人心中都有一个自己的秘密花园,成人有自己的秘密,孩子也有自己的秘密。初中阶段的学生,突出地表现为一种强烈的独立倾向,有了自己的小秘密,喜欢把自己房间的门锁上,抽屉锁上,有心事愿意和同龄人说,所以在这一个阶段,同伴交往十分重要。而有的成年人却极力想知道孩子的秘密,担心他们在成长的路上走偏,这个想法是好的,但如果方法不当,往往会让孩子更加逆反。曾经有这样一位学生家长,他也是我们学校的一位教师,他让我帮助劝一下孩子,同意让家长看他的日记、作文,因为孩子总是将自己的日记、作文藏起来,不给家长看。学生们告诉我,为了不让家长看日记,有的同学甚至准备两个日记本,一个可以公开的,一个是不公开的。

如何和初中学生交流呢?我的学生小文,她家长的做法给我很大启发,小文的父亲常年在外地出差,他每到一个地方,就将见闻和感想写下来,寄给远在家乡的小文,尽管父女相隔很远,但是他们心灵上的交流很通畅。心理距离的远近跟空间距离的远近是不同的。如果不懂得初中生的心理特点,老师只是按照一厢情愿的做法对待学生,那很可能是"我本将心向明月,奈何明月照沟渠"。读懂初中生的心理特点,进而用正确的教育技巧对待学生,那么师生心灵间沟通的小径可能就是鲜花盛开。

2.帮助学生做好自我同一性发展

面对初中生的心理特点,班主任可以采取什么样的教育技巧呢?我在教育实践中,主要从以下几个方面来对学生进行教育引导。

面对初中学生自我同一性发展的特点,针对不同状态,采取不同的措施。在班级层面,首先是要制订班级的奋斗目标,而且要求每一个同学也要确立奋斗目标，鼓励学生为实现目标而努力奋斗，达到自我同一性获得。

2018级2班，每个学期开学的时候，我会组织同学们写下新学期的愿望，折成千纸鹤，放进班级的心愿瓶。到学期末的时候，我们再一起开启心愿瓶，看一下自己这个学期的心愿实现了没有，然后每个学生发表感想。

积极关注学生，当发现学生优点的时候，及时表扬强化，增强学生的信心。对学生的人生规划进行指导，帮助学生进行正确定位。可以召开“认识自我，努力向前”的主题班会，让学生正确认识自我，扬长避短，明确努力的方向。引导学生积极参加实践探索活动，进行科技发明，让学生们在实践中发现自己的优点。2018级2班的同学积极参加科技发明，小C同学发明的多功能清洁车，获得了潍坊市初中生创新发明一等奖。每一届学生刚上初三的时候，我都要带他们去重点高中参观，让他们确立中考奋斗目标。同时，我也注意让优秀学生介绍自己成功的经验，为学生的自我同一性发展提供学习的榜样。

我注意针对初中不同年级学生的心理特点，用心理健康教育主题班会帮助他们做好同一性发展。下边是我经常面对初一年级的学生开展的关于梦想的沙盘作文课，实际就是关于梦想的主题班会课。

为了帮助学生更好地进行同一性发展，我选择用沙盘作文课的方式来帮助他们。“沙盘小世界，人生大规划”，沙盘作文课可以发现学生心理存在的问题，教师和学生一起分析问题，教师对学生进行积极引导，帮助学生做好同一性发展。我在担任2018级励志班班主任期间，通过开展班级沙盘作文课，激发学生向着梦想努力奋斗，取得了很好的效果。

沙盘作文课：二十年后的自己

一、导入语

大家好！我们班的小冉同学曾经写了一篇文章《致二十年后的自己》，想象了一下自己那时的生活、那时的心情。我们每一个人都对未来充满期待，想象一下未来美好的生活，今天，我们一起上一节沙盘作文课“二十年后的自己”。

二、摸沙体验指导语（语速慢，声音靠后）

请大家安静下来，静心一分钟……把你的坐姿调整到最舒适的位置，调整你的呼吸……慢慢闭上眼睛……把你的双手放到沙盘的沙子中，然后用摸、抓、握等任何自己喜欢的方式来接触沙子……把注意力放在手和沙接触的感觉上……让自己静下来，默默地感受。请把注意力放在手和沙子的接触上以及情绪和身体的感觉上……想象一下，在你的眼前出现一个你最喜欢的画面，那是二十年后，你工作的环境、生活的环境，让大脑当中的这些画面在脑海里生动起来……然后把这些画面定格……(留白 5～7 分钟，总体摸沙时间控制在 10 分钟左右)

在指导语开始的时候，播放舒缓的“新世纪音乐”，音量控制在似有似无的状态，直到小组分享结束。

三、摆沙盘

6 人一组选沙具摆沙盘，将脑海中的图景摆出来，注意保持安静。

四、讲沙盘

相邻的两位同学，讲自己所摆的沙盘的内容。

五、画思维导图

写下自己未来的工作、生活，详细描写一下怎样才能实现这样的生活。

六、沙盘拍照、完成作文

以下是学生摆的一个沙盘(见图 4-1)，学生根据这个沙盘进行写作。

图 4-1　学生摆的沙盘

七、摸沙结束指导语(参考)

请大家调整坐姿和呼吸,按照你自己的呼吸频率做深呼吸,吸气的时候让气息在腹部多停留一会儿,使腹部尽可能地鼓起来,停留3秒钟……呼气的时候腹部收回去;吸气和呼气的时候体会一下气流从鼻孔流动的感觉……吸气的时候想象着自然、宇宙的精华和正能量随着气流进入我们的身体各处,呼气的时候想象着把身体的代谢废物、负能量都排出体外……让我们的情绪慢慢平静下来。(此时可以慢慢增加室内灯光的亮度)……当我数到1时,请大家慢慢睁开眼睛:10、9、8……1。

3.引导学生学会控制自己的情绪

每个人都有情绪,根据初中生容易冲动的情绪特点,引领学生学会控制自己的情绪。例如,面对学习的压力,可以通过呼吸放松法、音乐放松法等合适的途径或方法来宣泄自己的情绪。可以向亲朋好友倾诉,甚至大哭一场都可以,如果一直压抑自己的情绪,学生容易产生心理问题。

学生小Z是一名非常要强的学生,一次考试他没有考好,同学们告诉我他在看成绩表的时候哭了。放学后,我就去小Z家家访,我和他的家长交谈,一起帮助他调节情绪,树立学习的信心,鼓起学习的勇气,让他尽快从不良情绪中走出来。也可以召开“直面困难,战胜挫折”主题班会,在团体心理课中,帮助学生学会控制自己的情绪。

4.加强沟通,减少学生的逆反心理

学生出现逆反心理是一种正常的现象,逆反心理有利有弊,利用好了,可以发展学生的逆向思维,促进创新。在面对学生的逆反表现时,教师需要有耐心,这份耐心也是爱学生的表现,耐心对待学生,与学生促膝谈心,用平等的态度和学生沟通。教书育人,关键在于了解学生的心理,关爱学生,培养学生良好的学习方法和习惯、正确的人生观和价值观以及基本劳动的能力。虽然不是每个学生都能考上北大清华,但每个学生绝对都能成为有能力、有道德、有教养的合格青年。善于化解学生的逆反心理,帮助学生健康成长,是班主任工作的一个重要方面。在班主任工作中,我们不能放弃任何一个学生,尤其是心理上出现问题的学生。

曾经的学生小Q很有个性，家长脾气也不太好，孩子出现问题，就很容易动手，导致孩子出现叛逆心理。老师越是严格要求，他越是固执地按照自己的想法做。为此我就找时间多陪伴他，我们初二年级在实践基地活动的时候，他因为运动过度，出现虚脱，我深夜带他去了医院，以家长的身份陪他看病。那晚，我们聊了很多，回来后他叛逆的行为少了许多，现在已经是一名学习体育教育的本科生，有一次，他在路上跟我打招呼，我都差点没认出来。

在班主任工作中，对家庭贫困的学生应引导他们自立自强，对经济条件优越的学生应引导他们自律自爱，单亲家庭的孩子多给他们一些关怀与宽容，心理内向不愿与人交流的同学要多进行面对面、一对一的心理疏导，对于个别沾染不良习气的学生应采取“对症下药”的方式，多给他们一些时间改正，让他们实现自我的蝶变。

我所带的班级中，曾经有一名“特殊”学生小强，初中第一天开学时，他是班级里最后一个进教室的，进了教室也不愿意主动和其他同学坐到一起，自己找了一个角落的单桌坐下。平时在学校也是一个人独来独往，话从来不多说一句。别人一靠近他，他就怒目而视，甚至有时候会举起拳头。上课不好好听讲，作业也经常不完成，有几次还拿家长的手机发短信请假，故意逃课。我发现了这些不好的苗头，就主动找小强沟通，他也对我爱搭不理。我又与家长沟通，才知道小强的父母离异，他跟母亲住在一起，母亲为了养家整天早出晚归，根本顾不上他。所以他独来独往习惯了，再加上父母离婚以后又各自重组了家庭，小强就感觉自己是一个多余的人，更给他带来了心理上的抗拒。他的烦恼和委屈只能积压在心中，封闭自己，用自己外表的冷漠来掩盖内心的孤独和无助。

小强不愿主动和别人沟通，我就想方设法找一个与小强交流的突破口。经过细心观察，我发现小强平时最愿意干的事就是在本子上画密密麻麻的方格，自己一个人下五子棋。于是我主动走到小强身边发起五子棋挑战，刚开始小强不以为然，觉得很快就能结束战斗。但是我也经常玩五子棋，小强节节败退。遭遇失败的小强十分不甘心，总想战胜我。孩子有胜负心，说明打开孩子那扇封闭的内心大门还是有希望的。我和他约定，赢一局，就可以向对方提问一个问题，必须实话实说，慢慢地经过几次较量，我一点一点地走进小强的内心，了解到他出现这种行为的原因，让不爱表达自己想法的小强敞开了心扉。除了家庭的原因，他还说出了其他原因，原来他小学时经常被别的同学笑话和欺负，自己长得比较矮小又不敢反抗，父母又不关心自己，就只好忍气吞声，久而久之性格就变得孤僻了。

我了解了这些情况后，经常把小强叫到办公室谈心，给予他更多的关心，教会他如何与父母沟通相处。我用自己上学时的亲身经历，教育小强平时要多听妈妈的话，天底下的妈妈对孩子的爱都是一样的，要学会换位思考，理解妈妈的不容易，也要学会表达自己对别人的爱，只有自己敞开心扉，善意地对待周围的人才会赢得别人的关心。我用一切办法，努力让小强尽快适应初中生活。后来，小强慢慢学会了与同学和老师们交往，也变得越来越自信开朗了。

二、初中生的人际关系特点和教育技巧

初中生的人际关系特点是由心理特点决定的，因此，帮助学生建立良好的人际关系就要从关注学生的心理健康入手。

（一）初中生的人际关系特点

初中生随着年龄的增长，开始关注自我形象，关注自己的人际关系。一个班级就是一个社会生活的缩影，班级管理中要帮助学生适应集体生活。2010年，我主持完成潍坊市“十一五”规划课题“初中生人际信任、自尊、人际容纳的关系研究”，在设计调查问卷的基础上，探究初中生人际关系的特点。其中有一个发现让我印象深刻，有的初中学生明明在学习上缺乏努力，经常不完成作业，可是在调查问卷上发现，这一部分学生的自尊测评值很高，我通过分析得出结论，这部分学生用自己外在的伪自尊掩饰自己内心的自卑，他们给人的感觉是谁也不能惹他，他们容易发火。所以我们在分析初中生人际关系特点的时候，一定要注意深层次分析，不能只看一些表面现象。

1.出现非正式组织形式的小团体

初中生的小团体是以人际关系为基础的非正式群体，这种小团体一般是在心理、动机、倾向一致的基础上自发形成的。有的小团体是积极向上的，有相互促进的作用，而有的小团体主要是讨论怎么玩，需要加以引导。

2006级班里有一个六个女生组成的小团体，他们互相鼓励考重点高中，课上、课下都比着学，这个小团体学习是“内卷”的，她们互相比着学，唯恐自己掉队，最后她们六个都成功考入重点高中。当然，也有一些小团体只是在一起讨论明星八卦，谈论一些无聊的话题，最后浪费了时间，造成学习退步。当发现这

些在一起玩的小团体时，教师要第一时间进行引导，把他们引导到正确的轨道上。

2.希望与老师进行平等的对话

初中生随着年龄的增长，自尊意识越来越强，希望老师们和他们平等对话，如果班级管理不民主，往往会造成学生的反感，不利于做好教育工作。教师在处理学生问题时，要在充分了解事实的基础上进行公正处理。如果不了解情况就匆忙进行处理，学生可能会觉得是对他的不尊重，不利于师生之间形成良好的关系。

初中学生处于青春叛逆期，当被冤枉的时候，往往反应很强烈，会很激动地为自己申辩，从而加剧矛盾冲突。2019 年，一个学生犯错误在为自己辩解的时候，说是另一个同学小 W 的原因，之后我就在班会上分析这个问题的时候，说到了小 W 同学。结果小 W 在班级日记中为自己“鸣冤”，希望老师还他清白，他觉得自己没有犯错误，是同学冤枉他了，而且情绪特别激动。我在认真仔细了解了事情的经过后，在全班同学面前进行更正，向小 W 同学道歉并对那名做出虚假陈述的同学提出批评。

初中学生，对公平表现出极大的关注，即使这个事情跟他没有多大关系，他也会十分关注这个事情的公平性，学生们都把公平看得很重要。2010 年，班里推荐三好学生，班里有个学生，她的各方面表现都不是很优秀，没能评上三好学生，可是她跟家长说，班里在推荐三好学生的时候，很不公平，老师偏向某些同学。我得知后就把评选的流程向家长做了介绍，家长看到的是公平规范的推荐程序，就安慰她，告诉她努力学习争取下次被评上，同时也教育她不能说谎，这位学生这才觉得自己错了。

3.对异性情感的变化

初中学生在成长的过程中，对异性的情感有时是以一种相反的方式表达，内心想和异性交往，但在异性同学面前表露出一种漠不关心的态度，或者在言行中表现出对异性同学的轻视，或者以一种不友好的方式攻击对方。初中阶段，男女生之间逐渐开始融洽相处，甚至会产生爱慕之情，但是这种爱慕之情是很稚嫩的，没有牢固的基础，很少能保持下来，需要教师进行科学地引导，帮助学生让这种情感健康发展，让学生健康成长。

有一年冬天，一位任课教师告诉我，班里有两位异性学生走得比较近，他们是在一个学习小组，经常说话，而且还有小动作，影响了自己的学习，也影响了班里的其他同学。听说后我就把他们座位调得很远，没想到他们还是说话。后来，任课教师建议把他们调成同桌，也许能发现彼此的缺点，关系就不那么密切了。我也让那个女生每天找同桌的十条缺点写下来，放学后偷偷放到我桌上，十天以后，女生过来要求调开座位，我没有同意，又过了十天，学生请家长要求给他们调开座位，我这才给他们调开。调开座位以后，他们再也没有那种过分亲昵的交流，终以正常的同学关系进行学习。

4.与父母的关系不如以前亲密

随着人际交往的增多，初中生与父母的情感不如以前亲密了，他们要求独立的愿望十分强烈。

孩子在小学的时候，有什么事都对父母说，而进入初中以后，对父母不再那么依恋，要求有自己独立的空间。学生小 T 的母亲是我们学校的一位化学教师，教学非常好，可是当她的女儿升入初三要学习化学的时候，小 T 对我提出一个要求，就是不能让她的妈妈教她，而且态度很坚决。最后我只好找几个初三的班主任商量，最终给她安排在一个她妈妈不任教的班级。

5.不盲目接受教师，开始品评教师

一般来说，小学生们接受任何一种类型的教师。初中生则不容易认可一位教师，他们会品评教师，他们也会在心中给老师排名，会有最钦佩的老师。初中生喜爱的教师一般具有以下特点：知识渊博、授课水平高、热情和蔼、关心学生的成长、有朝气等。初中生往往喜欢年轻教师，喜欢和年轻教师交流，我年轻时候教的许多学生，现在还和我保持着密切联系，他们给我发祝福信息的开头往往是“我最敬爱的郭老师”。所以，班主任要注意始终保持一颗年轻的心，这样才能和学生建立亲密的关系，才能用热爱温暖学生的心灵。

班主任要及时了解学生们对任课教师的评价，做好沟通工作。如果同学对任课教师评价不高，需要及时进行处理，以免师生矛盾激化。

（二）针对初中生人际关系特点的教育技巧

针对初中生人际关系的特点，我在班主任工作中，主要从以下几个方面做好引领，帮助学生建立良好的人际关系，帮助他们健康成长。

1.加强对班级小团体的引导，鼓励学生参与到集体之中

我在实践中发现，对于重新组合的一个班集体，教师要多深入学生，多关注

学生，指导学生们一起参与班级活动，不要让新来班级的学生和原来班上的学生对立，这样才有利于班级的和谐发展。

2013年，我的班从其他的班级调过来18名同学，当他们走进我们班的时候，我看到了他们那种不情愿的眼神。为了让这个新的班级继续好好发展。我要求原来班级的同学，不再穿原来统一的班服，家委会组织重新再买新的班服，全班重排座位，交叉坐在一起，让每一名同学都认识到，这个班级是一个新的班级，属于我们现在班级中每一名同学的新班级，在原来班级骨干的引领下，继续了我们励志班的班风，我们的班级建设也继续保持优秀。

2.教育学生主动面对、积极处理矛盾

有人的地方，就会有矛盾，关键是如何处理好矛盾。当同学间有矛盾的时候，不要包办代替他们处理矛盾，而要辅助他们处理矛盾，要教他们换位思考，要信任学生，给他们自主的空间，引导他们看到对方的长处，要发自内心地赞美对方，再顺势解决问题。我担任班主任的时间里，多次遇到同学之间产生矛盾的情况，这时候，教师要一碗水端平，首先让他们叙述事情的经过，其次分析一下自己有什么做得不对的地方，最后两个同学握手言和，保证以后这样的事情不再发生。这样在教师的引导下解决矛盾，会增强学生的人际交往能力。

3.保留一些秘密，维护师生良好的人际交往

每个人都有自己的秘密，初中生也都有自己的秘密，有的秘密不说破，也许更有利于对学生的教育。

那年，我教初二的学生，在打扫教室卫生的时候，发现了一张小纸条，上边写着"郭老师不公平，总是偏向某某同学，我们以后不叫他老师了"。作为一名语文教师，我从字迹就能判断出是谁写的，我当时就很生气，想着我怎么不公平了，想着去找那个学生理论一番。于是在给家长打过电话之后，就气冲冲地骑上自行车去家访了，我感到很气愤，因为我自认为很公平地对待每一名学生，我一定要当面问个明白。当我来到那个学生的家门口，在敲门的那一刹那，我改变了注意，决定对今天发现纸条的事一字不提，只是鼓励她好好学习。最后，我的家访很成功，她们一家人把我送出去很远，这名学生也理解了我，我们现在还保持着联系。师生之间，有些秘密不要说破，这更有利于师生建立良好的人际交往关系。

当然，每个学生的心理特点各有不同，我们要针对每一个学生的特点，采取合适的教育方法，帮助学生健康成长。如果有的学生确实存在严重的心理问题，要建立学生心理健康档案，记录学生的基本情况、家庭情况、自我评价、困惑与烦恼以及对学生的心理辅导、团体心理辅导等，通过建立心理健康档案，来帮助学生更好地成长。

三、防治校园欺凌，呵护学生心理健康

校园欺凌是一种校园中容易出现的恶劣行为，如果处理不好，将使孩子出现心理阴影，进而产生严重的问题。班主任既要用满腔的热爱对待每一名学生，又要善于防治校园欺凌，对被校园欺凌的学生要及时进行心理疏导，让班级成为学生成长的安全港湾。

防治校园欺凌首先要做到预防，将一些校园欺凌消灭在萌芽之中。我经常召开预防校园欺凌的主题班会，让学生认识到校园欺凌的表现形式有哪些。同学们通过主题班会认识到，校园欺凌不仅包括对同学有肢体的侵犯动作，还包括语言上的暴力、在交往中孤立某一个同学、在网络上攻击同学、给同学起恶意的绰号、评论异性同学的生长发育等，只要是在身体上和心理上伤害同学的行为，都属于校园欺凌。当然，同学之间善意的玩笑则不属于校园欺凌。2003 级“北京人”的故事就是同学之间开的一个玩笑，有一名学生因额头较大，有的同学就叫他“北京人”，他不愿意同学们这么叫他，可是有人一说“北京人”，他还答应。我和同学们分析以后，大家都认为这样称呼同学不好，如果有人这样称呼自己，自己肯定也不愿意，于是同学们便不再这样叫他了。

为了营造防治校园欺凌的氛围，我们还开展防治校园欺凌的手抄报评选，学生在画手抄报的过程中，进一步认识校园欺凌的危害。我在每周的班委会例会中，都注意听取班委的反馈意见，发现校园欺凌的苗头，第一时间找同学谈话，联系家长，做好家校沟通，防止校园欺凌。

班级管理中，我尽最大努力防止校园欺凌。一旦出现校园欺凌，班主任要立刻做好防治工作，防止校园欺凌进一步发展。校园欺凌主要有班级之间发生的校园欺凌、班级内部发生的校园欺凌。

班级之间发生的校园欺凌，班主任要及时制止，协调相关班主任后，报告学校相关部门依照规定处理。2004 年，早上 7 点多我就到了学校，正在办公室准

备上早读，有同学跑进来说，班里的小成被初三的同学拖进了男厕所，可能要打他。我赶紧往男厕所跑，进去后一把拽开了高年级的同学，然后带着他们到学校政教处处理这个问题。好在那个高年级的同学及时认识到了错误，向小成赔礼道歉。当班主任发现跨班级的校园欺凌时，一定要在第一时间制止，保护学生，不能让学生的身心受到伤害。小成后来顺利考上高中、考入大学。我们见面时他还说："我到现在还记得，自己上初二的时候，有一个邻班的平时喜欢打架的学生跑到我们教室来，说是要教训我，正好被我们的班主任碰到了，老师严厉批评了那个学生，让他再也不敢过来找我的麻烦。"班主任面对校园欺凌时，一定要及时、公正、合理地处理，帮助学生解决成长中的烦恼。班主任对受到校园欺凌的同学，一定要及时进行援助，让学生有安全感。2005 年，我班一名学生受到了高年级学生的恐吓，不敢回家，我一直陪他到很晚并和他一起回家，让这件事对他的影响最小化。当然，在及时制止校园欺凌后，要依照学校的惩戒制度进行惩戒，帮助学生认识到校园欺凌是严重违反校园规定的行为。多年的班主任工作实践中，我发现班级之间发生的校园欺凌，有时候是班级内部同学矛盾的延伸，因此，这类矛盾如果与班级内部同学有关，一定要找有牵连的同学，从根源上解决问题。

班级内部发生的欺凌行为，需要认真分析原因，及时制止后，还要让同学们和谐相处。2023 年春天，同学们向我反映，班里有一位男生在学习生物后，评论一位女同学的青春期发育，把那位女同学都气哭了。我赶紧联系双方家长到学校，和学生一起谈话，教育男生懂得要尊重女生，向女同学道歉，事情处理完之后，这两位同学相处很好。班里也曾有过这样一名学生，他母亲有精神方面的问题，生病时经常打学生父亲，他的父亲后来独自去了外地，学生跟着祖父母生活，缺少父母关爱。这名同学平时在班里易冲动，不仅顶撞老师，还有用手掐同学们脖子的行为。我在及时制止他掐脖子的行为后，和他一起了解掐脖子的危害，教他学会疏导自己的心理，要和同学们文明交往，这名学生逐步改正自己的错误，努力做到和同学融洽相处。

校园欺凌，本质上是学生心理出现了问题。如果我们不能及时发现并处理校园欺凌，就会让欺凌者更加放肆，让被欺凌者产生心理问题，甚至让那些被欺凌者成为新的欺凌者。班主任在班级管理中，要善于预防校园欺凌，将问题消灭在萌芽之中。一旦出现校园欺凌，要及时制止，帮助学生分析原因，让欺凌者得到惩戒，让被欺凌者得到保护，也要让被欺凌者学会怎样应对欺凌。班主任也要教育学生面对欺凌时，不仅要勇敢地说不，更要学会保护自己。2001 年，班级的一名男生小良，在上学的路上遇到有同学要抢他的自行车，他一看对方人多，而且还恶狠狠地，他就把车子给了对方，到学校后他及时告诉老师，老师陪他报了警。最后他不仅找回了自行车，而且对方也受到了惩罚。作为一名班主任，尤其是男班主任，在遇到校园欺凌的时候，要冷静解决问题，千万不能以暴制暴，这样不仅解决不了问题，还会给老师带来负面影响。

班级管理中要科学做好防治校园欺凌，让学生的学习生活更加温暖。

第五章

写作融入班级管理，世界春暖花开

“我有一所房子，面朝大海，春暖花开。”对于班主任来说，这所房子，就是班级的教室。上课、批作业、陪学生学习、陪学生跑步，就是班主任的日常生活，我们每天关心学生的心情好不好，我们快乐着学生的快乐，痛苦着学生的痛苦，引领学生幸福地学习。当我们把写作融入班级管理的时候，就会发现那些真情的文字是会说话的，师生在文字的交流中，我们的世界就会春暖花开。

一、写作与班级管理结合的目的

写作是师生交流的有效载体，用文字交流，可以让师生有思考的时间，想好了再说，可以润色词句，让表达更加有内涵，在班级管理中发挥语文课程的育人功能，提高学生语言文字的运用能力。我注意发挥语文教师的优势，让写作适时融入班级管理，搭建师生交流的语言文字平台。师生之间和学生之间写作交流，实际上也是在进行情感交流。

我是在一次偶然的机会发现写作对班级管理的积极作用的，学生写作文的时候，我就跟着他们写一篇下水文，读完学生的作文之后，就读一下我的文章，学生们听完之后一起鼓掌，我想为什么不把写作跟班级管理结合起来，那样我们师生的心将会更近。于是，我开始探索将写作融入班级管理的方法，在实践活动中提高学生的语言文字运用能力，在写作的过程中培育学生良好的道德情操，写作让班级管理迈上了一个新台阶。

“感人心者莫先乎情”，班级管理中的写作不是随意进行的，而是根据学生的发展有计划地开展。写作中，要着重培养学生对祖国的热爱，立志将自己的人生目标融入国家的伟大发展，培育感恩意识、担当意识，激发学生热爱读书的兴趣，担当起认真学习、全面发展、成为国家需要的人才的责任。在写作中，培养学生的爱国主义、集体主义、社会主义思想道德，帮助他们逐步形成正确的世界观、人生观、价值观。

“文以载道”是写文章的一个重要作用，而班级管理以育人为主，因此可以将写作作为育人的一个很好的途径。写作也是对我们励志班“战胜自我，顽强拼搏”的班级精神的创新传承。我将写作与班级管理相结合的研究与实践，申报区级规划课题进行研究，课题顺利结题，得到专家们的好评，《写作融入班级管理，世界春暖花开》获得政府成果奖。

二、写作与班级管理结合的途径

传统的班级管理中，师生口头交流比较多，语言往往带有很大的随意性，而且容易被忘记。我们经常遇到这样的情况，某一件事或是某一个瞬间让我们很感动，可是因为没有写下来，没过多久就会忘记，而写作将那一刻的感动和温暖记录下来，帮助我们随时回忆。写作与班级管理相结合，这些文字都是有温度的，是留在记忆里的温暖。

写作与班级管理相结合，我结合每一届励志班的实际情况，不断进行创新发展，从一开始仅仅局限于班级文集，到后来发展到班级日记、教育随笔、小组批阅作文，我用写作引领班级成长，取得了很好的效果。

（一）用班级文集记录学生的成长

用热爱和坚持建设温暖的班级，温暖的班级是有记忆的，记忆的一个有效载体就是文章。我带的是“励志班”，从这个名字可以看出一届届学生是以励志进取为奋斗追求的，都在努力创造属于自己的辉煌。初中是人生的黄金时代，初中的学习生活，不同于小学的懵懂和高中的快节奏，是充满奋斗的，也是丰富多彩的。每一届学生的奋斗历程，都被镌刻进那一本小小的文集，也许有的人觉得这个文集很普通，但是在那些真正经历过共同奋斗的励志班师生心里，它是最美的一本书。

我们的班级文集记录了励志班师生奋斗的岁月，激励着学生们力争做好初中生活中的每一件事，做最好的自己。制作班级文集的想法，最早是在2003级学生毕业的时候，那时为了准备中考作文，我把同学们三年来写得好的作文进行整理，编成册子后发给了同学们，同学们对那个小册子都十分喜欢，这让我想到在班级工作中要注意用文字和照片记录同学们成长的足迹。从那以后，我会给每一届毕业生准备班级文集。班级文集的名字，是同学们自己起的，有的名字的题写还是学生的书法作品，那一个个个性化的名字，体现了每一届的班级特点，比如2009级6班的文集名字是《共享那三年》，2012级1班的文集名字是《在一起　感觉真好》。（见图5-1）

图5-1　班级文集《共享那三年》与班级文集《在一起　感觉真好》

我喜欢给学生们照相，在课堂上我给积极发言的学生照相；在同学们发展的重要阶段，我给大家照合影；在新生入学的时候我们合影，记录我们的初相逢；每个新学期开学的时候我们也会合影，记录新学期的开始；在元旦联欢时照"全家福"，记录我们在一起的幸福时光；去拓展活动的时候，我们给同学们照实践合影。我把这许多照片都放进班级文集中，让同学们看到自己的成长。我会把同学们毕业后的去向放到文集中，同学们有升入高中的，有到职业学院去上学的，同学们翻看文集就知道自己初中同学的毕业去向。文集中有班级在初中三年获得的荣誉，有班级每一次比赛的获奖，有班级年度考核的成绩，还有同学们获得的荣誉称号。最重要的是，文集中有全班每一位学生的优秀习作，习作的上边有学生的一寸照片和参加班级活动的照片。我还请著名作家和教育家给班级中的同学们写祝福，激励同学们好好发展。例如2012级1班，作家张之路给励志一班题词：今天种下一粒文学的种子，明天收获一棵幸福的大树。每三年一本班级文集，不仅装满了班级同学的记忆，更是装满了我班主任工作幸福的温暖记忆。

励志班的毕业文集是可以传递阅读的，我把每一届的班级文集放在教室后边的书橱里，便于同学们阅读。励志班的同学们，初一刚入校的时候，是从看上一届励志班的班级文集开始的，在阅读文集中了解上一届的学长们是怎样励志进取，建设最优秀的励志班的。同学们从初中伊始就知道，也会有一本文集来记录自己三年的成长历程，自己要努力完成好每一天的学习任务，为自己的成长留下闪光的足迹。我认为，班级文集是一个载体，它会鼓励每一个同学努力做一名优秀的中学生，让优秀成为自己的一种习惯，培养自己的自律意识，争取将自己最好的一方面留在文集中，作为美好岁月的见证。班级文集让同学们认识到，要积极参加各种活动，在活动中展现自己的个性风采，因为自己发光的那一刻，可能就会被记录下来，记载到班级文集中。同学们也会认真对待每一次的作文，用笔写出最美的文章，因为这不仅会提高自己的作文水平，而且作文还可能会被收入文集。班级文集发挥了重要的引领作用，引领同学们自主参加活动。每一届学生不同，班级文集也是不一样的，体现了每一届励志班的不同特点。励志班的班风、班训在班级文集中也有记载，它们都是励志班拼搏进取精神的传承。

2009级6班，分班的时候成绩比较低，在经历了许多次考试的挫折之后，他们奋起直追，创造了属于自己的辉煌，文集中的班风、班训就体现了班级的特点，以及同学们不抛弃、不放弃的精神。

2009级6班的特色：让写作引领我们的成长。

2009级6班的班风：高雅文明　励志进取　超越自我。

2009级6班的班训：诚实做人　踏实做事　扎实学习。

2009级6班的班长小桂，是一名积极进取、在班级内有积极的示范引领作用的优秀班干部，她的奋斗精神、乐观态度带动了班级奋勇前进。她在文集中的文章，彰显了她积极乐观的精神。

留一点微笑给自己

桂世喆

人生之路漫漫，我们需要太多的东西伴我们前行，支持我们走向胜利。留一点微笑给自己，微笑是划船时的桨，能助你前行；微笑是滋润花朵的甘泉，带给你不尽的力量。

面对挫折，留一点微笑给自己，那是你前进的不竭动力。双耳失聪的音乐家贝多芬，在黑白键上艰难前行，双手奏不出自己的音乐。他没有放弃，而是留了一点微笑给自己，那是鼓励的微笑，坚持练习，终于用手指叩响了《命运》之门。“当代保尔”张海迪从小残疾，当她接受采访时，主持人问她：“这么多年，您是怎么走下来的？”张海迪一个淡淡的微笑：“就是微笑着面对生活，留一点微笑给自己。”用微笑鼓励自己没有什么难的，我们可以走好自己的路。

面对成功，留一点微笑给自己。在看一场音乐比赛的颁奖晚会时，每一位选手在上台领奖时都面带微笑，看上去是那么自信。当我因为功课有了一点进步，参加某个比赛获奖时，我也会给自己一个微笑，这是自己对自己的肯定，更是我继续前进的坚定信念。

面对前方未知的路，留一点微笑给自己。成长路上，或许有彩虹，或许有风雨，但是只要付出努力，就不会无功而返。生活是如此美好，留一点微笑给自己，你会发现平凡的生活充满阳光……

面对他人微笑传达的是心情，面对自己微笑传达的是力量。

每一届励志班都是越发展越好，从一开始的“丑小鸭”慢慢成长为“白天鹅”，班长起到了很大的作用，他们也记住了班主任的嘱托：班长在班里要起到很好的带头作用，毕业后也要努力起到带头作用。我曾经不止一次地对同学们说，班长就是副班主任，当班主任不在班里的时候，班里的同学要服从班长的安排。每一本班级文集，放在最前边的往往都是班长的美文。“文以载道”，我要让班长积极乐观的精神，引领班级前进。

班级文集记录励志班同学们三年的成长，我将班级三年获得的荣誉放到班级文集的前边。例如 2009 级 6 班，他们用奋斗的精神，创造了辉煌的成绩。从一开始的成绩一般，到取得让每一位同学引以为傲的成绩，励志班成为同学们青春岁月中最闪光的记忆。

励志六班的荣誉

2009～2010 学年度，班级考核全校第一名。

2010～2011 学年度，班级考核全校第一名。

2011～2012 学年度，班级考核全校第一名。

2009 年 9 月，获学校秋季田径运动会体育道德风尚奖。

2009 年 10 月，荣获校园情景剧优秀组织奖。

2010 年 1 月，潍坊十三中“三四五”课堂班级展示评比全校第一名。

2010 年 5 月，语文录像课被潍坊市电教馆评为一等奖。

2010 年 9 月，获学校秋季田径运动会体育道德风尚奖。

2011 年 5 月，潍坊市实验学校实践活动考核第一名、录像示范课班级。

2011 年 5 月，被奎文区团区委授予“五四红旗”团支部，班长被推荐为奎文区团代表。

2011 年 9 月，参加卧龙社区暑假读书活动荣获优秀集体。

2011 年 10 月，学校广播操比赛全校第一名。

2012 年 3 月，班级学习太极拳在《奎文新闻》播出。

2012 年 5 月，潍坊十三中春季运动会 4×100 女子接力第一名，两名同学被评为“潍坊市优秀班干部”，四名同学被评为“奎文区三好学生”。

2012 级 1 班的同学，继续传承励志班的奋斗精神，把自强不息的拼搏经历，镌刻进班级的记忆中，一起用汗水汇聚成班级文集《在一起　感觉真好》，闪光的荣誉记录班级追求卓越的历程。

励志一班的荣誉

2012～2013 学年度，班级考核全校第一名。

2013～2014 学年度，班级考核全校第一名。

2014～2015 学年度，班级考核全校第一名。

2012 年 9 月，获学校秋季田径运动会体育道德风尚奖、总分第二名。

2013 年 9 月，荣获学校秋季运动会总分全校第一名、体育道德风尚奖。

2013 年 10 月，获全校跑操质量评比第一名。

2014 年 4 月，在潍坊市实验学校实践活动中全班被评为“实践创新之星”。

2014 年 5 月，获学校春季运动会体育道德风尚奖。

2014 年 6 月，获学校经典诵读第一名。

2014 年 10 月，获学校秋季运动会第一名、最佳展示奖。

2014 年 12 月，小组学习模式在奎文区交流展示。

2014 年 10 月，获学校秋季田径运动会体育道德风尚奖。

2014 年 9 月，小恒、小津被评为奎文区“四好少年”。

2014 年 5 月，小晴被评为“潍坊市优秀共青团员”。

2014 年 12 月，小逸被评为“潍坊市美德少年”。

2014 年 12 月，获全校跑操质量评比第一名。

初中三年班级每月一次文化点评均保持全校第一。

滨海拓展、开学第一课等四次班级活动在潍坊电视台播出。

每一本班级文集不仅仅是优秀作文集，也记录了同学们成长的足迹，多年之后，当同学们翻阅文集的时候，那些熟悉的记忆就会出现在眼前。用热爱建设温暖的班级是需要载体的，而班级文集就是这个记忆最好的载体，我坚信这份温暖将陪伴学生的一生。

学习是励志班的一项重要任务，每一届励志班的学习委员都是班里的学习模范，他们不仅自己向着梦想奋勇前进，更为班级吹响努力学习的号角。

曾经有一届励志班的学习委员小东，他家境贫寒，父母靠干临时工维持家庭经济收入，他们租房居住，一家四口人挤在狭小的两间房子里，但是小东严格要求自己，自律自强，成绩优异，他写的《为梦想而奋斗》的美文，充满奋斗的豪情。初中毕业后，他考入潍坊市重点高中。

温暖的班级往往是充满欢乐的。冬天喜迎一场大雪，我会和学生们一起到操场打雪仗，一起欣赏小花园美丽的雪景。有时正上着语文课，恰逢一场冬雪，我会让全班到校园中踏雪赏美景。雪的美留在了学生们记忆的深处，雪花变成同学们充满感情的文章，汇入《共享那三年》的班级文集中。

我经常跟学生说，要做一个热爱生活的人，做一个情感丰富的人，做一个热爱自然的人，这样才能学好语文，有生活的地方才有语文。学生们在对冬雪的描绘中，表现出对自然的热爱，这其实也是学生们内心热爱自然的表现。

雪之恋

董亚立

她，来得悄无声息但又激情泛滥。

——题记

盼望已久的这场雪终于来了，来得悄无声息，但下得又很泛滥。她送来了冬的祝福，送来了冬给大地的温暖。她来了，悄悄走进我们的校园，每个地方都有她参观的足迹。小树上、小草上、楼顶上还有地面上。她下得带有激情，不一会儿地面全被覆盖，从高处向下望，那是一片雪白的海洋。她悄悄地望着孩子们在快乐地玩耍，老师们赞叹她的美好。树杈上、小草上，烘托出冬天特有的情调。这是她对大地的爱恋，对整个世界的爱恋，她爱这个世界上的一切。

她来了，她把自己的心愿告诉大地，她送来了美好的祝福，她爱大地；她来了，脚步遍布校园的每个角落，也奉上了她美丽的笑容，她爱这个校园；她来了，声音在我们耳边回响，告诉我们她的期望，她爱我们这群天真烂漫的孩子。

雪，你来了，你与大地、校园和同学们的交谈我都听见了，你对我们的爱我接收到了。雪，把你的爱洒遍世界各地吧，因为你就是爱的天使！

I love you，my snow.

班集体就是每一位同学的家，文集中的作文记录了同学们对班级的热爱。每一段奋斗的历程，都会成为记忆中最美的青春色彩。青春的花季，奋斗的年华，在成长的过程中，同学们获取了知识，感悟了道理，培养了能力，增长了才干。同学们收获了亲情、勤奋、乐观，懂得了感恩，学会了遵守道德规范。励志班每一位同学都记得班主任经常说的一句康德的名言：世界上足以震撼我们心灵的，一是灿烂的星空，一是我们心中崇高的道德准则。

我的班集体

吴慧杰

每种回忆，就像雨滴，或许落在地上，被太阳蒸发，或许滴在心里，永远铭记。

——题记

遇见，可以是灯火阑珊，也无妨百转迂回。

我们的遇见就是在一个充满活力与清新的夏天，现在想起来，是那么值得回味。然而，在这个夏天，没有天使，没有高潮，只是沾上了怀念的味道。

那天，天晴晴，风轻轻，我们迎来了运动会。千米长跑，运动员们开始跑了，我们的心也跟着激动起来。我依然记着，甄成伟拼命奔驰的情形。绿茵场上，同学们的呐喊声响彻云霄。终于，这一场跑完了，几个同学急忙去把运动员搀扶回来。偶然间，一阵哗然，我回过头去，看见同学们一窝蜂地跑近，扶起他，递水，擦汗，嘘寒问暖……那一刻，我的心被融化了，那份感动，那份友爱，我将永远铭记。原来，转眼，爱就在身边。

至今最令我难忘的就是那次篮球赛。这不仅是输赢，更是我们全班同学最后一次在篮球赛场上拼搏的机会。赛场上，运动员们疾驰的旋风身影，助跑、举臂、投篮都那么完美。我们的汗水并不是屈服的体现，恰是坚强与坚持的誓言。最后经过同学们的不懈地努力，终于取得了决赛的机会。那一刻，我们终于明白了什么是努力后的快乐，什么是拼搏后的喜悦。猛然间感慨，其实，任何情比金坚的约定都比不上我们此刻在一起啊。这一次，我们懂得了许多，懂得了拼搏，懂得了团结，懂得了正义，懂得了班级就是我们的家！

在这个班集体三年了,我懂得了太多太多。从初一军训,我懂得了坚持就是胜利的真谛;团体赛,我懂得了团结的力量;达标运动会,我懂得了拼搏的含义。还有拼拼就能赢,争争就能行,还有像薰衣草一样充满希望的等待,还有那即使跌倒,也要豪迈地笑……是的,一路走来,我们一直在蜕变,我们不断变得优秀,最后我们都学会了坚强,即使有一天要分开,也要记得,只要足下有坚实的土地,我们就可以坚定地站立!这也是我们一班同学独有的信心和傲骨。

如今,还有一年,我们即将分离,一路走来,满是鲜花的康庄大道抑或泥泞的蜿蜒小路,都是我们的回忆。而这一刻,蓦然回首,我才发现,我的心早已不能承载我对我们班的爱。我爱上了这个班集体,团结、向上、充满爱的班集体,这个班集体值得我爱!

花开花落花满天,人聚人散人悲欢。

悄悄地提醒

陈中慧

步入初三,我便一直为体育中考而头疼不已,尤其是800米跑更是让我苦恼万分。

体育考试终于来临了,那份紧张压得我喘不过气来。

一大早,妈妈便亲自送我到学校门口,此时门口外还有不少家长,他们正围成一圈在讨论着什么。那叽叽喳喳的场景使我的心情更加紧张,无形中平添了几分烦躁。

见我一副忐忑不安的神情,妈妈便把我拉到一边,悄悄提醒我说:“相信自己,你一定能行!就算800米没有跑好,其他项目过关就好,别有太大压力,调整好自己的心态啊!”

听了妈妈的提醒,我的心不由一松,同时心中也升起一股斗志。

妈妈目送着我上车,望着那慈爱的眼神,心中想起那关切的提醒,我暗下决心,一定要考好!

到了800米考场,我不禁被操场的“大”给吓到了,它怎么看起来比我们学校的操场大那么多啊!我不禁在操场边上打起了哆嗦。终于轮到我了，"不用怕，相信自己能行，不就3分钟吗，拼一下就过去了！"体育监考老师在一旁鼓励说。我也不停地为自己打气，心中暗想妈妈那深切的提醒。慢慢地心中不再害怕，一股莫名的力量从心中涌出，最终我成功地跑完了800米。

难忘妈妈那悄悄的提醒，它带着我跨过了一个个困难，帮助我走向成功。

在温暖的班级中，励志班的学生热爱校园生活，随时随地发现校园中的美。学校有一个美丽的小花园，学生们在课余时间徜徉其中，他们用自己的文章表达对学校的热爱之情。学校的怡心园中有一座假山，同学们用文字表达对假山的喜爱。

丁香位于假山之上，小湖之畔。远远望去，洁白的丁香花像一团团淡淡的白烟，纯洁而又朦胧，像是诗人婉约灵秀的诗，它带给了我一个又一个梦，飘逸、空灵。

作为一名语文教师，我也喜欢写作，更喜欢将写作和班级管理相结合，我将自己对同学们的鼓励化作文字，鼓励每一位同学勇敢前行。我也将自己的文章放进班级文集中，和学生的文章融在一起，师生在班级文集中，互相学习，用文字一起记录温暖的记忆。我的文章往往是鼓励性的，励志班的班训是战胜自我，顽强拼搏，我用文章鼓励同学们战胜自我，勇敢向着目标前进。

再走一步

严寒的冬天，再走一步就是温暖的春天，这再走一步就是坚持，只有坚持不懈地努力，才能到达梦想的彼岸。

"行百里者半九十"，不能坚持到底往往会留下许多遗憾。最初发现DNA双螺旋结构的是一位英国的女科学家，当她将自己的发现公之于众后，一时引爆了整个欧洲社会，她挑战的是一位著名生物学家的结论——DNA为单链结构，于是这位女科学家开始怀疑自己实验的准确性，并最终撤销结论。由于她没能坚持到底，她与诺贝尔奖失之交臂。之后，英国的克里克和美国的沃森公布在研究中发现DNA的双螺旋结构，最终他们一起获得了诺贝尔生理学或医学奖，成为 DNA 之父，而那位女科学家却是名不见经传。再走一步，在研究中坚持一下，坚持自己的正确主张，只需再走一步，我们将到达梦想的彼岸。

“锲而不舍，金石可镂”，坚持往往让科学研究获得成功。居里夫人是诺贝尔物理学奖和诺贝尔化学奖获得者。她工作的地方是一个破旧的小屋，她就是在这间小屋里发现了放射性元素镭。她从几吨重的矿渣中，提取 0.1 克的镭。她在长期的研究中，从来没有放弃自己的追求，她一次次地失败，但她一次次坚持再走一步，就是这再走一步的决心和行动，让她最终获得成功。

不仅科学研究需要再走一步，许多时候我们都需要再走一步，这样才会到达梦想的彼岸。张骞在出使西域途中被匈奴扣留十多年，如果他没有坚持自己的信念，就没有汉朝与西域的广泛交流；新中国成立后，面对那么多的困难，如果没有不放弃，坚持科学研究的精神，就没有“两弹一星”，就没有新中国的辉煌成就。在选择的关头，坚持再走一步，才会成功。

再走一步，也许下一步是失败，但是停留在原地，风景永远都不会更新，继续前进才会获得成功。再走一步，既是一种永不言弃的韧性，更是一种勇往直前的拼搏精神。我们中学生在成长中更需要这种精神，在遇到困难时，请记住雪莱的诗句：冬天到了，春天还会远吗。再走一步，我们将到达梦想的彼岸！

作为一名班主任，我经常在学校每周的升旗仪式上进行国旗下的演讲，演讲稿也会被编入班级文集，记录我们共同奋斗的岁月。

潍坊十三中 2012 年春季开学典礼教师发言稿

尊敬的领导、老师们，亲爱的同学们：

上午好！

在这乍暖还寒的季节，在这春风吹拂的日子里，新学期绽放着笑脸向我们走来，带着希望和欣喜我们回到了温馨的校园。

回顾上个学期，在全体老师和同学的努力下，取得了累累的硕果，在这里，我谨代表全体教师向获奖的班级和同学们表示衷心的祝贺。

春季是播种的季节，只有用辛勤的劳动播下希望的种子，最终才会有满意的收获。

作为教师，在新学期里，我们一定不辜负学校领导的殷切希望，不辜负家长的高度信任，努力学习，勤奋工作，在“依法治校、品学双行”的办学理念指引下，以敬业务实的工作精神开拓进取，充分利用现代化教学手段，向课堂教学要效率，提高教学质量！用新鲜的活水浇灌学生求知的心灵，用和煦的师德春风抚慰学生稚嫩的灵魂！亲爱的同学们，你们是幸福的，我们才是快乐的；你们是进步的，我们才是欣慰的；你们是成功的，我们才是优秀的。

亲爱的同学们，学习是学生在学校的主要任务，知识的丰富、能力的提高、品格的养成，都离不开学习。目前我们正处于积累知识的黄金时期，需要同学们珍惜时间，集中精力去学习。任何一个人的成功都离不开勤奋。我国著名数学家华罗庚说：聪明出于勤奋，天才在于积累。同学们，在新的学期里希望你们珍惜时光，勤奋学习，从一日常规、言行举止到思想修养、综合能力都严格要求自己，发展自己，全方位提高自己。

老师们、同学们，最美的春天不在自然界，她蕴藏在我们所有老师和同学们的心中。只要我们胸怀希望，我们就总能与春天相伴。新的一年，我们全体老师将一如既往地认真工作，不遗余力求创新，使每一位同学都学习进步，学会做人，学会创造，享受成功与成长；让学生的成功造就每位教师的成功，让全体学生与教师的成功造就学校的成功。

敬爱的老师，亲爱的同学们，就让我们踏着春天的脚步，扬起前行的风帆，乘风破浪，直达成功的彼岸！相信在全校师生的共同努力下，潍坊十三中的明天一定会更加灿烂、美好！

最后，祝各位老师身体健康，工作顺利！祝同学们学习进步，茁壮成长。

我的演讲结束了，谢谢大家！

2020 年春天，学生因为疫情防控居家 3 个多月后，重返校园，我作为教师代表进行国旗下演讲。

在感恩中前行

亲爱的同学们：

大家好！我谨代表所有的老师，热烈欢迎重新回到校园的你们！是你们让卧龙校园再次萌发出勃勃生机，口罩能挡住你青春的脸颊，却挡不住你渴求知识的眼眸，它如星光一样闪耀！

2020年的寒假，注定是我们一生难忘的春节假期，一场突如其来的新冠肺炎疫情，打破了新年的喜悦氛围。许多人感染了新冠肺炎，更有许多的医务工作者，逆行向疫区前进，用以生命换生命的勇气，阻止疫情的扩散！同学们，我们能够安心居家抗疫，能够回到校园学习，最重要的就是要感谢抗疫英雄的无私付出！

疫情让我们更加懂得了生命的宝贵，生命意味着勇气与珍惜，疫情也让我们更加热爱我们的国家。这个世界之所以美好，正是因为那些不肯退缩的人用生命守护着我们。84岁的科学家钟南山，在病毒中逆行，为所有人拼命，他说的每一句话，都会让我们莫名心安。甘如意，一位普通的医务工作者，得知新冠肺炎疫情暴发，单车骑行300公里，四天三夜，赶到疫情第一线，他也是我们心中的英雄。袁兆文，日照东港一名普通的环卫工人，为抗击疫情捐款1万元，而他每个月的收入十分微薄，当记者找到他的时候，他说："国家有难，匹夫有责。"

疫情让我们更加懂得了责任，我们要努力做好防疫工作，遵守学校防疫规定，服从教师管理，时刻不放松警惕，同时我们也要努力学习，学习科学知识，将来成为国家的栋梁之材，我们的民族才会有更加美好的明天。

同学们，我们相信乌云遮不住太阳，阴霾终将散去，这吹散阴霾的风就是我们中华民族奋勇拼搏的精神，我们终将会取得战胜疫情的胜利，迎来美好的明天。

此刻，让我们在感恩中前行，希望每一位同学进一步培养良好的习惯，全面成长，因为更加美好的明天将由你们来建设！

谢谢大家！

为了鼓励同学们勇于奋斗，我在演讲中激励同学们要撸起袖子加油干，创造辉煌新篇章，满怀信心地走进新学期。

奎文区卧龙学校2016年秋季开学典礼教师发言稿

尊敬的学校领导、亲爱的老师和同学们：

大家早上好！

很喜欢看中央电视台的《经典咏流传》这个节目，节目中传唱的一首小诗，深深打动了我，这就是清代诗人袁枚所作的《苔》："白日不到处，青春恰自来。苔花如米小，也学牡丹开。"

在阴暗潮湿之处，没有一点阳光，生长着绿色的苔藓，虽然它的花朵如米粒一般细小，但它仍旧能开出灿烂的花。太阳照不到我，我很渺小，并不意味着我没有青春，我没有理想。这首小诗告诉我们，在任何时候，任何地方，都不要小看自己，都要积极向上！每一个生命都是平凡而尊贵的，我们要一直努力，一直奋斗，我们的快乐之花就会灿烂绽放！

平昌冬奥会短道速滑男子500米决赛中，武大靖创造了39.584秒的成绩，为中国代表队夺得首枚金牌，同时打破世界纪录和奥运会纪录！武大靖2010年进入国家队，在国家队的头两年，武大靖离冬奥会还很远，他只能在二线队伍中训练，或者陪女队员训练，他的自尊心每天在受着打击。但是，武大靖从未气馁，他对自己说："有梦想，别怕，去追！"他内心燃烧着奋斗的激情，他凌晨四点就起来训练，吃过的苦、受过的累不知有多少！终于，他一步步拼到了平昌冬奥会的赛场。可是，1000米、1500米赛场上被不利判罚，让他似乎离梦想越来越远了，但是他依然充满斗志："越是硬仗，我们越是要硬气，我会拼到最后！"终于，他做到了！为中国拿下平昌冬奥会的首金！请记住武大靖，请记住他告诉我们的：你的努力绝不会白白付出，付出就会有收获！

在我所带的班级中，2009级6班是一个令人印象最深的班级，初一入学的时候，这个班级成绩平平，可是全班每一位同学都没有放弃，一直在努力，在初三中考的时候，创造了全班34人全都升入高中的奇迹！

还有，去年的春天，我跟初三同学们一起锻炼迎接体育中考，从最初的全年级只有两个A，最终达到中考A等率49%，其中付出了多少汗水，也许只有学生自己知道，只有陪伴他们训练的老师们知道。

同学们，通往梦想的路从来都不是一帆风顺的，必不可少会经历一些痛苦和挫折，但是只要你认定目标，拼尽全力，咬紧牙关坚持，坚持，再坚持，你一定会创造属于你的奇迹！请记住：欲戴王冠，必承其重！

同学们，充满生机的、柳绿花红的春天已经来临，让我们如苔花一般自强不息，如武大靖一般奋勇争先，让世界因我而美丽！让我们撸起袖子加油干，谱写新华北分校的光辉篇章！

初中三年的生活，我和学生成了一生的朋友，我热爱着班级里的每一名学生。当同学们初中毕业的时候，我继续为同学们加油鼓劲，在2012级6班班级文集“跋”中，我写了《相约美好明天》。

相约美好明天

回首三年与学生们一起走过的时光，是那么让人留恋，那点点滴滴的记忆如同音符，轻轻奏响我们前进的乐章，我愿这本书能记录下同学们幸福的瞬间，记录下我们一路携手前进的足迹。

毕业了，道一声“再见”，我亲爱的学生，也许此地一为别，相见不知哪一年，你们会随着前进的脚步，一步一步走向更加广阔的世界，我在后面注视着你的身影，祝福你前程锦绣；毕业了，道一声“再见”，相伴三年，毕业时刻相拥而泣，在耳边相互道一声珍重，我们是永远的亲人，分别只会让我们更加思念，我们的情谊地久天长，我们勿相忘；毕业了，道一声“再见”，带着记忆，带着祝福，我们一起向前，也许前路会有坎坷，但是我们有足够的勇气，因为我们身后有曾经给予我们温暖和力量的潍坊十三中2009级6班，我们一起建设的最优秀的六班。

毕业了，道一声“感谢”，感谢各位家长三年来对班级工作的支持，难忘我们一次次倾心地交流，在教育孩子方面，您是我的老师，教会我许多好的方法；毕业了，道一声“感谢”，感谢家长委员会顾问对班级出书的大力支持，读着您对班级任课教师的感谢语句，我感动不已，感谢家长委员会主任对班级工作的大力支持；毕业了，道一声“感谢”，感谢学校领导对班级工作的大力指导，每当班级工作迷惘时，您的一句话让我们充满信心；毕业了，道一声“感谢”，感谢六班的每一位任课教师，六班的发展凝聚着您的汗水，相信那快乐的课堂会永远定格在我们美好的记忆中。

作为班主任，感谢生活让我与六班这么优秀的学生在一起学习，让我体验到作为教师的快乐。三年来，我尽我最大的努力与学生一起前进，让我们站得更高，望得更远，不断走向成功！

毕业了，同学们要继续努力，让我们相约美好的明天。前进中，让我们在心中继续喊出自己的口号：六班，加油！

每一届励志班的班长和学习委员都是十分优秀的，他们是励志班同学奋斗前进的引领者，带领同学们奋勇前进。他们励志的文章，往往放在班级文集的前边，那些真挚的文字闪烁着耀眼的光芒，展示着班级勇于奋斗的精神。2012级1班班长唐云晴和学习委员孟凡津的文章充满奋斗的激情。

奋斗，才能品味真正的快乐

唐云晴

顺水而游的鱼，看似舒适、安逸，可是却毫无生机，失去了逆水而游的快乐。生活中，只有像逆水而游的鱼那样，才会体会到奋斗的快乐。努力奋斗，才能品味真正的快乐。

“上帝既造就天才，也造就傻瓜，这不取决于天赋，完全是个人努力程度不同的结果。”这是霍金的一句名言，霍金用他的奋斗证明了这句话。史蒂芬·霍金是一个不幸的人，在他21岁时，患上了卢伽雷氏症，这意味着他将终生与轮椅为伴。当时的医生预测他最多活两年，但是他至今仍然顽强地活着。病魔没有让他的头脑思维受到影响，他不是等待命运的结束，而是顽强奋斗，享受着奋斗的快乐。尤其是在他邂逅了他的妻子简之后，他更加振作起来。之后，奋斗就成了霍金的代名词。他用唯一能动的两只眼睛和三根手指，靠着坚持的意志，完成了科学著作《时间简史》。后来他的朋友评价他说：“霍金带给人们的，不仅是科学的智慧，还有人类最可贵的不息的奋斗精神。”是奋斗让他战胜了生活的磨难，让他的人生更加有意义。是奋斗，让人品味人生的快乐。

奋斗同样也会让人挑战自我，不断走向成功。美国运动员迪德里克森曾在一次奥运会获得跨栏、跳高、标枪、铅球、跳远和棒球等多项冠军。可是，那次奥运会后，他又挑战自我，决定参加高尔夫球比赛，不出数年又在这一领域获得世界冠军。他是如何做到的呢？原来他没有躺在已经取得的冠军荣誉上不思进取，而是每天练习高尔夫球十二个小时，平均每天击出1000个高尔夫球，一直练到手握不住球杆为止。如此奋斗，付出如此的代价，最终获得成功，奋斗让他在快乐中不断走向成功。

作为青少年的我们，也应该在奋斗中品味快乐，有的同学贪图安逸、舒适，不去奋斗，那样是不会获得真正的快乐的。学习上，我们要有不怕吃苦的奋斗精神，面临中考，我们更要发挥这种精神，在奋斗中实现梦想，绽放青春的笑容，感受最刻骨铭心的快乐。努力奋斗，才能品味属于青春的快乐。

奋斗，让我们品味人生的快乐；奋斗，让我们不断走向成功；奋斗，才能体会青春的快乐。让我们在奋斗中品味真正的快乐吧！

由逆游的鱼想到的

孟凡津

一片天空，不但可以展现雄鹰翱翔的英姿，更能见证它在试飞时不畏痛苦的奋斗；一块绿茵，不但可以展现小草挺拔的身姿，更能见证它的嫩芽破土而出时不畏阻碍的奋斗。

逆水而游的鱼儿，你是不是那些不懈奋斗的斗士的不屈的灵魂所化就的呢？

“苦心人，天不负，卧薪尝胆，三千越甲可吞吴！”身旁，是誓死追随的士兵；身后，是自己珍爱的国家；身前，是吴王傲慢的笑脸。勾践，为了国家的生存、将士的性命、百姓的安危，毅然脱下王袍，忍辱负重，给吴王当了许多年的奴仆。虽然你的尊严遭受了践踏，但是你并没有轻易放弃，苦苦奋斗，终于在二十五年后，重新登上王座，成就千古的奋斗传说。

生活的路并不总是一马平川，它总是与坎坷、荆棘相伴，勾践用奋斗创造了奇迹。同时，他的经历也证明了一个真理：面对困难，勇于奋斗，才会获得人生的成功。幸福的人生是相似的，不幸的人生各有各的不幸，人生的道路上，遇到困难，只有勇于奋斗，才会拥有属于自己的成功。

“以平躺的姿态战斗。”三分之二的时间是在病床上度过的，全身上下就只剩下眼睛、嘴巴和两个手指能动，但写出了 25 万字的自传《活着的 100 个理由》；她通过自学考上了南京师范大学心理学；香港、澳门、日本，甚至是世界屋脊的青藏高原，都留下了她的“足迹”……身残志坚、勇于奋斗，她就是钱敏丹，她用自己的精神向世人展示一个真理：奋斗才能获得人生的成功。

身为新一代祖国栋梁的我们，也许没有遇到那么多的磨难，但是也应该牢记奋斗才能获得人生的成功。因为青少年如果只是享受安逸的生活，不懂得奋斗，那就是顺流而浮的鱼，是没有生命的。少年强则国强，我们唯有奋斗，唯有坚持不懈地奋斗，才能使生命更加精彩，唯有奋斗，才能享受到生命的快乐。

这一生，让我们每一个人都做一条逆水而游的鱼！

优秀的班级对每一个同学都有同化作用，对以后转入的同学同样具有同化作用。我热爱班主任工作，也许我这份热爱也感染了学生，每一位同学都热爱自己的班级，一份份热爱汇聚成班级的温暖。温暖的班级生活，温暖着班级中所有的同学，那些中途转入班级的同学也因走进励志班而感到十分幸福。

生活，因相逢而精彩

杜禧悦

“你曾对我说，相逢是首歌，眼睛是春天的海，青春是绿色的河。”萍水相逢，或是一种缘，或是一种命中注定，让我们的生活充满精彩。

年前，我还在北京上学，年后，我回到了潍坊上学。因为我的户口不在北京，所以我要回到家乡中考。临行前，我到办公室给每一位教过我的老师深鞠一躬，说一声感谢，感谢恩师的教育；我对班里的同学也鞠一躬，说声谢谢，谢谢同学们的帮助。感谢命运，让我们相逢，那在一起生活的点点滴滴，都是我生命中美好的回忆，都是我生活的精彩内容。即使是闹过矛盾的同学，我也走到他的身边，向他道歉，与他道别。分别时刻，忍不住流泪，那是伤感之泪，因为一分别，不知何年才能相聚，我不敢奢望相聚，只有祝愿，祝愿我们的未来都是美好的。感谢生活，即使最终分离，也要感谢，因为生活让我们相逢，让我拥有和你们在一起的时光。

走进新的学校，我充满期待，期待与新的同学相逢。初次走上新班级的讲台，我是那么紧张，因为我是一个不善于表达的女孩，我假装镇定，但当我艰难地张开嘴，结结巴巴地蹦出自己的名字之后，就再也说不下去了。本以为下边会议论纷纷，可是抬头看去，新同学们都用鼓励的眼神看着我，我顿时充满了激动，在同学们热烈的掌声中，我从离别的伤感中走了出来，我感到找到了属于自己的新家。从此，我与同学们一起上课，一起跑步，一起准备中考，相逢让我与新朋友们快乐地在一起学习。我悄悄地许下一个心愿：我要在美好的青春努力奋斗，让青春的花儿绽放得更美好！我轻轻地走来，让这相逢的精彩变成我们最美好的记忆。

“相逢是首歌，同行是你和我，心儿是永远的琴弦，坚定也执着。”我们如同一粒尘埃，那么渺小，是生活让我们相逢。感谢生活，让我们相逢，我们的青春因相逢而精彩！

下次，由我来守护你

杜禧悦

白玉兰因为有了啄木鸟的守护，更加芬芳美丽。我的人生因为有了你的守护，更加温暖绚烂。

第一次见到你，是在寒假里。初次相见，你那慈爱、温暖的眼神就深深铭刻在我的记忆中。或许是因为转学，或许是因为妈妈不能时刻在身边陪伴，我的心被寒冷和悲伤覆盖。面对你热情的询问、提出的细致要求，我有的只是内心的拒绝。我拒绝你的帮助、拒绝你的关心，我感觉自己不需要这些，需要的只是妈妈的陪伴。

这之后不久便开学了，面对新的环境，我不能很快地适应。你向同学们热情地介绍我，还把我以前在北京参加学校各种活动的照片展示给同学看，我却并不领情。几次与你交流，我都很极端，甚至故意顶撞你。但你好像从未在意我对你的顶撞，仍然对我的学习、生活，十分关心，点点滴滴，无微不至，你甚至利用周末的时间，让我到学校练习体育考试项目，帮着我计算成绩，制订训练的计划。渐渐地，我跟你说话的语气、态度也在不经意地变化着，没了当初的冷漠、拒绝，变得愿意接受你的帮助。

天气渐渐暖和起来，妈妈的又一次离开让我十分伤心，我把这种伤心变成尖锐的话语，传递给了你。可是面对这些刻薄的话语，你依旧对我亲切关心。因为对成绩的焦急、父母不在身边的伤感，我有时对你的态度也很恶劣，语言也很过分，但是你从来没有严厉地训斥我，还是给我鼓励，帮我树立中考的信心。那天中午，你来到我家楼下，给我送来你自己种的菜，看着你不计前嫌的微笑，我不知说什么好。放下菜，你转身离去，我看着你消失在转角的背影，前一秒还是内心的拒绝、生硬的顶撞，现在却不知为何，晶莹的泪水从眼角滑落，我努力地拭去眼角的泪水却发现怎么也擦不干，想起与你接触的点点滴滴，我放纵自己，放声大哭起来……

现在，即将毕业，我的学习成绩也在不断提升，心中充满对你的感激。看着你如从前一样的眼神，我说话不再那么刻薄，我的心中温暖极了，笑容不自觉地挂在脸上，每一天的心情都很美好。中考压得我们喘不过气，你更加关心我们，就算你有时生气、严厉地批评我们，我们也不怪你，就像你从不曾怪我们一样。

你的眼神从未变过，一直是那么温暖，在我们最需要的时候，一直帮助着我们。你守护了我们那么久，下次就由我们来守护你！

致我们尊敬的郭老师

温暖的班级，不仅能给予学生前进的力量，更能让学生感受到成长的快乐，我认为评价一个班级是否优秀，首先要看班级的学生是否在这个班级中能感到快乐。班级文集中不仅有表达奋斗激情的文章，更有许多表达自己在班级生活中快乐的文章。

在我们美好的班级中，我总感到心中有支欢乐的歌，它鼓舞我前进，鼓舞我奋斗，让我体会到与朋友们在一起的快乐。追梦青春，希望这首歌能继续给我力量，我始终能以欢乐的心情奋勇前进。

一届届的励志班，不仅涌现了许多勇于战胜自我、顽强拼搏的学习成绩优异的同学，更是涌现了许多具有美好品德的学生。2012级一位学生在上学的路上捡到了一个包，包中有几千元钱，还有好几张银行卡，她主动交到了社区办公室，失主打听到学生所在的班级后，给我们送来了感谢信。学生在作文中写道：

帮助他人的感觉真好，我感觉帮助他人的同时，也是帮助了自己。

在平时的写作中，我尝试让往届的学生和正在上初中的学生同题写作，因此，我们那一本本班级文集中，也有往届学长的同题作文，学生们在共同写作中，传递励志班的温暖，共同进步。学长们的文章，对励志班的学生起到了很好的引领作用。几年之后，这一届励志班中的一些学生，又会和自己的学弟学妹同题写作。学长们那些精彩的语句、鼓励性的语言也留在了班级每一个同学的心中，温暖了他们的心灵。

人生如行路，一路艰辛，一路风景。当我们跌倒时，请记得自己爬起来，因为前方有更好的风景。有的路，注定一个人走，有的困难，唯有自己能够克服。让自己变得强大，在人生之路上，我们且行且歌。

当然，作为班主任的我，也会和学生同题写作，将自己心中感受到的温暖传递给学生。我会把班里同学们闪光的事迹写进文章中，让灿烂的文字引领同学们成长。作为一名班主任，我感到自己的文章只有和学生的发展结合起来，引导学生更加勇敢地面对挑战，帮助学生树立正确的世界观、人生观、价值观，那些文字才是充满感情的，才是有力量的。文集中收录的往届学长的文章也都是充满正能量的。

平凡的生命因奉献而灿烂

萤火虫发出的光是微弱的，但那是它燃烧自己的生命发出的，这束光照亮了暗夜中花草的世界。小小的萤火虫，因为发出小小的光而美丽。生活中，不管你多平凡，你的力量多渺小，都可以做出奉献，平凡的生命因奉献而灿烂。

“勿以善小而不为”，一个人只要能发出光芒，照亮他人，即使再微弱的光也是美丽的，因为那光帮助了他人。平凡的一粒沙，力量是渺小的，可是在大地上铸牢坚实的大路，在沙漠中汇成“大漠孤烟直”的壮阔……只要你勇于奉献，渺小也会变得伟大。面对大大的世界，也许有的人会抱怨自己的渺小，可是许多创造不平凡业绩的人，往往都是从平凡做起的。雷锋曾是一名普通的解放军战士，但他不放过任何一次做好事的机会，关心他人胜过关心自己，也许他最初发出的光是微弱的，但是照亮了许多人，于是人们学习他的精神，雷锋成为我们学习的榜样，因为他在平凡的岗位上传递出满满的正能量。从小事做起，坚持做贡献，即使微弱，相信力量也是巨大的。2015 年感动中国人物获奖者张纪清，27 年署名“炎黄”捐款，建敬老院、希望小学。一个善良的背影，汇入茫茫人海。平凡的老人，朴素的心愿，清贫的生活，高贵的心灵。青岛的“微尘”，多年为处于困难中的人们捐款，人们寻找微尘，争做微尘，微小的力量汇聚成爱的奉献。做出贡献我们就是不平凡的，我们的生命就是闪光的。

我们每一个人都是渺小的，我们的世界也是平凡的，但是只要我们努力奋斗，做出应有的贡献，那么我们就不再渺小，我们的世界也就不再平凡。每年的劳动模范们，虽然处在平凡岗位，但是都做出了自己的贡献，得到人们的肯定。学生也可以努力奉献，让青春更加美好。被评为“潍坊市美德之星”的我班同学，平时是那么的默默无闻，可是当她把捡到的巨款和手机交给失主，自己却什么也不告诉大家，直到失主找到学校来感谢，我们才知道时，那一刻我们觉得她是那么的美好，也为我们这个集体感到骄傲。其实，我们不可能每天都遇到像她那样的事，但只要我们勇于奉献他人，我们的生命就是闪光的。每天清晨，我们认真干好值日，让同学们有一个整洁的学习环境，我们的劳动就是闪光的；在公共场所，我们随手捡拾起地上的一片碎纸屑，我们的付出就是闪光的；在公交车上，主动为老人让座，我们的行为就是闪光的；认真学习，争取优异的成绩，我们的精神就是闪光的；面对需要帮助的人，奉献出我们的爱心，我们的行为就是闪光的……我们的世界因为我们闪光的付出而不平凡。

青春岁月，让我们带着奉献的梦想出发，我们平凡的生命将因奉献而灿烂辉煌。

心怀世界　分享希望

张艺凡

《菜根谭》中有这样一句话："争先的径路窄，退后一步自宽平一步；浓艳的滋味短，清淡一分自悠长一分。"小羊的经历便验证了这句话，那沙漠的绿草既是他人的希望，也是自己的后路。赠人玫瑰，手留余香，正是分享的真谛。唯有心怀世界，分享希望的人，才能收获人间的感动和温暖。

心怀世界，分享希望，让我们收获快乐。比尔·盖茨曾说："每天清晨当我醒来，我便思索着如何与他人分享我的快乐，因为那会使我更快乐。"他的确践行了自己的话，做到了分享快乐，分享希望。他与世界分享他的研究成果，为世界带来了文明的进步；他与世界分享了他的财富，给更多人带去了希望和快乐。古龙说："快乐是件奇怪的东西，绝不因为你分享给别人而减少。有时你分给别人越多，自己得到的也越多。"我们应该走出自己狭小的生活圈，看看外面的世界，分享希望与快乐，催生更多的快乐。

心怀世界，分享希望，我们的世界更加和谐。人类最大的成就就是创造了灿烂珍贵的文化。世界是一个大家庭，各国灿烂的文化需要世人共享，分享能让各个国家相处更加融洽。回想中国古代闭关锁国的历史，我们不难发现，在一个封闭的环境中，社会发展陷入停滞；再想想二战时期法西斯对人、对文化的肆意扼杀，都将世界一步步推向衰败。

现代社会需要和谐，我们应当学会分享。因为分享能让社会发展走向一个又一个新的高峰，分享能创造一个和谐宁静的国际大环境，分享将使世界这个大家庭更温暖。

也许你不够强大，无法影响世界，但是你一个善意的举动，就可能为别人带去方便，带去希望，不要吝啬自己的微笑，不要关闭自己的内心，看看这个世界，用心去拥抱它，世界就在你心中，将希望传递下去，快乐就在你左右。

班主任工作须以身作则，不仅要用文章感染同学们，更要用实际行动关心同学，热爱班级。如果只是写文章给同学们，班主任做得还不到位，文章也起不到应有的作用。当班主任，就意味着比普通任课教师要多付出很多，要任劳任怨，要耐得住寂寞。担任班主任 26 年来，我坚持每天早上第一个到学校，进教室先打开门，再打开窗子，准备迎接学生的到来；每天下班，我都是最后一个离开教室，走之前检查教室门窗关闭的情况，我坚持和同学们一起打扫卫生。我努力做到在没有课的时候，就坐在教室听课。我将听课的笔记本按照学科分类，每周累计听课约 20 节。听课使我熟悉每一名学生的背影，了解每一名学生上课的表现，听课时，我关注学生们上课时的学习效率，当我去家访的时候，我都带上听课记录，和学生一起分析上课的表现。学生们跑操时，我会和全班同学穿一样的校服跑操，和学生跑一样的距离，我们有时还给自己班级增加跑步的圈数，因为我们是学校的励志班，我们有顽强拼搏的作风。我邀请全市著名的武术家教学生们学习武术，我们全班一起学习。当学生家庭有困难的时候，我会悄悄送去帮助。有作家到潍坊来讲座，我就带学生们去听讲座，请作家给班级题词，鼓励学生好好学习，著名作家张之路就曾给我们励志班题词。

班主任工作中，我遇到过许许多多的班级问题，有成功的经验，也有失败的教训，我总是抱着一种感恩的态度面对这些问题。一名热爱学生的班主任，能够宽容对待学生的错误，能灵活处理问题。我始终认为，培养一个思想品质优秀的学生，比培养一个考入重点高中的学生更加重要，关爱那些需要关注的弱势学生，更能体现教育的价值。温暖的班级中，班主任要会鼓励学生，我一直记得那句名言：一个孩子生活在批评之中，他学会了谴责；一个孩子生活在鼓励之中，他学会了自信。学生犯错之后，可以批评学生，但是在批评之后，一定要有鼓励，让学生保持前进的信心。

（二）小组批阅作文，在相互交流中促进班级管理

2014年，成立奎文区郭新军个性教师工作室之后，工作室把制作班级文集的做法在参加工作室的各个初中学校进行推广，并且进一步开发出小组批阅作文促进班级管理的区域内特色课程。工作室印制了小组合作批阅作文的文集《采一篮月光回家》，试点班级的300名学生人手一册。小组推荐的作文很精彩，小组成员相互批阅，家长的批阅也十分精彩，同学们在相互批阅中，更加了解自己和同学。多人批阅一篇作文，那些鼓励性的评语温暖了学生的心灵，小组批阅作文让班级气氛更加融洽，提高了班级管理的人文性。

同学们笔下的春秋，都是心中的风景。读着那一段段精彩的评语，我赞叹不已。我为《采一篮月光回家》做了介绍，放在文集的后边，对同学们小组互批做了一个小结。

> 于漪老师说：阅读史就是一个人心灵的发育史。而阅读同龄人的优秀作品，更加有利于学生心灵的发育。以班级小组合作为载体的写作，不仅便于学生进行审题、选材、构思的讨论，在思维火花的碰撞中进行多角度的思考，加大思维的深度，而且更有利于学生在快乐的氛围中相互阅读佳作，共同提高。
>
> 班级小组合作写作训练，有利于训练学生的发散思维，面对一个作文题目时，我们可以把审题的自主权交给学生，交给学习小组。在工作室老师们的探索中，我们着重研究小组写作课的关键环节的处理。这些关键环节有审题、选材、构思、交流、展示。
>
> 审题、选材、构思的方法在小组合作中臻于完美，小组合作讨论，帮助学生养成快速抓关键信息进行审题和选材的能力。对命题作文，小组讨论怎样快速抓住题眼，例如，在面对中考作文《为自己画一扇窗》时，小组讨论首先要明确“窗”的含义，“窗”可以代表希望、光明、美好等，其次讨论在写作的过程中，要选取哪些内容才会紧扣主题。对半命题作文，在补充题目的选择上狠下功夫，要选择最有利于自己表达的内容来补充题目，选择新颖的内容来补充题目。例如，2012年潍坊市中考作文题目《生活因__________而美好》，可以填写的内容很多，学生可以

结合自己最擅长写的内容来补充题目，可以写奋斗、坚持、勤奋……如果想追求新颖，可以写“诗意”等。对材料作文，小组练习多角度分析材料，提炼观点。例如，2014 年潍坊市中考作文材料：“一位旅行者在旅行的途中经常迷路，朋友问他原因，他说是路上的风景太美了，因为迷恋路上的风景，所以经常迷路。”于是小组讨论明确写作的重点可以从以下几个方面入手：学会选择、目标性要强、过程比结果重要、做一个有情趣的人。最终，大多数小组认同的写作重点是做事情要注意向着定好的目标前进。班级小组合作审题的目的在于让学生在相互启发中学会审题，在独立审题的时候，能更加扣住作文命题的主旨。

班级写作交流，让学生触摸到更加真实的心灵。初中是人生的黄金阶段，学生往往文笔感情真挚、富有感染力，喜欢与同龄人交流借鉴。在班级小组作文阅读交流中，一篇文章往往跟着组内同学和其他组同学的许多评语，甚至还有家长写上的评语，有的作文后边的评语甚至达到 18 条，有的评语的内容比作文还多，我们常常感叹，捧读学生的佳作是一种享受，而阅读那些妙趣横生的评语更是一种享受。在这些评语中，我们可以看到阅读同学作品的快乐，可以看到家长对优秀习作的赞美。文中那些对人生的思考，那些细腻的描写，那些触动我们心灵的话语，对初中生而言是宝贵的精神食粮。相互阅读，更多的是一种相互借鉴。同学们的精彩评语很多，但是受篇幅限制，我们只撷取了很少的一部分。同学们将自己心中的风景、自己的成长感悟，融入自己的笔端，文笔飞扬，似清风拂面，让人心旷神怡。习作是美文，评语亦是佳作。相信同学们在时光的长轴中，捧起记录自己心路历程的作文，阅读文章后边的那许多评语时，大概也会有“别是一般滋味在心头”的感慨吧。文章因为记录自己的青春年华而弥足珍贵，评语也会因为同学情、师生情而愈看愈美。

班级小组合作学习作文，如同作文教学杠杆的一个支点，我们一起努力，就会撬起厚重的语文文化底蕴，让人文关怀浸润学生的心灵，让写作成为让学生感到快乐的一件事，启发同学们用笔写出自己最美的成长感悟。

阅读《采一篮月光回家》班级小组合作批改作文时，我很喜欢看的是学生和家长写在作文后边的评语。那些个性化的鼓励语言，激发学生更加喜欢写作，更加热爱班集体，那些文字是有力量的。那些真挚的、充满鼓励的语言，体现了班级的温暖。

【组内交流】

你的作文让我有很大的感触，其实真挚的语言更能打动人的心扉。先是记叙最后是抒情，这样的格调真是经典款式啊！特别是第三篇的结尾，令人有一种“时间都去哪儿了”的匆匆感。教室、黑板、课桌甚至窗外已长成参天大树的梧桐都还在啊，可那群小小少年已渐行渐远。

【组间交流】

读你的文章，体会最多的还是感动，你的文章独具魅力，它将我们的心牢牢拴在了一起，让人重温起那段美好的时光。文章的最后点明主题，叙出道理，抒发情感，动人心弦，也许，这就是成功文章的魅力。

【组内交流】

糖的甜蜜诱惑着你的童年，勾起你的回忆，也是对你童年逝去的致敬吧。或者也是这样，你的生活才会更加美丽，一代一代把这种封印在你心中的回忆传承下去。

【组间交流】

一根棒棒糖，载着满满的回忆，带着你回到童年，天真、幼稚。棒棒糖里满满的，有不少故事吧！童年就是这样，快乐总是无限大，当小小少年逐日成长，正如你，再回首，记录下你的真情实感，这是一种享受。感谢你与我们分享。

学生们十分喜欢这种小组批阅作文的方式，有的家长也参与了进来，有许多家长的评语也是十分精彩的。从《采一篮月光回家》的序言中我们可以看出学生对这种批阅作文方式的喜欢，学生们乐于参加这一项活动。

批改作文对提高作文水平是有极大帮助的，同学们之间互批作文可以互相学习，互相促进，能认识到自己文章中需要改进的地方，并且也在无形之中练笔，锻炼学生的语言组织和表达能力……

好文章是需要用心酿造的，像蚂蚁啃骨头一样，经过一步步的努力才能写出来。所以，就让我们从现在开始，为写好每一篇文章奠定坚实的基础吧！

2022年春天，郭新军山东省优秀班主任工作室成立后，工作室成员在探讨工作室的研究目标时，总结前段时间班级管理的班本课程研究，发现小组互批作文，不仅有利于提高学生作文水平，更有利于学生之间互相交流，从而促进班级的管理。

（三）让班级日记成为学生的心灵花园

班级日记是记录班级成长的一个载体，班主任和学生轮流写班级日记，学生按照自己的学号，顺序撰写班级日记。班级日记主要记录班级每天发生的事情，尤其是给同学留下深刻印象的事情，要求记录班级成长的历程，不求文笔有多优美，但求有真情实感。每天晨会的时候，我们会向全班读班级日记。读完班级日记之后，每个小组选一名同学，谈一下自己的感想，班主任也在班级日记的后边，写上简单的评语。

同学们在班级日记中，这样表达自己：

战胜自我，顽强拼搏，就像我们的口号那样，超越自己，超越一切不可能，在仅剩的三天时间内，抓住一切时间和机会，努力大备考，希望大家都能考出一个好成绩，不负我们的努力。

郭老师常常说的“无奋斗，不青春”与全班同学共勉，一定要一起努力考上高中，我努力夺金牌，就让我们一起努力，一起奋斗，加油！加油！再加油！！！

为了鼓舞同学们奋勇前进，我有时会在同学们写的日记后边点评几句，师生用文字进行着心灵的交流。

这篇日记叙事清楚，写出了老师和同学们考试前认真准备的状态。良好的纪律是学习的保障，希望每一个同学在纪律上严格要求自己，在考前的每一节课都能高效地学习，期待同学们的胜利。加油！

有时，我也会写班级日记，和同学们一起接龙写日记，我写的班级日记，也会读给学生们听，我们一起奋斗前行，彼此温暖着前进。

2021年6月6日，距中考6天

记录人 郭新军

我们的教室在二楼，从一楼到二楼，一走就是三年，仿佛只是打了一个盹儿，我们的初中生活就要结束了。

往事如烟，许多美好终成回忆，教室中那朗朗的读书声，操场上嬉戏打闹的身影，挥洒的汗水，灿烂的笑容，亲切的话语，随风飘进历史的天空，"歌声依旧，而唱歌的人已成风景"。我们在夏日相聚，又在夏日分别，懵懵懂懂，三载已过，而后中考，心有所向，各赴前程。

山一程，水一程，三生有幸，与同学们相聚在一起，但愿山高水长，人生莫相忘，望同学们历尽千帆，归来仍是少年。前路漫漫，唯愿君平安。可能毕业之后，我们再也难以相遇，让我们现在慢慢走吧，珍惜在一起的每一分钟。

追梦路上，我们努力奋斗，不负韶华，纵有再大的困难，我们也要"何妨吟啸且徐行，一蓑烟雨任平生"。中考让我们习惯了考试，习惯了磨砺，习惯了三天一小考五天一大考的节奏，习惯了奋斗前行。我们励志班的每一个同学，都要无惧挑战，勇往直前。

即将毕业，同学们各赴前程，祝福亲爱的同学们前程似锦，中考金榜题名。他日相会，我们再谈今日奋斗之豪情。祝愿同学们"长风破浪会有时，直挂云帆济沧海"。

秋天的怡心园

2022年10月16日 秋高气爽

记录人 郭新军

一阵阵凉风吹过，果实成熟，树叶变黄了，秋天的校园更美了，尤其是怡心园也穿上了秋日的盛装，展现出迷人的风采。

我来到怡心园的门前，首先看到的是几棵高大的银杏树，那密密的树叶已经变黄，像一把把小扇子站立在树枝上。凉风吹过，那树叶随风而舞，阳光从树叶的缝隙间照下来，是那么明亮。还有一些叶片在风中飘落，像蝴蝶一样翩翩起舞，最后扑到大地的怀抱中。

穿过一个小角门，走进怡心园，右边有一棵枣树，一个个又大又圆的红枣在小小的树叶下露出来，像是害羞的小姑娘的脸蛋，可爱而美好。它们从花园的角落悄悄地张望，仿佛在期待阳光的照耀。

与枣树相对的是几棵高大的柿子树，它们骄傲地站在水池边。柿子树上稀疏的黄色叶片中间，露出那沉甸甸的黄色的柿子。它们饱满而润泽，把一些细的树枝都压弯了。几只喜鹊站在粗一点的树枝上，望着成熟的柿子叫着，仿佛那一个个成熟的柿子是它们秋天的美味。

柿子树下，是小鱼们欢乐的水池，池水不深，那游来游去的小鱼欢乐地嬉戏着。盛开的睡莲在秋风中不见踪影，只有那圆圆的莲叶还在，只是有些枯黄，甚至还有几片莲叶的断茎在秋风中瑟瑟发抖。

小池的东边有一棵很大的山楂树，它的树叶还没有完全变黄，山楂却一个个变得通红，那许许多多的山楂就像是一颗颗红宝石挂在树上。望着这一树的山楂，嘴里自然而然地有一种酸酸的感觉。从山楂树下轻轻走过，淡淡的果实香味让人陶醉。

秋风中，我从怡心园走过，感受那秋天的美丽。我爱学校秋天的怡心园。

班级日记不仅记录我们的班级生活，也有同学们的观察日记，他们细心观察我们种的小菜园，写成《菜园小记》。我们不仅有种菜的乐趣，更有观察菜园的乐趣，我们的劳动课程是和写作课结合在一起的。

田中多种作物，可爱者甚蕃，予独爱葱之出泥土而不染，濯露珠而不妖，中通外直，不蔓不枝，香远益清，亭亭净植，可远观而不可乱拔也。

校长到教室里听课，偶然看到了励志班的班级日记，对写班级日记的做法给予高度肯定，我请校长在班级日记上给同学们赠言，给励志班加油鼓劲。

走进郭老师的班，感觉特别舒服，这是一个有爱的班集体。愿我们所有的同学在这里健康成长，也希望我们的学校涌现更多温暖、积极向上的班集体。

——唐校长

一个人的成功不是和别人比你做得怎样，而是和自身比你做得怎样。“宝剑锋从磨砺出，梅花香自苦寒来”，“淘尽黄沙始得金，苦到尽头方知甜”，这些都是亘古不变的道理。一个在学习上不想吃苦的人也就永远享受不到学习的快乐。

在毕业即将来临之际，愿你们在今后的道路上将自信的种子埋在心底，用坚定的信念勇敢向前，靠勤劳的双手打拼出一片天地，全力以赴，用微笑迎接明天！

——刘校长

2023 年 6 月，励志班到了新的校区，我发现新校区有一块菜地特别好，菜地里还竖着一个牌子，上边写着“菜根集”。于是，同学们仔细观察菜地，写下了一篇篇好文章，记录我们的观察和感悟。

牌子边的一簇簇植物吸引了我的注意。在周围矮小的植物中，只有它挺直了腰板，用力向上生长。在旁边的太阳花和芍药的衬托下，更显得鹤立鸡群。它的叶参差披拂，高低错落有致，更显层次美。它的叶充满生机，那嫩绿、深绿交杂在太阳光下，只让人看一眼，就感到它充满勃勃生机。它的叶片簇拥着中间的花序，顶端浅褐色的花苞像是刚长出来的，下面的深褐色花苞像是时间久了的。两种颜色在一枝上，小小的却又紧密、花序长得很高，甚至高出旁边的叶子。那褐色与绿色混合在一起，是颜色之间的碰撞。

——党参

那是丛薄荷，她的相貌略微有些粗犷，开展着的枝叶一层一层地长在中央的梗上。她的叶颇具特色，叶边是锯齿形状，看起来倒像是庇护着她的刺，捏上去却是绵软的。说来有些可笑，那一排排柔软不具任何攻击性的刺，颇有自欺欺人的意味。

我凑近了些，嗅到了一芳香。我开始兴致勃勃地寻找她的花藏匿何处。可是，没有！只有青绿，绿得盎然，绿得生机。那一片片的叶子充当了花的角色，却也散发着芳香。我有些愣怔，原来，香馨不止是花的权力。

——薄荷

在美丽的太阳花前边，我停住了脚步，花朵不大，但是在周围一片绿色的衬托下，却显得十分耀眼。那一朵朵小花，在大树树叶缝隙漏下的阳光中，随风摇曳，像宝石一样发出璀璨的光芒，表达着对阳光的追求。

——太阳花

写中考考前班级日记，也是我写作育人中坚持的一个做法，每一届学生中考前，学生们会计算日期，在比全班人数多一天的时间开始写应考日记，每人一篇，而且要在自己写的考前日记上贴上自己的一寸照片，让同学们在写考前日记和读日记的过程中，激发奋斗的热情。考前日记的内容有对中考的信心、有对三年初中生活的珍惜、有对同学的依依不舍，考前一天，我会自己出钱，将这本日记复印，同学们人手一本，我珍藏原版。学生们那真挚的语言，发自肺腑的心声，现在读来都让人感动。那一篇篇考前日记，实际上就是班级前进的冲锋号：不抛弃，不放弃！这是我最喜欢的电视剧台词。今天把它送给大家，亲爱的同学们，中考就在眼前，想要面带笑容地走进高中校园，现在就要付出百倍的努力。想要一飞冲天，一鸣惊人，现在就要更加努力地拼搏。让我们拿出“狭路相逢勇者胜”的亮剑精神，让我们以勇敢的气魄接受挑战！

为美丽的相逢喝彩

2015 年 5 月 10 日　星期日　晴　距中考 32 天

记录人　杜禧悦

多年之后，当你打开这本尘封的日记本的时候，你是否还会想起我们这些曾经的同学，想起我们在一起的美好岁月，想起母校那点点滴滴的记忆……因为偶然，我们相遇、相识，尽管我在这个班级里只有短短的 3 个月，可是我的人生却因与你相识而更加美好。

看着不断减少的中考倒计时数字，我忽然怕了，怕这越来越近的离别，怕看你远去的身影。窗外的蔷薇花儿开了，散发出浓郁的夏的香气，还未离别却已愁上心头。走在校园，欣赏次第开放的花儿，却别是一般滋味在心头。我们一路走过，走过实验考试、走过体育考试、走过一次次模拟考试，考试的节奏激发出我们昂扬的斗志，一路走过，我们的奋斗如同花香流进我们青春的记忆。

走在中考的征途中，我感到自己不是一个人在战斗，我有亲爱的朋友们陪伴。运动场上，加油的呐喊声，我永远忘不了；下课了，讨论问题的快乐，我永远忘不了；考试了，老师的叮嘱，我永远忘不了……感谢生活，让我们走在一起，让我们一起迎接生命中第一次重要的挑战，因为有你们，我不畏惧任何困难，敢于在你们的鼓励中飞翔，敢于在你们的加油声中，不断向前迈出脚步。我相信我们都有美好的明天！

让我们一起带着梦想出发，中考不是我们的终点，我们将会努力奔向更加美好的明天！明天我也会记得我最好的朋友们——奎文区卧龙学校 2012 级 1 班的全体同学，我们的友谊地久天长！

好好学习，将来到北京读大学，那时，我给大家当导游！

全力以赴迎接体育考试

2017 年 5 月 6 日　星期六　天气晴　距中考 36 天

记录人　郭韫之

时光飞逝，转眼间就要体育中考了，我们没有停止训练的脚步。

今天下午，我们迎来了一场关于体育中考的誓师大会，我们来到了多媒体教室，大会开始了，首先是王校长上台讲话，同学们不约而同地热烈鼓掌。王校长强调，我们每一个人都要有信心，以认真的态度对待体育考试，这次体育考试对我们来说至关重要！

接着是刘校长讲话，刘校长讲得特别投入，她讲了自己参加培训的一次经历。几年前，她参加了一次关于责任人生的大型活动。让她意想不到的是，活动一开始就要求他们做 1000 个俯卧撑。她想，这怎么能完成呢？刘校长说自己也觉得完成不了，可是最终在众人鼓励下，她连做了 200 个！虽然只有 200 个，但刘校长强调了一个很重要的问题，那就是每个人的潜能特别大，别人对你的鼓励也尤为重要！我们要相互鼓励，争取在体育考试中激发出自己最大的潜能。

体育考试即将来临，我们既要认真准备，满怀信心，也要平静面对，努力激发出自己的潜能。祝愿每一位同学都能考出一个好成绩！

十年磨一剑，霜刃未曾试，今日把示君，看我展风采！

(四)教师真情随笔温暖学生心灵

充满真情的文章，往往能温暖心灵，文字比话语往往更有感情，作为一名语文教师兼班主任，我喜欢用教育随笔和同学们交谈，我用文章传递自己对学生的爱、对人生的感悟，引领同学们成长。

初三毕业，师生依依不舍，面对即将走出初中校门的初三毕业生，我写一篇《目送》，表达班主任的祝福和和感谢之情。

目　送

世上大多的爱都以相聚为目的，但是父母对子女的爱是以分离为目的，我想老师对学生的爱也是这样：我张开怀抱迎接你们，只为了有一天你们能飞得更高。六月，我在校园目送我的学生们毕业。

世上有一种快乐的痛就是目送孩子成长的背影，我想那一刻，所有的老师都会像看着自己最杰出的作品那样凝视着你们吧，你们在我这里强大了，成熟了，真好！看着你们迫不及待要飞向辽阔的蓝天，我为你们的成长高兴，但还有一点痛、有一点不舍、有一点担心，你们的小翅膀够硬了吗？

目送学生成长的背影也是一种快乐的痛。

我是一名老师，就是芸芸众生中最普通的那一个，改变不了世界，也改变不了任何人，我的生命是与学生的成长联系在一起的，我习惯于陪伴学生的成长。在漫长的职业生涯中，或许在某个午夜，某个瞬间，想起也曾经影响过那一个个天真的学生，也陪伴过某个孤独胆怯的心灵，也曾激励过想要放弃的梦想，也曾在成长后的学生心中留下那一点点温暖的回忆，这也许就是我职业生涯最大的收获吧。青春洋溢的校园里，一间间教室总是不断上演着相聚、别离，但也留下了无数希望、梦想、坚持、友谊，留下了老师坚守的身影。这就是为师者的人生意义和职业价值感吧。

2012 级 1 班的同学，其实老师也感谢你们。

感谢你们用天真和热情使校园充满生机，感谢你们用最灿烂的笑容告诉老师曾有过或即将告别的青春，感谢你们用自己的求知、勇敢、坚毅、执着为母校写下了一笔一笔辉煌。感谢你们与老师和家长一起努力：我们高空速降，我们凭海临风，我们风雨同舟，我们为梦想而坚持，我们勇往直前。也感谢你们对老师的包容，我们在一起的三年，也是老师成长的三年。

如果可以选择，我们还是要选择享受这快乐，目送你们渐行渐远渐强大的成长，欣赏那走向成熟的背影。

2012级1班的同学们，放心去飞，勇敢去追！记住，在你们的身后，永远有老师关注你们成长的目光。

多年担任班主任，我热爱着教师工作，热爱着班里的每一名学生，我觉得教师的爱是做好班级管理的前提，我写一篇《爱，是一切》，送给我亲爱的学生们。

爱，是一切

有了老师的爱，学生才会快乐；有了班主任的爱，学生才会健康；有了家长的爱，学生才会茁壮。是爱拉近了师生心灵的距离，是爱让学生变得自立、自尊、自强、自爱。

作为班主任，我热爱2012级1班的每一名学生，三年的成长历程，足以证明每一名同学都是最棒的，同学们都是那么积极进取，那么富有个性，班级是那么团结进取，我们班也一直是学校班级中的标兵。三年来，我从同学们身上学到了许多优秀的品质，看到了班级成员的互相关心，看到了同学们对知识的渴求，看到了同学们奋勇前进的青春风采，体会到了师生一起努力奋斗的快乐，我为1班感到骄傲，我和1班共同成长三年。

三年来，我感到1班的家长都是那么好，您给予了我许多的鼓励、帮助、支持，您是我学习的榜样。孩子是家长的影子，您良好的品质潜移默化地影响着学生，教室里四季不断的花香，是您对班级建设的支持；教室里精美的窗台，是您在炎炎夏日带来的清爽；每次家长会，1班的家长无一缺席。1班的每一位优秀的学生都是我们共同的骄傲。亲爱的家长们，感谢您三年来对班级工作的支持。临近学生毕业，谨以此书奉献给励志1班优秀的学生和家长们，奉献给给予1班支持和帮助的领导和老师们，让我们一起记住给予我们温暖和力量的1班！

看到教室鱼缸中养的小鱼，我会想象自己是鱼缸中的小鱼，对坐在身边贪玩的同学想说许多话。这个教育创意在采访时也得到了电视台记者的肯定，他们认为这种方式很好，有利于保护学生的自尊心，帮助学生努力学习。

我是一条小鱼

我是一条鱼，一条因为偶然来到励志班教室的鱼。

我很喜欢这里的环境，同学们都非常的阳光，学习刻苦努力，我喜欢在早晨听同学们朗朗的读书声，喜欢在课堂上看同学们积极回答问题，喜欢在课间看同学们欢乐地说笑，我喜欢这个班级。

冬天到了，班里一个聪明好玩的学生小杰换座位到了我的身边，他不太爱学习，上课有时还偷偷趴下睡觉，这让我十分着急。当看到他趴在桌子上不听课的时候，我就撞击一下鱼缸，撞得我头晕眼花，可是他还没有醒来。原来在我身边坐着的同学，会主动刷鱼缸、换新水，可是小杰一点也不管我，下课了只想着玩。

鱼缸中的生活是单调的，有时只有小杰注视的目光，我同伴的死就是他最先发现，并告诉郭老师的，他是一个有爱心的学生。冬天的夜晚那么冷，鱼缸里的水变得很少，我呼吸困难，不知道自己能不能撑过这个周末，等到同学们周一到教室来，也许是等不到了吧。在生命的最后时刻，我许下一个愿望，希望小杰能够努力学习。

再见了，小杰，希望你能成为一个努力学习的学生。

站在校园的银杏树下，想到亲爱的学生们，感受到作为一名教师的快乐，我写一篇《银杏树下》送给学生们，让同学们听一听老师在银杏树下的故事。

银杏树下

校园中，有一棵银杏树，当我刚步入校园走上讲台的时候，它还是一株小树苗。时光荏苒，20年的教学生活，它已经长成一棵参天大树，而且上边还有鸟儿居住。银杏树下，我与学生们一起成长。

走过银杏树下，当有阳光时，每一片树叶都泛着阳光的色彩，微风吹过，树叶婆娑作响，听着树叶在阳光下音乐般的撞击声，走向我们心中银杏树的梦。春季萌发，银杏树的嫩芽如同一个个小拳头萌生于枝头；夏季生长，浓荫遮住过往的师生；秋季绚烂，随着秋风飘舞的落叶如蝴蝶绚烂无比，往往一夜之间随秋霜落尽；冬日挂雪，在寒风中玉树琼枝装点冬日情怀。四季轮回，我在银杏树下走过，与我的学生们一起走过，银杏树逐渐长大，而我的学生们一批批来了又走，我用我的笔写下我的感悟，读给我的学生们听，那些随笔如同片片银杏树叶留在了我记忆的深处。

毕业走了的学生们，许多还会回到学校来，看望母校、看望老师们。我们在银杏树下交谈，忆及当年学习时，往往笑声不断，银杏树在身旁静默而立，仿佛是一位智慧的长者，看着孩子们成长。成年后结婚的学生，在拍婚纱照的时候，也会选在银杏树下，因为这里承载了他们绿色的记忆。

银杏树下，我们一起走过，我把自己的感悟写满银杏树叶，让它们随季节生长，随风而舞，在风中留下我们前进的歌。

写作育人，我一直在不断地研究改进，我在写作中且行且思，且思且行，我和张海燕老师的教学成果《写作融入班级管理，世界春暖花开》在 2012 年 9 月荣获奎文区政府教学成果奖二等奖。2022 年 1 月，我主持的写作育人课题“写作与班级管理相结合的研究与实践”顺利结题。写作融入班级管理，就是学生们写作，班主任也写作，在写作中反思提高。师生在写作中交流，增强心与心的沟通，增强班级的凝聚力。

我喜欢写诗，“歌诗合为事而作”，我的诗歌只有和学生们在一起的时候，才有生命力。我在自己的诗歌中表达自己的志趣，表达自己对生活的热爱。

走在廉政的大路上[①]

历经
清水的洗涤
愈加亭亭玉立
碧绿的圆叶
衬托
莲花纯洁的形象

轻摇
满树密密的叶
奏响自然的乐章
板桥泼墨
渲染
正直有节的翠竹

莲洁　竹节
飘香史册
做人　如竹
正而有节
做人　如莲
清者永清

廉政建设
以道德和法律
塑造奋勇向前的队伍
一路高歌　奋勇向前

① 此作被永久保存于潍坊市反腐倡廉教育基地。

我爱你，中国[①]

我是南海的一朵浪花
随着中国的脉搏跳动

我是漠河出现的北极光
我是光，我是电
我是遥远的神话

我是青藏高原冰山上
盛开的一朵雪莲
温柔地俯瞰着华夏大地

我是乌苏里江上的船歌
随着奔流不息的江水
悠悠传唱

我是长江
我是黄河
我是960万平方公里的总和

我是你，我是他
我是地震中为救学生牺牲的谭千秋教师
我是危险时刻推开学生的张丽莉老师
我是13亿分之一

我的心中永远有一首歌
我爱你，中国！

① 2017年6月，讲授奎文区党建示范课，即兴作诗一首，歌颂祖国。

思念，是凝望的视线

我是
一个平凡的教师
却总感觉
是一个喜欢仰望天空的人

清晨
在黄草满地的操场
跑步
听到鸟儿的鸣声
回荡在
校园

想起以往的学生
他们也如同
鸟儿
在校园欢乐
而我
也是
一个倾听者

毕业后的学生
就如同天上的鸟儿
我的思念
是凝望的视线

春跑白浪河

春柳如烟荫一方，曲径通幽檐翘亭。
鸟鸣人歌相和春，轻迈双足踏河青。

春日读书有感

——2020 年春天

黄花耀春光，新枝舞东风。
窗前静日坐，禅心浸书香。

卜算子·赠 2018 级 2 班毕业生

卧龙腾飞处，小园满华章，谁见同窗相别难，葱郁立银杏。
漫步诉离情，暖风吹绿意，拍尽栏杆不忍去，明媚阳光照。

渴　望

——讲授《明日不封阳台》有感

从远古的沧桑中
我们　一起
携手走来
享受
阳光的恩泽
大地的哺育

我们
润色了
画家的妙笔
飞进了
诗人的慧心

可　为什么
我们的眼中　浸满
苦涩的泪水
那是寻求朋友的关怀

请不要忘记
我们是　相亲相爱的
一家人

瞬　间

流星
用尽最后的力量
划破了黑夜的长空
留下瞬间坠落的光芒

烟花
用粉身碎骨的壮举
竭力放出逝去的美丽
留下刹那间的五彩缤纷

泡沫
孕育奇异的梦
迎着阳光的温暖
绽放沉醉的短暂的甜蜜

昙花
凝聚盛开的力量
在漫夜色的惊叹中
响起最灿烂的片刻的旋律

瞬时
短暂而无法捕捉
恒久定格的美好源于
梦想

端午遐想

一束艾草
将浓郁的芳香
飘荡在　五月的
天空

一个四角的粽子
流传千载
包裹起　人生的
思念

温暖的阳光
照亮每一个角落
升起在　东方
恰似
你悄然地到来

窗外　雨飘落
洒满我　思念的
心田
我的祝愿如雨
充彻天地

心　语

从心灵的花园
采摘几片
带雨的绿色
包裹起
五月的鲜花
送您雨中的馨香

仰望灰蒙蒙的天空
新燕飞舞
清脆的鸣叫声
化作我真挚的祝福
布满经纬
苍茫而永恒

温暖的光

——送给家庭教育专家金老师

生命如光
轮回在
沧海中的　光之塔

成长如歌
唱响在
牵手中的　岁月

夜空
星辉斑斓
点燃　一束光

迎接
黎明的阳光
灿烂　每一个家庭

雨夜畅想

——研修雨夜偶感

窗外
雨声浑然
响成叩击我们心扉的乐章
清凉而华美

灯下
键盘敲击
轻轻点击我们夏夜的梦想
静谧而甜美

今夜
听雨　研修
滴答　滴答伴我觅真知
他日风雨后
阳光洒满我们湿润的天空

春日读书(二)

晨曦拂窗纱,谛听读书声
独卧春光里,漫寻离骚梦

飘絮如花扬,团团舞翩跹
鸟鸣三两声,相伴风雅颂

我喜欢写诗词，学生们也喜欢填词写诗。2022年年底，学生们因为疫情防控居家学习，有的同学就填词表达自己内心的感情。在平时的班级生活中，学生们也喜欢根据语文课上学习的诗歌进行仿写，我们的班级生活是充满诗意，我们的蓬勃追求也是诗意的追求。

如梦令

李　扬

常记校园生活，同学嬉戏玩笑。白日共同学习，傍晚结伴回家。怀念，怀念，怀念，何时才能返校。

梦　想

朱晓烨

小时候，
梦想是一束绚丽的花朵，
我伸出手，
把捧在怀里。

长大后，
梦想是一颗闪耀的星星，
我寻找着，
闪动的瞬间。

后来啊，
梦想是一叶升起的船帆，
我探寻着，
未来的方向。

而现在，
梦想是一幅多彩的画卷，

我诠释着,
多彩的人生。

雨天,漫步小雨中,雨水润湿了我的衣衫,更润湿了我的心灵。我对雨产生感想,我用被雨润湿的笔,写下我的追求。

雨天,让我想起了

雨天,带着阴暗,带着压抑,带着不可名状的朦胧的感觉,轻轻走进我的生命。雨飘过四季,润湿我多愁善感的眼睛。雨天,我想起了文人心中的雨。

雨是自然的精灵。雨入离别人眼中,那是分别的泪水啊!“昔我往矣,杨柳依依,今我来思,雨雪霏霏。”三千年前,一位征战的戍卒,吟诵着《采薇》,行走在归途中,在雨中的咏叹之声,至今让人伤感。“渭城朝雨浥轻尘,客舍青青柳色新。劝君更尽一杯酒,西出阳关无故人。”唐代王维送别友人,在青青的柳色中,沐浴着春雨,没有春雨贵如油的喜悦,有的是让雨化作离别的泪啊!小雨蒙蒙,诗人的牵挂一直蔓延到大漠的深处。

雨是心灵的赞歌。雨入追梦人的心中,那是诗意的追求。“彷徨在悠长、悠长,又寂寥的雨巷,我希望逢着一个丁香一样的,结着愁怨的姑娘。”雨巷诗人戴望舒,在雨中追梦,在雨中执着前进。“等你,在雨中。”余光中心中的雨是对家的眷恋,是穿过那一湾浅浅的海峡,在雨中的乡情依依。

雨天,我想起雨中的诗歌,雨中的情怀。雨飘过四季,人生四季因雨天而更具浪漫气息。漫步雨中,任雨润湿我诗意的人生。

我对艾草的喜欢,源于2000级学生的一篇作文,文章写了住在她家楼下的两位老人,端午节前经常去采艾草。那两位老人满头银发,执手白浪河边采艾草,然后将带着水珠的艾草挂在门口。学生文章中描写的画面是那么美,让我对艾草也充满了无限的遐想。于是我在端午节也有了采艾草挂门口的习惯,当然这也和我妻子的生日在端午节有关。我喜欢和家人在一起,我把自己端午节采艾草的感想写下来,表达我内心的真挚感情,用真情引领班级同学感悟亲情。

艾香满路端午节

端午、清晨、微凉、阳光灿烂。

我循着白浪河畔清幽的小径，去寻一束艾草。

河岸绿树成荫，花香扑鼻，一路前行，不时有晨练的人迎面而来，有的在自行车的前把上插着一束艾草，有的是直接背在了身后，行进中的自行车嗡嗡而过，顿时艾香溢满周围。音乐响起，只见两位女子在水边的芳洲，踏歌而舞，宛如仙境，所谓伊人，在水一方啊。

徐行良久，渐至北辰湿地，一方小小的池塘，水鸟飞起，和鸣空中，水边树木林立，小花遍地，在芦苇丛边，发现一大片艾草随风摇曳，在阳光下泛着光辉。轻轻走进艾草丛中，挑选自己喜欢的，尽情拔起，艾草香气随着阳光，从指尖弥散开来，艾草采采，晨光未已，所谓伊人，在吾心中。

端午节，很少买艾草，总是喜欢自己到河边寻觅，因为端午节也是妻的生日，于是每年记得采一束新艾草，换下去年的旧艾草，渐渐地成为一种习惯，在这习惯中寄托自己美好的祝愿。每次带着艾草，沐浴着阳光回家，都是最惬意的时候。挂起新的艾草，整个楼道里都满是香气。此刻，敲击着键盘，艾香还随着指尖散发出来。

我用文章搭建起爱的桥梁，我将自己在生活中的所思所感，写成随笔，读给学生们听，让励志班同学看到生活中处处有美，我们要有善于发现美好的眼睛。我的随笔让学生更加了解老师，师生之间更加和谐，我们一起携手前进。

载爱向前

今天，是星期天，也是我的结婚纪念日。

我们一家三口，骑车绿色出行。我骑一辆单车，载着女儿，在风和日丽的春天里，小家伙一路唱着歌，歌声如同美妙的音乐一般，在空气中飘荡，妻子骑车跟在身后，我们轻快地前进，周围春光明媚，景色宜人。

骑车走了一会儿后，女儿可能累了，慢慢地趴在了我的背上，我小心翼翼地骑车，轻声地问一句："睡着了吗？"女儿说："没有，休息一会儿。"幸福的感觉，如同春意一般弥漫于我的全身。对一个父亲而言，还有让可爱的女儿偎依在身边更好的感觉吗？记得，刚刚会说话的女儿曾经注视我的眼睛良久，然后说："爸爸，你的眼睛里有我。"她在我的眼睛的瞳仁里看到了自己的影子，我说："你的眼睛里也有我。"因为我们的注视，才会在彼此的眼睛里、心里留下对方的影子。

和妻子结婚以前，大部分情况下，下班了，是我骑着车子从城北到城南送她回家。有时，我也骑着自行车载她回家，她也曾趴在我的后背上，在四季的风中，我们在轻声低语中骑车前行，深夜的路灯下，映出我们长长的身影，那种情景永生铭刻在脑海中。妻子是在我最困难的时候选择了我，并给予了我莫大的支持。妻子没有嫌弃我，毅然地走到了我的身边。刚结婚的时候，我们没有豪华的婚礼，没有一处像样的房子，就在学校一间闲置的冬冷夏热的小屋中安了家。日子清贫，但是我们幸福地生活着，短暂的分离也会让我们万分牵挂，一个电话，谁都不舍得先放下；也有过吵闹，但是过后我会万分内疚，因为在我的心里，妻子是上天对于我的恩赐，我唯有珍惜。特别是当我身体有不适的时候，半夜一觉醒来，发现她趴在床边，小心地照顾着我，我更加明白"执子之手，与之偕老"的深刻含义。

骑车载着女儿，载着妻子，在不同的时间里，都是载着爱前行，我们虽是清贫，但是彼此关爱，我们的生活充满温暖。

2007 年 4 月 12 日

我喜欢和学生在一起，不忍和每一届学生分离，但是为了学生更好地发展，我们用分别期待更美的相遇。

拿什么送给你，我亲爱的学生们

——送给 2018 级 2 班的学生们

就像是一个摆渡的船工，三年之前，我在初一的那一个岸边，接上了你们，三年后的今天，我将你们送到初三毕业的这一个岸边，我的任务即将完成，我们在一起生活的种种美好，都将化作你人生天空中的云朵，每当记忆的风吹来，它就会随风飘动。

校园初识，我们一起认识美丽的卧龙，还记得第一次与同学对视的眼神吗？那清澈的眼神，那微微的笑容，是那么的美好。我们注定三年前相识，然后不由自主随时间往前走，我们也注定三年后分别，这一刻我们只能挥手说再见，但是我要说声谢谢你，我亲爱的学生，与你相识让我的生活有了新的开端。还记得滨海军训吗？那蓝天白云，真美！我们一起在餐厅用餐，真好！海风吹拂过我们青春的岁月，掀开金色的初中生活扉页，可现在海风依旧，却岁月不待。我不会忘记放在我餐桌上的一排苹果，那是你们悄悄送我的，尽管有老师说那苹果卖相不好，可是我感觉心里很美好。还记得北辰湿地拓展吗？我们一路向前，沿着绿色葱茏开满鲜花的小路，我们一路前进，一路背诵《论语》，如今我再走白浪河边的小径，耳边还会响起我们徒步前进时的声音，大家是毕业了，可是歌声与身影却留在了彼此的记忆中，往后经年，也许你会再从白浪河边走过，不知你还会记起老师和同学们吗？还记得孟良崮研学吗？我们一起爬山，我们一起在夜幕下，拉着一条长绳转圈，一起擦拭无名烈士墓，墓地庄严肃穆，我们安静有序，也许在那一刻不仅有对烈士的敬仰之情，还有你心中种下的报效国家的种子。读书和旅行，身体和灵魂总有一个在路上，研学的路上，我们乘坐大巴车一路歌，一路笑语，可是如今所有的已成过往，但是青春的风将它们铭刻在我们记忆的最深处。还记得体育训练，几个老师或是几个同学帮你压腿，我们彼此鼓励，呐喊助威，老师陪你在操场奔跑考试，有时甚至比你都能拼，其实何尝不是同学们在陪老师走过最美的人生岁月。

老师陪伴同学们的每一天，其实也是同学们陪伴老师的每一天，感谢有你，让老师每天都有新的希望。回想三年的生活，我有时会因为心情不好，向你们发火，可是你们都能原谅我，其实每次发火之后，我也会反思自责，谢谢同学们包容、忍耐了我三年。毕业后，你们也就成了老师口中所说的最优秀的往届生了。

三年的陪伴，如今即将分别，我不知拿什么送给你，我亲爱的学生们，千言万语化作最美的祝福，祝福同学们中考顺利，前程锦绣，历尽千帆，归来仍是少年！有空回母校看看，它会张开温暖的双臂，拥抱自己最优秀的学生们。老师们也会在校园高大的银杏树下，等你们回来。

母亲节的时候，我会将自己的感想写下来，读给同学们听，让同学们感恩母亲，努力前行。

与母爱同行

猛然间，自己已经步入了不惑之年，回想自己的成长经历，母爱一直与我同行。

年幼时，能干的父亲因车祸早逝，家中的天一下子塌了。我和年仅8岁的弟弟站在冰天雪地中，送走了父亲，回到家看到的是满脸泪水的母亲。母亲是一位不识字的农村妇女，只会写自己的名字。原来不经常出门的她，买来一辆笨重的三轮车，到城市中收废纸箱，挣钱来供我们上学。记忆中，母亲拉着小山似的三轮车，挥汗如雨地前进。如今在大街上，看到用三轮车拉着废纸箱、低头前进的农村妇女，我会心生敬意，也许她身后正有像我当年在一样上学的孩子。我和弟弟相继考上大学，而母亲却累弯了腰，走路不稳，那是辛苦的岁月留下的印记。

上学时，母亲在送完废纸箱后，有时会到学校找老师了解我的学习情况，请老师们严格要求我。她见过我的初中班主任、高中班主任。她叮嘱老师多关心我，多帮助我，严格要求我。记得那次母亲找到我住宿的学校，让我领着她去见高中班主任时，老师们面对这样一位农村妇女，热情相迎。而母亲那恳切的眼神，让我至今难忘。如今再有学生的母亲找我了解学生的学习情况时，我也会如我的老师们一样热情接待，因为我深知孩子的健康成长、孩子有出息，是每一位母亲深切的盼望，孩子就是母亲们对未来的希望。

现在，母亲已经年老，走路总是弯着腰，那是辛苦岁月的印证。平时，带母亲到饭店吃饭，她会如我当年一样听话，带母亲去大的地方走走，她有时会紧紧抓住我的衣服，像个孩子一样，生怕走丢了，抑或是怕别人伤害我们。我们再大，在她的眼里永远是一个孩子。

人生历程，与母爱同行，母亲没有豪言壮语，连教我们做人都是那么朴素，从小告诫我们：在生活中要与人方便，这样才会自己方便；面对诱惑，要管得住自己，管不住自己不算是一个人；对给予自己帮助的人要懂得感恩……母亲对每一个人来说，都是一个温暖的称呼。愿每一个人感恩母亲、关爱母亲，让我们的一生都沐浴着母爱的阳光。

2012 年 5 月　母亲节

秋季来临，行走在飞舞的落叶中，思索作为一名教育者的人生，思考教师的价值，我把自己关于秋天落叶的思索说给学生听。

落叶的思索

秋天到了。

这是一个落叶飞舞的季节，那景象犹如钢琴曲《秋日私语》一样的绮丽。失去绿色的外衣，却拥有了黄色、红色的落叶，在早晨、在黄昏悠悠地飘落，他们有的落在路面上，有的落在行人的身上，更有的悄悄落在诗人的心中。“一叶落而知秋”，踩着厚厚的落叶走过，悲凉之意油然而生。

一片落叶经历了春天浅绿的萌生，夏天风雨的洗礼，秋色才铸就它的成熟，它才获得漫天飞舞的自由。那飘离树枝的叶子，在空中舞出一道道优美的曲线，那是一种凄美的回报，回报母亲——树的恩情，回报大地的哺育，树叶悄悄地飘落本身就是一篇秋天的童话，而诗人只不过是被这无言的童话感动。

其实，在平静的生活中感动我们的景物是有很多的。早晨骑一辆破旧的自行车走在泛着阳光的宽阔的路面上，心情也是迎着阳光的。一年四季，总有几位老者在早晨或是黄昏，在白浪河公园放飞各种风筝，那银发随风而动，让我感叹生命的意义，让我想到“鸢飞戾天者望峰息心”，许多的感动只在一瞬间，然而却如秋日的落叶一样久久地飞舞在平凡的人的心中，我们总在感动和平凡中生活着，这就是人生。

生活中，让我们感动的人也有很多。上学时，老师的一次病中探望让我感动一生。二十年了，那情景仿佛就在眼前，她如一缕阳光照亮了我的人生。亲爱的老师啊，您给予我的是落叶一般的奉献！现在，我也成了一名教师，每天清晨从城市南部的家，经过一条条街道，匆匆赶往城市北部的学校，不论是风和日丽的日子，还是阴天雨雪，我的心中总是洒满阳光，因为那里有许多渴求知识的学生在等待着我。我喜欢上课，为了讲好一节学校的、区里的、市里的课，我殚精竭虑，因为我想把美奉献给学生。记得那一次在讲市优质课的前夜，我对着镜子试讲到深夜。为了学生的优异成绩，我甘愿付出艰辛的劳动。我是清贫的，身居陋室，没有汽车，没有名牌服装，但我是充实的，因为我眼中有学生的成长。我喜欢学生，我关注着学生的成长，我也会在学生生病时去探望，会和学生谈心，会在教学中以身作则。

诗人悲秋，因为他们更关注的是自己，而我赞美秋天、感悟秋天、感悟人生，是因为我更关注学生的成长。尽管通向成功的路很长，但我会始终颂着秋天的赞歌前进，因为我觉得人生也应如树叶一样，有春的吸收萌发，有夏的顽强斗争，更应有秋日的奉献。

这就是秋日落叶带给我的思索。

班级育人的功能主要在于引领，我将自己生活中发生的事情写成文字，告诉学生们要做一个热爱生活的人。

花送有情人

七夕情人节过后，弟媳问我："哥哥，七夕节给嫂子送的什么礼物啊?"

我笑笑说："送的西兰花，我们一起炒西兰花吃。"于是，众人都笑了。

每逢母亲节，许多超市都会送给买东西的顾客一两枝康乃馨，一方面是促销，另一方面更有一种人情文化在里边。记得那次过母亲节，我带着买的礼物还有商店送的康乃馨到岳母家，岳母看到花后，露出欣慰的笑容。那株康乃馨在岳母家的花瓶中放了好几天，岳母将它放在客厅正对门口的位置，客人一来就能看到，一进门就能嗅到花香。

有一年教师节，学生们买来一个大蛋糕，我们全班同学一起吃，有几个调皮的学生还将奶油抹在了我的脸上，没有了平时面对老师的拘谨，有的只是在一起的欢乐。最后，学生们捧来一大束鲜花，大声地说：祝老师节日快乐！那一刻，我的眼睛湿润了，下班后，女儿抱着我拿回来的花站在书房门口，笑盈盈地，让我给她照相，那一刻幸福的感觉荡漾在心中。

那年暑假，我到医院做一个小手术，初中时一个要好的同学知道了消息，拿了一大束鲜花来看我，那大大的花篮将病床边的小桌都占满了，花香弥漫整个房间，同室的病友都羡慕我有这样好的同学，连护士来我这边打针时都是笑嘻嘻的。那束鲜花选得非常好，次第开放，在休养期间，朋友们经常来探望我，我们就在馥郁的花香中畅谈，多年以后，那花香还珍藏在我记忆的深处。

春天的一个早上，我到学校的操场上跑步，一株盛开的喇叭花打动了我。一个个“小喇叭”，带着露水在阳光下闪耀，我忍不住摘了两朵，放到我们家里的餐桌上，妻子和女儿吃饭时，猛然看到桌上的喇叭花，不禁大声说：“好漂亮的花啊！”那是我送给妻子、女儿的祝福，我爱她们，采摘第一缕阳光照耀的鲜花送给她们。

送花，其实是一种真情的表达，一束鲜花送到亲友面前时，它的价值是超越金钱的。曾经见过一个扮作小丑的人到学校门口送花，引得同事们议论纷纷。最后看到一位女同事捧着鲜花回来的时候，才知道今天是她的生日，她丈夫特意请花店送花到单位，那时，一束鲜花映衬着女人的脸庞，绯红而美丽。

也许，生活的平淡，我们想得最多的是生活中常见的菜花抑或是花菜，我们忘记了面对鲜花的感觉。鲜花点亮了精彩的生活，在合适的时候不妨浪漫一下，送一束鲜花吧！

记住，花送有情人！

空竹传响

早晨，跑步在绿树成荫、繁花似锦的白浪河畔。

突然，一阵阵空竹的嗡嗡声传来，我不由停下脚步。循声望去，大桥下几位老者正在转动空竹。

大桥下，只见一位老者，左右摇摆双臂，快速转动着空竹，随着那一根细细的线，在老者身体周围上下翻飞，仿佛人与空竹融为了一体，轻轻放下空竹，空竹依旧旋转不已，继而再用细绳捡起，继续旋转；另一位老者，将空竹快速旋转，然后用竹竿顶起，并且那竹竿能一节节拔起，一会儿竹竿已有五六米高，而那空竹在竹竿的顶端依旧旋转，老者又将竹竿的底部放在自己的下巴上顶着，技艺之高，令人叹服。也许，他们转空竹、顶空竹是为锻炼，可谁又能保证，他们在空竹的转动声里，没有听到岁月的声音呢？

远处，一位晨练的人正在用力甩动长鞭，那清脆的响声，让人为之一振。岁月匆匆，我们每个人的生命都像白浪河河水一样流逝，但是永不流失的是我们给这个社会、这个世界的贡献。子在川上曰："逝者如斯夫，不舍昼夜。"

我继续奔跑在鸟鸣于耳的河畔，想起《蒹葭》的诗句："蒹葭苍苍，白露为霜，所谓伊人，在水一方。"

我喜欢看世界杯足球赛，我觉得球员们的励志奋斗故事，寄托了我们普通人平凡生活中的英雄梦想。两次观看世界杯足球赛，有感于一次德国队获胜夺得冠军，一次阿根廷队获胜夺得冠军。我把自己的感想告诉学生们，让学生们懂得成功需要团结协作，成功需要战胜自我，成功需要拼搏，成功需要自律。

战术＋团队纪律＞天赋＋灵光忽现

综观 2010 年南非世界杯足球赛上德国与阿根廷的比赛，可以看到德国依靠战术精确纪律指引下的跑位、娴熟的传球，让潘帕斯草原的雄鹰不能展翅翱翔，最终捧得大力神杯。

论个人的技战术水平、个人的天赋，可以说阿根廷队占据优势，例如梅西的个人天赋，但是在团队协作方面，与德国却相差甚大，尤其是阿根廷的后卫，让我不由想起那句名言：决定木桶盛水多少的不是最长的那块木头，而是最短的那块木头。一个团队，要想获得胜利，需要每一个人竭尽全力。明天就是期末考试了，希望我们班的每一个同学都能有所进步，班级有一个大的进步。加油！我们的六班！

战胜自己，才能取得胜利

2022 年卡塔尔世界杯落幕了，这次，潘帕斯雄鹰大放光彩，最终通过点球大战，战胜了高卢雄鸡。尽管法国队的姆巴佩依靠七场八球，赢得金靴奖，但是大力神杯最终被梅西带领的阿根廷队捧回，阿根廷事隔 36 年后再次夺得大力神杯。

阿根廷队的足球巨星梅西，为足球梦想励志奋斗、不断战胜自我的经历，更是给我们很大启发。梅西少年时就表现出了很好的足球天赋，可是却被诊断为侏儒症，但他没有放弃自己的梦想，每天给自己注射生长激素，坚持锻炼，向着梦想奋斗前行，最终来到世界杯赛场。在卡塔尔世界杯上，梅西不仅将个人足球天赋发挥得淋漓尽致，而且和队友配合得特别好，他不和裁判争论对错，只是认真踢球。我想在他的足球生涯中，也曾经多次遭遇人生低谷，但是他坚持梦想，励志前行，最终捧得大力神杯。

2021 级励志一班是一个优秀的班级，在校学习的时候，表现出了良好的素质，现在，因为疫情防控需要居家上网课，这是我们遇到的一个挑战，但是我们有信心取得网课学习的优秀成绩，我们也将战胜自我，勇往直前，成为最好的自己。

玉树地震，牵动着每一个中国人的心，我把自己对地震灾区的牵挂、对中国人战胜困难的坚定信心，向同学们倾诉。

玉树，你要坚强！

2010 年 4 月 16 日，走进教室，我和学生们一起在中国的版图上寻找玉树。玉树，今天你是我们最大的牵挂！

看着电视上关于玉树地震灾区的报道，泪水一次次盈满我们的眼眶。那一座座倒塌的房屋，那一声声呼唤救援的声音，那一幕幕残酷的场景，一次次震撼着我们的心灵。我们相距遥远，但此时我们的心在一起！我和学生们一起为你们祈福！天灾压不垮我们坚强的中国！玉树，你要坚强！

我是一名老师，当看到地震中学校倒塌、师生被埋在地下的报道时，想到那些青春年少的学生、那些与学生在震塌的房屋中牵手的教师，我常常不能自已，你们一定要平安！

玉树，整个中国都在关注你，你要坚强！

2010年，我在上海学习期间，有幸拜访人民教育家于漪老师，非常感谢她对我教育教学的指导。

拜访于漪大师

从进行初中语文教学的那天开始，我就知道了于漪老师，看过她的录像课，学习过她的教案，拜读过她的文章。在我心中，于老师是中国初中语文教学的泰斗，是我仰视的语文老师，今天在教科院郑主任的安排下，我们有幸与她会面。

2009年3月12日，怀着激动的心情，我们一行三人在蒙蒙的细雨中来到上海市教研室107会议室，于老师很忙，在开会，当听到我们来了，立刻抽出时间来见我们。虽然之前我们没有见过面，但是于老师那亲切的笑容，还是让我们一眼就认出了她。年近80岁的于老师，还是如我们在录像课中见到的一样，外貌如同四五十岁的人一样年轻，思维如同三十岁的人一样敏捷。我们三人，面对语文界的精神领袖，激动不已，内心的激动无法用言语表达。于老师亲切地与我们交谈，每一句话都是对我们心灵的启迪。当谈到她写了那么多的作品时，于老师对我们说："要多做，只有多做了，深入地做了，才有的写，即使没有做好，也能积累经验。"于老师亲切的话语如和煦的春风，吹到了我们的心中。她不仅与我们三个普通的语文老师一起合影，而且送给我们每人满满一袋的书。最后，她应我们的要求，为奎文区语文教师题词：热爱学生，热爱语文事业，为语文教育事业奉献心血与智慧。

作为一名初中语文老师，受到于老师这样的热情接待，让我感念不已，唯有用努力工作回报老师的期望。祝福于老师永远健康！

2010年春天，通过考选，我被选派到上海学习一个月，一天清晨，我跑步到了鲁迅公园，感受上海春天之美，沐浴文豪思想的光辉。

晨行鲁迅公园

今天是到上海学习的第二天，五点半，我就从睡梦中醒来，与同居一室的曹老师和苟校长一起走出宾馆，寻找昨日听说的鲁迅公园。作为一名语文教师，我对鲁迅先生充满了景仰之情。

出门往北走，穿行于摩天大楼之间，忽然感觉自己很渺小，天灰蒙蒙的，飘着细雨，耳边仿佛响起《上海滩》的主题曲。路边的宣传栏里，张贴着北京奥运会获得金牌的运动员的照片，不由感叹于上海对于爱国主义教育的重视，自己的家乡也应该多些这样的宣传。

来到鲁迅公园的北门，没有醒目的大门，门口还有卖菜的小贩，几个立体的英语字母立于门的右边“LUXUNPARK”。走进大门，沿右侧的甬路走去，看到许多晨练的人匆匆跑过，也有的在器材旁边锻炼，他们说话声音很好听，但是说的上海话我们听不懂。树木郁郁葱葱，环绕着一个小湖，树丛中不时发现几只流浪猫，在好心人的喂养下，长得很胖。

转过一片青葱的树林，一座黑色的铜像，高高地矗立在前方，那就是鲁迅像。一方小石碑，镌刻着“鲁迅墓”，用玻璃蒙盖着。一圈冬青环绕于铜像周围，里边碧草茵茵，铜像很高，鲁迅先生一身长袍，端坐于藤椅之上，面南背北，黝黑的脸庞，一双有神的眼睛注视远方，铜像背后的衣褶，也都刻得清清楚楚。铜像的后边，是三层台阶，拾级而上，两棵高大的广玉兰出现在眼前，向上仰望常绿的大树，想象开花时节，如荷花一般的花朵开满绿树，先生那伟大的人格如树长青，高洁的品格如花洁白，参天大树之间，是用大理石盖着的墓地，两边常绿的青草簇拥，让人不由想起：我情愿做野草，等着地下的火烧……墓地后边的一面墙上，是毛主席亲笔题写的“鲁迅之墓”。擅长草书的毛主席，这几个字写得十分工整，足见题写时郑重的心情。

从鲁迅墓地走出，沿湖向回走，几棵高大的夹竹桃，让我们惊叹，在北方种在花盆中的夹竹桃，在这里却如树一般高大，小湖边高高的垂柳，已经发芽，纤细的柳条，在灰色的天幕下，轻轻拂动，“碧玉妆成一树高，万条垂下绿丝绦”用在此处，是最合适的。

转过一座假山，我们从北门出来，这时小贩已经不见，只留下一些菜叶。在经济中心，上海市能留出这么大的一块地方建公园，实在不容易，鲁迅的思想照耀着后人，鲁迅公园为人们提供休憩的场所，走在公园中的每一人都会想到先生，他的光芒照亮我们每一个人的心灵。

当我去初中班主任家拜访的时候，老师送给我好几本书，感谢张老师，她知道自己的学生仍痴迷于读书。作为一名语文教师，我喜欢读书，喜欢逛书店，我希望学生们也多去书店。我将自己在书店中的感想告诉我的学生们，希望他们培养读书的兴趣，能一直生活在书香之中。

读书的孩子是最美的

暑假的一天下午，为了寻几本资料书籍，我来到市里的新华书店，外边是炎热的气流，书店里却是空调的凉爽中弥漫着书的清香。

上到二楼，是各类读物最多的地方，发现靠着书架、坐在地上默默读书的孩子特别多。尤其是在儿童读物旁边，许多小孩坐在地上读书，各种姿势都有，专注的神情仿佛忘记了周围的一切。也许几个小朋友就这么相约来到了书店，只是因为喜欢而三三两两地坐在那里读书，他们读书没有功利目的，有的只是一种渴求，他们看图画，他们想象着神奇的童话世界。在书的衬托下，孩子们显得那么美，就是低着头也能让我们想象他们聪慧美丽的眼睛。

看着读书的孩子们，我想起了自己童年的读书时光。我的童年是在20世纪70年代，我住在郊区，每年有两个时间到市里，那就是五一和六一，而且去的主要是公园和书店。因为人民公园在这两个时间对儿童是免费的，而去书店则是想去买一本小画书，拥有小画书对于那时的我们来说是财富的象征。我们都互相交换着看小画书，互通有无，《三国演义》《水浒传》等名著，我基本上都是从小画书上了解的。在进城回家的路上，我会到摆着小画书的书摊上，花一角钱看小画书，在马扎上一坐就是几个小时，直到天黑，往家走的时候还天真地想，要是自己能拥有全部小画书就好了。如今小画书摊早已消失，可是当年在小画书摊看书的情景还历历在目，当年的情景是真美啊！

如今，我已经做中学语文教师14年了，也读过许多大部头的书，但是最难忘的还是年幼时读过的小画书。我喜欢看学生读书时的样子，喜欢看学生因为喜欢而读书的神情，在教室里、在路边、在公交车上读书的孩子，我都会多看上几眼。其实，读书是一种从小就应该养成的习惯，我认为无论是家长还是老师，只要能引导孩子多读书就是一种教育的成功。

祝愿天下所有的孩子都是爱读书的孩子。

书店是个好地方

今天是端午节假期的最后一天，我与妻携手走进新华书店。

对于新华书店的最早记忆，是在久远的东风桥头，是父亲带我去买小画书，买的是一本《人参姑娘》，讲述的是一棵人参的故事，展现了人参姑娘的美好心灵。在往家走的路上，父亲带我去买肉火烧吃，打火烧的那个姐姐将小画书的名字读作了“人cān姑娘”，让我在心底里笑了许多年。此后，在上学和参加工作以后，也记不清去过多少个书店，潍坊的书店、济南山大附近的书店、曲阜师范大学附近的书店……

走进书店，浓郁的书香沁人心脾，能够静下心来读书是一件多么幸福的事啊！书启迪我们的心智、拓展我们的视野，书是宝贵的食粮啊！多年前，挚友送我的一本《围城》，至今保存。在曲师大的跳蚤市场，一个卖书的女生，看我对一本书爱不释手，问我为什么喜欢那本书，我说了理由后，她竟然决定不卖那本书了，她要自己留着看。一次，学校领导拿回一些资料，我对其中一本英文资料很喜欢，想收藏，惹得领导说，对于好的东西，不要总是想据为己有……他哪里知道我对于书的喜爱呢？还是书店好啊！那么多的书，想看多少就看多少。

我们夫妻都是语文老师，在假期走进书店，在书香的浸润中，细细地品味生活、品味文学。最后，我们买了一本《历代诗词名句鉴赏》回家，五十多块钱的一本书，厚重而甜蜜。夜深人静，翻看一页：“‘路漫漫其修远兮，吾将上下而求索。’《离骚》是我国古代最早、最辉煌的长篇抒情诗……”

传统文化是学生核心素养的重要主题之一，在一些传统节日，我会将自己的感想以随笔的形式告诉学生。

端午情愫

端午节，传统的民族节日，在粽香和彼此的祝福短信中，悄然而来。

1.缠粽子

端午节的前一天，办公室心灵手巧的张老师拿来彩线，利用难得的空闲时间，缠起一个个彩色的粽子，我赶紧拿来相机，记录下这些幸福的缠绕。各科老师纷纷来参观学习，数学老师第一句话是这是一个六面体；语文老师第一句话是我们民族的传统文化。有的老师好奇地问："谁教的张老师？"张老师自语："My father。"

2.采艾草

端午节的清早，我没有如往常一样到学校打篮球，而是骑上自行车从市区赶往郊区的白浪河畔采艾草。白浪河的堤岸很高，两边是高大的白杨树，刚开始看到的是，高大的树木下零星的一丛丛的艾草，当树木没有以后，两岸就是艾草的天下了，艾香阵阵，弥漫在早晨的白浪河畔。

在香气馥郁的艾草中，我边走边采，连手上也满是香气。骑车回到家中，将艾草整理后悬挂在走廊上，瞬时香气飘满楼道，住在二楼的几位老人也说："真香啊！"去年的端午，是在曲阜蒋叔叔家过的，如今在艾香中想起慈祥的老人，祝愿他们一家平安。

3.过生日

对于端午，最初的印象只是吃粽子和纪念屈原。而现在愿意过的一个原因是，这天是妻子的生日。在端午节，我们一家首先去的地方是京广书城，我们徜徉在书香中一上午，然后再去饭店吃饭，店主特意为我们送上三个精致的小粽子，吃到嘴里别有一番风味。

愿美好的端午节带给所有人温馨！

初中阶段，学生有时对异性产生好感是正常的，关键是要学会如何很好地处理这种情感，我将自己对这些问题的看法告诉学生们。

把喜欢藏在心里

学生随着年龄的增长，到初中阶段就容易对异性产生好感，有的同学的这种感觉来得早些，有的来得晚些，这是一种正常的现象。可是家长对此往往会十分紧张，对孩子缺乏有效的引导。

其实，男女之间的感情，一般会经历四个阶段：性别识别、相互好奇、泛爱、钟情。初中学生的早恋一般属于第三个阶段，家长和老师需要进行适时的引导，让学生认识到人生不同阶段的任务，对于爱情有一个正确的理解，将那种朦胧的美好的感觉放到心里，努力向前走，相信未来会遇到属于自己的真爱。家长和老师粗暴的干涉往往不能制止早恋，还会让这种早恋加剧发展。

担任班主任十几年，面对学生早恋的情况，我发现往往是说得越急效果越不好，有时候冷处理一下，效果会更好，也就是我们常说的“用疏不用堵”。多年以后，班里也有学生成为夫妻的，但都是毕业以后发展的感情，而上学早恋的最终没有走到一起的。

初中学生应冷静面对这种对异性的好感，应好好学习。

当班主任以来，自己开过很多次的家长会，我发现越是真正关注孩子发展的家长，越是能按时参加家长会(因为工作忙，事先请假的除外)，我也会在家长会后写下自己的教育随笔，写出自己对教育的感悟。

家长会的感慨

学校定于今天开家长会，开完教研室科研主任的会，我匆匆赶回学校，来到业务校长处汇报今天会议的主要内容，以及自己对于工作的安排，之后牵挂学生的我匆忙向办公室赶去。

来到办公室，正担心时间那么紧如何安排会场，这时班干部走进来，我说赶紧打扫卫生，学生说已经打扫完了；我说布置黑板，学生说正在布置……学生走后，我们办公室的老师说：“你的学生真好。”自豪之情油然而生。

来到教室，发现家长们已经陆续到了，班干部正在有条不紊地安排着工作。仔细一看，除了请假的学生家长，只有一个我最想找的学生家长没有来，打电话过去，说是在忙工作。唉！年龄比我大的家长却没有搞明白什么是最重要的，连着两次没有来开家长会，孩子身上存在很多问题，如果耽误了对于孩子的教育，挣再多的钱又有何用？为了学生的发展，我决定明天登门拜访。

在数学老师和英语老师谈完以后，我与家长回顾了我们取得的成绩，表扬了许多的同学，然后谈了初二学生的特点以及与学生沟通需要注意的问题。

在十几年的班主任工作中，我开过了无数次家长会。我觉得提高家长会的实效性是一项很重要的工作，有时我们会认为开的时间长、走得晚的班主任是敬业的，可是他们所带的班级未必是最好的，将主要工作说清楚，明确解决问题的思路，简洁明快的家长会是我所欣赏的。

家长会结束后，业务校长还没有走，对于校长的这种做法，我一直持肯定态度。不论怎样，班主任下楼的时候，看到校长室亮着的灯，一定会感到温暖。

有时候，和往届学生们的相遇是偶然的，一些特殊场景的相遇，也让我感慨不已，感到做教师的幸福。

多年以后，学生为我搓澡

今天又是一个周末，我照例到附近的澡堂去洗澡。

在氤氲的水雾之中，大家都在尽情地洗着，有的还在放声歌唱，我想大家洗澡的时候应该是欢悦和愉快的吧。他们或是泡于池中，或是任水流冲洗，在沐浴中洗去尘埃，在水中思考，在水中凝神，时光如水，冲刷着我们的记忆。

在水雾的朦胧中，睁开眼睛，突然发现一个人正在看我，那是一个英俊的年轻人，20来岁。迟疑间，他突然大声叫道：“郭老师！”我赶紧答应一声，等他走近一看，我想起是以前的学生，尽管他的个子高了，脸上的稚气少了，可是我还是能张口叫出他的名字。

此时的我，除了高兴，下意识里想，十年过去了，其间我们也没有见过面，在澡堂里学生还是能认出自己的老师，那么在外面，学生更能清晰地认出自己的老师！老师可得注意自己的言行。

学生高兴地来到我的身边，谈我们班的同学，谈他自己当兵的经历。

聊完，学生执意要给我搓澡，我的习惯是自己洗澡，极少找人搓背，于是便婉言拒绝，可是学生执意要给我搓背，没办法，只有让他搓了。他细细地给我搓着背，打上肥皂，再用清水冲洗。说实在的，学生给我搓澡很舒服，但更多的是感动。我怎么也没有想到，十年之后，我和学生会在澡堂相遇。

有时感动我们的也许是一厘米的距离，也许是一张纸的空间，也许仅仅是一个温暖的关怀。作为一名老师，最幸福的事就是看到学生健康成长，最感动的就是得到学生的关心。

作为一名班主任，和学生一起参加比赛是一件美好的事情，不论输赢，要让学生们体会到“我就是班级，班级就是我”，这样才有利于提高班级凝聚力。

绑腿跑第一名

周五，我要到曲师大参加申请硕士学位的英语考试，可是班里要进行绑腿跑比赛，而且班主任必须参加，否则就给班里加分(因为第一名是一分，分数越高，成绩越低)。

跟校长请假后，想来想去，不能给学生加分，于是我找到体育老师，体育老师表示不参加比赛肯定要加分，但是提议我和学生提前参加今天下午的四人绑腿跑比赛。下午大课间活动时，我们来到操场，我跟那三个同学还没有练习，四班的班主任说：“还没有练习，怎么跑啊？”我们试着走了几步，还行！说实在的我有些紧张，因为跟学生一起跑，再加上没有提前练习，我心里没底。开始跑了，我大声地喊着节奏“一二一”，我们四个人飞奔而去，等到终点一看，那几个班的学生还没有跑过来呢，校长站在围观的学生中间，向我们竖起大拇指，学生在惊讶中使劲地鼓掌。其实，我在上学的时候就是400米和800米的运动员。

我从曲阜赶回学校时，正赶上学校周一的升旗仪式，领导正在宣布上周绑腿跑的比赛成绩，在惊喜中发现我班得了全校第一名。我感觉作为一名班主任，应该时时想着自己的班级，想着班级的活动，不管比赛成绩如何，都要按时参加活动。

德育为先，班级建设中，要把培养学生美好的品德放在第一位，我把自己对如何培养美好品德的感想告诉学生们，让同学们在思考中提高自己。

养德远害

今天的读书中，我发现一句话特别好，摘录如下："不责人小过，不发人隐私，不念人旧恶。三者可以养德，亦可以远害。"

在社会中，与人交往是一门广博的学问，有的人斤斤计较，有的人胸怀宽广，有的人蝇营狗苟，就是在一个团队里边，也有唐僧、孙悟空、猪八戒、沙僧，这需要我们因人而异地采取不同的交往方式，才能很好相处。坐车行驶在高速公路上，发现高速公路两边的标语中有许多是关于建设和谐社会的，那么怎样才能做到和谐呢？我想，要"静以修身，俭以养德"，培养自己美好的品德，这个社会才会和谐。

一些人可能会经常犯一些小的错误，如果抓住不放，就像是给他贴上了一个标签，按照标签理论，那么他以后就会按照这个标签来做，对人对己都没有好处。每个人都有自己的隐私，保护别人的隐私，就是尊重别人，反过来别人也会尊重你。对于他人以前犯下的错误念念不忘，那么你会比那个人过得还累。对于以上如果能妥善处理，那么我们的生活也许会更好。

人善养己之德，而可以远害也。

每年的教师节，我总是会想起教过自己的老师，想起他们对我温暖的帮助，我也尽量在教师节的时候，去看望恩师，有时还带上学生，我也会将看望恩师的感想记录下来。

看望恩师

今天是9月8号，还有两天就是教师节了，突然想到应该去看望一下自己的初中班主任老师。历尽世事沧桑，见到老师总是让我的心灵感到宁静，因为自己没有辜负老师的殷切希望，一直在努力着，一直在努力做一个正直、进取的人。

叫上现在的几个学生，下午三点钟，我们来到了张老师的家。我们刚一敲门，小狗就用响亮的叫声迎接我们，老师笑容满面地给我们开门。见到老师，心情格外愉快，见到我的老师，学生却不知道怎么称呼了，老师的老师，怎么叫呢？之所以叫上学生，我是想用自己的行动告诉学生，应该用一颗感恩的心对待周围的人。张老师拿出大大的梨，可是学生们都不好意思吃，看来学生见老师还是拘谨的，尤其是见老师的老师，想想自己当年也是这样。交谈中，我发现张老师虽然年纪大了，可是精神还很好，身体状况也很好，祝愿恩师永远身体健康，心情愉快！

聊了一会，我们便起身告辞了，张老师一直送我们到院门外的马路上。走出很远了，回首望去，老师还站在路边目送我们。想想自己还是感到有些自责，离老师住的地方并不远，可是没能经常看望，只是在教师节的时候才想起看老师，今后有时间应该多来看望一下恩师。

衷心祝愿所有的老师，永远健康快乐！

经常外出学习，与热爱教育的同行交流，也会让我获益匪浅。我将我们的交流记录下来，让学生们看到班主任的志趣和追求。

夜游千佛山

在山大读汉语言文学的时候，我去过济南的许多景点，可是却没有到过千佛山，这一直是心中的一个遗憾。8月18日的傍晚，在晚饭后的散步途中，和我一起来济南开会的市教科院的姚主任、民生街的高校长，忽然想到去爬千佛山，三人一拍即合，于是在交谈中向千佛山走去。

我们三人都不知道路线，于是我们绕了一个圈，又回到了出发点南边的路口，经过正在修缮的历山路，路边有时会看到睡着的修路人，许多人都不容易啊！步行大约6里路，终于到了千佛山脚下，一问不让从此处进，说是要走正门，而且要赶在晚上9点之前。我们跑着来到正门，又被保安拦住了，要求我们出示证件，我赶紧把自己的身份证拿出来，保安一看乐了，外地游客，每人30元。看着免费进出的济南市民，我们赶紧说我们非常仰慕千佛山，现在时间已晚，来出差没有多带钱。最终每人10元钱让我们进了大门，走进大门一看，哇！已经是晚上8点45。

在苍茫的夜色中，进入山门，爬山的人还不少，两边是各种造型的佛，看不清楚，却能感受到他们的存在，让人想到，冥冥中佛都在注视着我们每一个人。佛是什么？是良心，是正义，是慈悲，是信念……三人拾级而上，没有疲惫，只有登山的愉悦，千佛山！我们来了！

经过一处放电影的小空场，在山上看电影，感叹济南的夏夜真好。上面的山路渐陡，一处卧佛前面供奉着香烛，我对着大佛双手合十，对神祈祷。佛香、花香弥漫在周围多氧的空气中，佛香荡涤人的心灵，夜色中的花，只闻其香，却不见其明艳、光彩，这恰如美好品格给人的感觉。

高校长提议，上山和下山不走同一条路，为的是最大限度地游览山景，山路越来越陡，一位老者脚步轻松地走到了我们的前边，转眼不见了身影，不由感叹老人身体的健朗。小路曲折、陡峭，头顶是浓密的树木，山的气息弥漫在我们的四周，夜色苍茫，汗水渗透衣服，我们全然不顾，只是向上攀登，也许是为着那份探险的心情。

一开始，是整齐的青石阶，在一处柱栏上还写着建于1997年，今年是2007年，我们登上这些台阶，有跨越历史之感。渐渐地，上山的路上出现了高低起伏、不规则的石头，我们不敢松懈，一路向上。山风吹来，凉爽！山路崎岖险阻，刺激！姚主任说，千万注意安全，尤其是不要从口袋掏东西，要不然被吹走就找不回来了。回头一望，来时看到的高大建筑，此时都被“踩”在了脚下，望望山下灿烂的灯火，感叹济南真好。对着山下大声一喊，山下有人回应，喊声此起彼伏。

来到山顶的一个小亭子，一问还不是最高峰，上边才是，于是我们三人又向另一座山头爬，上去后发现是一些青石板，有早来乘凉的人，我们三人迎着山风，坐在千佛山的最高处，给家人发短信。给最爱的人发短信，我们的思念如山下的灯光，灿烂辉煌。

下山的路，我们走的是另一条，台阶整齐，但是非常陡峭，走得小心翼翼，来到山腰一处小石桌旁，三人坐下来，谈论教育、教改、科研，姚主任、高校长二人的观点让我获益匪浅，人生最大的乐趣莫过于与智者同游。与我同住一室学习的是宁阳一位老师，他是带孩子一起来培训的，待小孩睡后，就与我悄声畅谈，直到深夜。初次相见，我们以真诚的心相待，这是一种缘分，可惜走得匆忙，没有留下联系方式，连姓名也没有留下。也许今后我们不会再见，正如许多给我帮助的人一样，让我心怀感恩，祝他们父子一切如意。

下山走到山门处的时候，又看到许多大佛，其中一块石头磨得特别光滑，一打听原来是一个佛头，摸一下会带来好运，于是我们三人都摸了一下，将福气带回潍坊，带给我亲爱的学生们。

2007 年 8 月 19 日

人生相遇是一份缘，生活中的普通人是如此，师生之间的相遇更是一份美丽的缘分，我用文章告诉学生们，励志班的每一名学生要懂得惜缘。

珍惜美好的相遇

今天，替学校的工会主席带班，遇到几个 98 级的学生来到学校打球，于是我就加入了他们，打球痛快淋漓，不由感谢这份美好的遇见。生命无常，可能会有许多的不如意，那一次次的遇见让我们的人生充满美好！

其实，生活注定了我们许多人不可能一直留在一个地方，在一起的时候就要彼此珍惜，与人为善会更好些。记得去年潍坊二中改名为潍坊中学，迁到一中老校的时候，许多老师舍不得离开，大家都哭了，也许他们不仅仅是留恋学校，更是留恋学校的人吧。经常在外面遇到同一个学校的校友，有初中的也有高中的，当听说是一个学校毕业的，就会问是哪一级哪一班的。今天在公交车上，遇到一个人，他跟我的孩子说话，当听说我是某某中学的以后，他说自己的孩子也是那所学校毕业的，自己也是那所学校毕业的，我立刻说我也是，交谈中得知他比我高三级，我们的班主任还是同一个人。这世界其实不大，也许许多人在不经意间就会相遇，也许也会很快离开，我们要做的就是珍惜在一起的岁月。

在曲阜师范大学参加研究生期末考试时，在公共科目考试结束时，有一位坐在我后边的同学在交卷走的时候，轻声地对我说："郭老师，我走了啊。"其实我们在一个学期的学习中仅仅交谈过两次，而且十分短暂，临别的一句话让我感慨良久，我知道这一别也许就是再难相见，就是天各一方。如果再多一些时间，我们这些同学可能会有更多的交流，当分别的时候，当淡淡的离愁萦绕心头的时候，心中会更多一些欣慰。

每天傍晚，我喜欢到校园的操场散步，在夕阳的余晖中，西边是灿烂的晚霞，身边是绿油油的操场，几位老人坐在操场的边上谈天说地，健谈而幽默，他们的身影被夕阳拉得很长，如同他们的思绪被时间拉得很长一样。我想也许只有珍惜与美好事物的相遇，他们才会有如此悠长美好的晚年。即使面对苦难，我们也要珍惜那份相遇，因为这份相遇会让我们的人生充满奋斗的色彩，我们才能体会冰心说的："愿你的生活有足够多的云翳，来造就一个灿烂的黄昏。"

生活的磨难，岁月的沧桑，也许让许多人变得冷漠了，但是不论怎样，我们都应该用一种珍惜的心态来生活。珍惜与家人的缘，珍惜与朋友的缘、珍惜与同学的相遇、珍惜与老师的相遇……珍惜一切美好的相遇。

珍惜美好的相遇，我们的生活才会更加有意义！

2007 年 7 月 22 日

友善是一种美好的品质，我用自己的亲身经历告诉学生们要友善地对待别人，与他人建立和谐的关系。

从生活中学到友善

小时候，识字不多的母亲给我们讲故事，印象最深的一个故事就是，一个外出的商人，友善地对待一个朋友，最终这个朋友给他很大的帮助。这让我在潜意识里明白了要友善地对待他人,与人方便就会与己方便。

初中时,一个冬天的夜晚,晚自习后,我骑着自行车在夜色中狂奔,突然与一个迎面而来的自行车撞在了一起,揉着摔疼的胳膊,从地上爬起来的时候,发现与自己撞车的是一个体格健壮的小青年,心里不由得担心他会揍自己。正担心着,对面的小青年快步向我走来,边走边摘下手套,一把握住我的手,关切地问:"伤着了没有?都怨我没有看仔细……"我一时不知道说什么好,只是感觉到自己的手是那么暖和,心里也感到热乎乎的。许多年过去了,那次温暖的握手一直留在我记忆深处,那个寒冷的夜晚,我明白了友善是处世交往之本。

参加工作以后,许多学生家长让我感受到了友善。10年前,班里有个学生不爱学习,考试的时候作弊与监考老师顶撞,师生关系紧张。家长到校以后,面对孩子的违纪行为,很快就与我们在教育孩子的问题上达成一致。不仅如此,为了共同教育好孩子,家长还给我和那位监考老师讲起了自己上学时的一次考试作弊的经历。当时他的老师监考时没有说,而是到考试结束后找到他,跟他说以后不能再这样,从那以后他再也没有考试作弊过。家长和监考老师一起友好地商量解决问题的办法,他们友善的态度让我学到了很多。工作中,有时会遇到一些矛盾,我会尽量用友善的态度对待身边的人和事,我们的世界因友善而和谐。

一路走来,友善如同阳光照耀在我的身上,我感受到友善,并用友善的光去照亮别人,生活因友善而灿烂。

教师是学生人生的引领者,班级管理实际上是人影响人,班主任要做一个有影响力的人。班主任应该是传递正能量的使者,首先要思考怎样才能成为名真正的老师。

真正的教师

闲暇,与一位人到中年的教师交谈,他只是一味地抱怨学校的环境太差,学校的硬件设施与许多地方的学校相比相差太远。可是当我问他放假后在干什么的时候,他却说放假后一直在到处玩,问他愿不愿意当班主任的时候，他坚决地说不会去当，因为学生太难管理。教师，你的名字难道仅仅是抱怨吗？当你过分关注自己的利益而不关注学生的成长时，你知道后果将会是什么吗？

可能，许多教师们对于顺利升职的人，往往就会产生一些羡慕、妒忌，可是他们有没有对于这些优秀教师的业务突出、具有极大奉献精神有一种羡慕和敬畏呢？可能有的人只有羡慕，缺少崇敬，这可能与一些人的价值取向有关系。决定事物发展的因素有两个，一个是内因，一个是外因，内因起决定作用。教师，你有没有想到你的职责，你有没有尽力完善自己？许多学生抢着上清华、北大，难道是因为学校美轮美奂的建筑吗？答案当然是否定的，莘莘学子向往的是那种学习的氛围。名校不在于规模的宏大，而在于深厚的文化底蕴。当你在玩的时候，可知道许多教师已经将下学期的教材通读完一遍。一个真正的教师，应该是严格要求自己的，因为我们从事的是教育事业。

许多退休的老教师之所以让我们念念不忘，是因为他们有很多财产吗？是因为有高端的生活环境吗？都不是，是因为他们的奉献精神和敬业精神。一个学生的学习成绩也许不是很好，但是他对教师的感觉往往是准确的。在党员学习期间，我写了一篇介绍我已经退休的初中班主任的文章，评价她为真正的党员教师，许多老师都认同我对恩师的评价，因为我的初中班主任是一名爱学生、认真工作的好老师，我要努力成为她这样的一名共产党员教师。

因为是一名教师，职业的特殊性决定了教师应该就是一位时时把学生放在心中的奉献者。只有眼里有学生的教师，才是一名真正的教师。

青年学生往往充满热情，可是对挫折的承受力不强，我用自然界中果子成熟的事例，鼓舞学生们勇敢面对挫折。

经历风霜，才能成熟

曲阜师范大学校园里有许多果树，其中挂满青果的一棵梨树曾经让我驻足观赏良久，想象着果实成熟的情景，感觉是那么美好！梨树边是西联教室，经常坐满学生。隔着窗子望着那些学生，我也会想象他们毕业后的样子。

走在大学校园中，漫步果树之下，忽然会想起“桃李不言，下自成蹊”。各种果树春天开花之后，经过漫长的夏季，枝头挂满了青色的果子，那果子隐在绿色的树叶间，若隐若现，在不经意间悄悄成熟。

大学校园中的学生也仿佛是青色的果子，需要经历岁月的磨炼才能成熟，而那一次次的努力，就是青春灿烂的记忆。

期末考试来临之前，在图书馆的电子阅览室里上网聊天的学生寥寥无几，路边闲谈的学生也没了踪影，运动场上打篮球的学生也少了许多。到处都是努力学习的人，曲阜师范大学以监考严格而闻名，以考研率高出名。在综合楼的每一层楼上都有背书的人，藤萝架下也有读书的人，路边有读书的人，水池边有读书的人，就连走路的时候，许多学生都拿着一套题来背一下。我当然也不例外，抓紧一切时间学习，保证自己的考试全部通过，我感觉学习的劲头都超过了当年迎战高考的努力程度。这就像果子要经历风雨才能成熟一样，要想学有所成，就要付出相应的努力。

青色的果子要成熟，要变成人间的美味，就要经历日晒雨淋，青年人要想获得成功，也要经历一些艰苦的历程，严格的考试也是其中之一。一个人如果不够坚强，不能在磨难中成熟，那么他就注定会失败。

果子要成熟，必须把自己放在蓝天下接受阳光雨露。现实中，我们有许多人，不能用开阔的眼睛看世界，只是用一个狭小的眼光看问题，注定会失败。许多教师的悲哀不在于知识面的狭小，而在于不能引领学生守望一个广阔的天空。

秋天到了，我愿意自己是一个经历风雨而成熟的果实。

一些老照片往往承载了我们难忘的记忆，我把自己老照片的记忆讲给学生们听，向同学们讲述我的教育追求。

老照片的记忆

前段时间，翻出一张珍藏的老照片，是我四岁时，在潍坊的东风桥前照的。当时是如何去照的，现在已经不记得了，但在自己看来照片是那么珍贵，因为它记录了一段美好的童年时光。童年，往往在我们还没有认真感受的时候就已匆匆而逝。

潍坊的东风桥历经岁月的变迁，早已成为一座造型优美的亚星桥，桥体美观，桥的护栏上有美丽的风筝装饰图案，它是潍坊的标志性建筑。夜晚的亚星桥霓虹灯闪烁，映在白浪河水中，更加好看。在教授《中国的石拱桥》一课后，曾经带着学生去实地观察过亚星桥，指导学生们写说明文。岁月流逝，亚星桥也在变化，其实变化的不仅仅是桥梁，我们的生活也在发生着变化，我的亲人们，有的随着新生命的诞生来到我身边，有的随着年龄的增长而离去。蓦然沉思，有时也想时间都去哪儿了，我努力记住那些美好的瞬间，也许唯一能将那些美好情景定格的就是老照片吧。

翻看相册，有一张我参加曲师大研究生处组织的说课活动的照片，照片上有我崇拜的教育专家，有专门研究教学法的钱教授，还有历史文化学院的教授在对我热情的指导，他们都给我留下了深刻的印象。看照片，思考人生，我感觉人生的意义也许就在于能摒弃浮华后保留一份纯真，就是“宠辱不惊，闲看庭前花开花落；去留无意，漫随天外云卷云舒”的心态，我想，真诚地追求、平静的心态，才是人生的根本吧。

岁月如歌，照片记录我们每一个阶段的人生，保存我们最珍贵的记忆。

读在职研究生时，曾租住在曲阜师范大学附近的一个小院，房主有时很忙，就让我替他管理那个小院子，院中的石榴树让我印象深刻。

石榴花开

曲阜师范大学东门外，有一处很小的院子，院子中有一棵石榴树，院子的主人是一对退休的老夫妇，我就租住在这个小院里。

据大娘说，租住这一个小院的学生中，出了四个博士、三个硕士，我住在这里认真学习，也可以再努力读博士的，并且大娘的三个女儿也都是从这里考上大学的。院中的石榴树历经岁月洗礼，应该见证了那许多努力学习的学子的身影吧！

《红楼梦》中有“二十年来辨是非，榴花开处照宫闱”之语，说的是石榴花代表贾元春。石榴树，在农村一直被人们喜欢，不仅因为石榴籽的晶莹剔透、酸甜可口，更在于她象征着多子多福。曾经见过一个老奶奶站在自家的石榴树下的一张照片，在阳光的照射下，老奶奶的脸上溢满了幸福。

这院中的石榴树很有特点，从底下看是一棵树，树下像是盛开的并蒂莲，缠绕在一起，可是长到半米的时候突然又分开，再往上又缠绕在一起，你中有我，我中有你，在枝枝蔓蔓的缠绕中，开出满树的繁华，最后结出一百多个石榴，树干苍老干枯，但遒劲有力。仔细观察树干，就会发现许多蚂蚁整天忙碌地在树干上上下下。

凝视这棵石榴树，想到许多相濡以沫的夫妻，不也正如这两棵树，历经多年的风雨，始终生活在一起，不离不弃。因为他们的根基是在一起的，尽管有许多生活的琐事缠绕，但是他们为石榴的开花、成长、成熟贡献出自己毕生的能量。想想院中的老夫妻，相扶相携，儿女都已经各自成家，望着一树的石榴，他们的脸上也会充满幸福吧。

老人的孙女在曲师大附小上学，非常可爱，我每次回到小院，她都会过来找我聊天。每次和她在石榴树下说话，就会不由自主想起自己的女儿，她也快到上学的年龄了。

曲师大东门外，有一个小院，院中有棵记忆中的石榴树，花开时节，一树繁花。

生活中，我们每一个人都是一棵树，站立在风雨中，努力生长，我们要努力让自己成为一棵会开花的树。

会开花的树

清晨醒来，站在院中极目远望，一棵高大的梧桐树映入眼帘，看不见阔大的梧桐树叶，只有满树的繁花，迎着初升的太阳，一片灿烂。一个个的梧桐花，恰如小喇叭，微风拂动，耳边仿佛传来小喇叭奏响的美妙乐章。我一下就想起了席慕蓉的《一棵会开花的树》。

走进校园，几处新开的不知名的花也灿烂夺目，引得一些学生驻足拍照。校园中的花很多，可是却没有对这些花木的介绍。我喜欢樱花，樱花总让人想到“花谢花飞花满天”；我喜欢槐花，槐花能让人感受春天的甜蜜；我也喜欢欣赏美丽的自然之花，因为花装点了我们的生活。今天在校园里看到了一棵梧桐树，让我在此时此刻对于梧桐花喜爱有加，站在科技楼的楼梯向远处望去，一片绿色，只有一树的梧桐花在其中燃烧般地开放，飘来阵阵花香。

有时让人陶醉的不仅是花，还有那怡人的芳香。

有一位高中同学上学时曾写过一篇《梧桐花》，讲述一个凄美的故事，可是她自己也成了一个凄美故事中的人物。遇到她的一位同事，说她已经作古，说她太完美了，老天爷将她收回去了，临终前，她对自己的丈夫说，要放下名、利、情。来曲园学习，遇到很多优秀的教师。教育科学院孙传弘院长，大病初愈，带病坚持讲课，他睿智的眼神、潇洒的字体，陶醉了无数的听课者。李春桥老师，讲课细致生动，颇有大家风范，可是在骑车时不小心撞掉了门牙，同学们去看他的时候，他没有感伤，有的是豁达、幽默的谈吐，他乐观的态度感染了每一个人。

曲园中，到处是努力学习的同学，早晨、傍晚，水池边、假山上、藤萝架下、长椅上、图书馆内、大树下，他们大声地诵读，静静地思索，他们好学的精神，也正如阵阵的花香陶醉了许多人。

一个有着崇高品德的人就是一棵会开花的树。

我喜欢跑步，我在跑步中体会着前进的快乐。人生需要奔跑，在奔跑中我们才会体会到奋斗的快乐。

跑步时光

早晨，跟随时光的步伐，开始我的跑步。从曲师大的东门出发，穿过绿树相夹的大道，跑过科技大楼，路过孔子雕像、历史文化学院，直奔大操场。

一段时间的跑步训练后，发现自己比原来能轻松地多跑一圈。跑步的过程中，想起以前学生的一篇作文，文中写自己在梦中跑步，穿越岁月的沧桑，跑过了历朝历代，当历史老师看到她在课堂上走神时，就问她，如果她是项羽，在垓下会如何去做，睡眼蒙胧的她说："跑！"我曾经对这篇随堂完成的作文大加赞赏，至今，已经忘却那位学生的名字，可是这篇文章却一直深深印在我的脑海中。

在曲师大校园里，每天都有许多跑步的人，有本科生，也有研究生，有三五成群跑步的，也有独自跑步的。学习累了之后，跑步应该是一种最佳的放松方式。我们在奔跑的时候，往往更加关注自己，审视自己，我喜欢身心愉快地慢跑，不去与别人比，只与自己的内心比，慢慢品味人生的乐趣，最后一圈，再快速跑，享受加速奔向终点的快乐。

回到中学校园，我也喜欢跑步，喜欢和学生一起跑步，班里有胖一点的同学，我还会拉着他一起跑。我喜欢跟着校园中音乐的节奏，和学生一起奔跑，我带的班往往都是学校跑操比赛的第一名。记得魏书生老师说："在学校和学生一起跑步，是在上班的时间和学生一起锻炼，既挣了工资，又锻炼了身体，是多么快乐的事情啊！"我想只有在学校这个工作环境中，只有教师这个职业，才有这个自由吧。和学生一起跟着青春的节奏奔跑，勇往直前！

努力奔跑，还要有一个远大的目标。没有目标大多数人无法坚持下去，尽管在跑步的过程中会遇到一些困难，但只要一步一步地去克服，相信最终都会抵达终点。只要你是在跑，那就是在前进，你可以慢跑，欣赏路边的风景，也可以快跑，直冲目标，我们可以根据自己的不同阶段选择自己跑步的方式。

今天，你跑步了吗？

我带学生们管理小菜园，观察所种蔬菜，由管理蔬菜联想到管理班级，希望励志班的同学们努力让自己成为一粒好种子，珍惜时间，健康成长。

三分种，七分管

早晨，走进菜园，管理前段时间种的蔬菜，远处一只美丽的鸟儿在田间漫步觅食，很是有趣。

来到菜园，发现油菜、黄瓜、芸豆、小葱长得都很好，可是张老师给的茴香和生菜到现在还没有长出来，于是挖出种子观察一番，也没有芽冒出来。我想，可能是种子不行吧，哼，再等你几天，再不发芽，我就换菜重新种。

我想，菜可以重新种，可是人生走过的路却不可以重来。每个人都有自己的梦想，它就是一粒种子，小的时候种下，慢慢它就会发芽、生长、开花、结果。老师面对学生的时候，首先要让学生有美好的梦想，否则再努力，也无济于事。学生也应自己努力，让梦想的种子变得饱满。

徘徊在田间，给蔬菜拔草、浇水，努力让蔬菜长得更好。

种子重要，管理也很重要，俗话说：三分种，七分管。好种子加上辛勤的园丁，才有菜菜满园香。

从百草园到三味书屋

今天早上，迎着朝阳来到校园，来到我们的菜园，发现菜园一片荒草，歪倒的芸豆架上挑着几个芸豆，只有那一畦的朝天椒在秋风中闪烁着星星点点的红色。看着这片荒草，让我不由想起从这里到教室，就是“从百草园到三味书屋”。

最近忙于教学，无暇顾及菜园，于是菜园成了荒草园，其实对孩子们的教育何尝不是如此呢？当孩子最需要教育的时候，如果我们无暇顾及，那么后果会是什么呢？其实，无论我们再忙，作为老师和家长，都应该时时关注孩子的成长。种瓜得瓜种豆得豆，我们的播种、我们的耕耘决定我们的收获。

我喜欢进行小小说的写作，我用小小说传递正能量给所有的同学。听到一位小学老师讲述在母亲节误会一名小学生的事情后，我写一篇小小说，展现美好的师生之情。

老师，我想送您一个手镯

清晨，我站在学校的门口执勤，看着一个个阳光灿烂的学生从我的身边经过，走进校园。

忽然，我发现在学校门口外的小摊边上，有一个我们班的学生，正在挑选着手镯。看着她的身边都是往学校走的学生，而她却在不紧不慢地挑选手镯，我的心里不由地暗暗责怪她。不一会儿，她举着两只手镯向我走来，当走到我的面前的时候，还没有等她张口，我就严厉地对她说："不准在门口外逗留，快走！"我看到孩子默默地从我的身边走了过去，眼泪挂在了腮边。

下课后，我回到办公室，看见一只手镯放在了我的办公桌上，手镯下一张小纸条：老师，今天是母亲节，我在校门口买了两只手镯，一只送给我的妈妈，一只送给您。这时，我的眼睛湿润了，多好的孩子啊！

放学时，我还是站在门口执勤，当那个小女孩走过来的时候，我弯腰搂住她的肩膀，轻轻地对她说："孩子，谢谢你给我的礼物，也祝你母亲节日快乐！"

在夕阳的余晖中，小女孩向我招手再见，脸上洋溢着幸福的微笑。

校园中的一草一木都是有生命的，学校的山楂红了，我和同学们相聚山楂树下，欣赏我们"家"中的风景。我和同学们一起描写校园中的山楂树，师生的文章汇聚成文集《我家有棵山楂树》，我将自己的文章《在爱与欢乐中成长——写给学校怡心园的山楂树》放在前边。

在爱与欢乐中成长

——写给学校怡心园的山楂树

金秋十月，我们"家"的山楂，红了。

一棵山楂树，伴随着我们一同成长，成长在激情满怀的年代。春夏秋冬四季变化，"家人"一年一年也在变化，但它始终如一，依旧在秋季用火红的果实映红校园，它红得灿烂，红得多姿，红得妖娆，成为我们心底情感火热的涌动。

春天它新芽满树，带来生的朝气；夏天它含苞待放，孕酿花的灿烂；秋天它红果满树，片绿之间红果点缀，让人垂涎欲滴；冬天它沉默着，静谧地迎接严寒的考验。我们见证了它历经风雨，春华秋实；它也见证了同学们成长中的喜怒哀乐、失败与成功。它的成长是一首华美的乐章，由我们用爱心谱写的欢乐的音符组成。

它凝聚了所有“家人”对它的爱，因为有爱，它才枝繁叶茂；因为有爱，它才有独守严寒的勇气。它用绿荫挡住了夏季的炎热，却挡不住朗朗的读书声和欢乐的笑声。它的果实装点了自己，装点了校园，更是美丽了“家人”的心灵。它是我们“家”中一道亮丽的风景线。

侧耳聆听，让我们品味感动的生活。山楂树和我们一起，在爱与欢乐中茁壮成长。

学生们也喜欢山楂树，他们用文章表达对山楂树的喜爱，对学校的喜爱，对班级的热爱。

我与山楂树共成长

毛永佳

结束了无忧无虑的小学生活，步入了初中学校。在进入这所学校的第一天，我便被人间仙境般的怡心园吸引住了，里面有苍劲的树木、钟表形状的小桥、清静优雅的亭子、碧波荡漾的人工湖，湖里还有睡莲和一群群活泼可爱的小鱼，而最吸引我的，就是那棵山楂树了。

山楂树没有白杨的高大，没有松柏的常青，没有杨柳的婀娜，有的只是朴实的奉献。刚来时，山楂树的树枝上还长着黄绿色的树叶，在树叶的遮掩下长满了绿色的小山楂。随着秋天的来临，黄绿色的树叶伴着秋风舞蹈着离开了树枝妈妈的怀抱。而小山楂好像因为没有了树叶的遮挡而羞红了圆圆的脸。远远望去，一个个微型的小红灯笼挂满枝头。红红的山楂娇滴滴地垂下脸庞，一阵微风吹过，轻轻地摇曳着，像一个个活泼的小孩在玩秋千。

山楂熟了，望着那一树殷红，不禁让人垂涎三尺，真想动手摘一个下来尝尝。

然而，十三中的师生们，没有人去碰那红彤彤的果子，没有人去折那弯弯曲曲的树枝，没有人去摇那粗壮的树干……每当经过时，也只是抬头望望或用手轻轻点几下那诱人的果儿。

每当在走廊上看见这一和谐的情景时，心中便会涌出一股莫名的感动。一所学校的成功取决于学生的成才，而学生的优秀不仅仅在于学习成绩的优异，更在于有良好的思想品质——不损坏公物，尊重他人，诚实守信……这些都是良好的品质，而其中最重要的就是文明习惯的自觉性，文明将会使我们的学校、我们的生活更加美好。

我为山楂树庆幸，它有一个好的环境，我也为自己庆幸，我生活在一个和谐的校园，我们在校园中一起成长。我“家”有棵山楂树，我们要共同呵护它茁壮健康地成长。山楂树，我要大声地赞美你！

分享幸福

张艺凡

我“家”有一棵山楂树，不是很粗壮，但是一到秋天就果实累累。

这个“家”里的人很多，地方也很大，学习中充满了欢乐，这个“家”就是我们的学校。

进入中学的第一天，郭老师就跟我们说，我们这些同学之所以能在同一所学校、同一个班级，能在一起学习，是因为大家有缘。所以，学校就是我们共同的“家”，而学校里的每一位老师、同学，都是这个家庭的成员，我们要爱护我们的“家”，我们是相亲相爱的一家人。

虽然我们的“家”不是特别的华丽，但是很漂亮、很温馨。我们的“家”里有一个很美的地方——怡心园，那里有着许多的动植物，四季风景如画。山楂树就是园中的一个宝，是我们共同爱护的“家”里的珍宝。

如果你仔细看，就会发现山楂树的叶子很像枫叶，每到秋天，伴着飘飞的落叶，山楂树上就会挂满累累的硕果，就像一个个小红灯笼挂在树上。在秋日的天空下，山楂那朴素的红色，染红了一方天空。

虽然山楂树上的山楂不计其数，但是没有一个人私自去摘那红彤彤的山楂。大概是因为大家不想看山楂树上没有果实只有叶子那样可怜吧！所以，每年到最后，山楂树上的山楂快要坠落时，老师才会带领同学们去采摘山楂。山楂的果肉呈淡黄色，有点像奶酪的颜色，中间夹着核，核长长的，两头圆圆的，像月牙形。当又酸又甜的山楂被轻轻地咬到每一个同学的嘴里时，幸福的笑容荡漾在每一个人的脸上。我们一起分享幸福。

我爱我"家"的山楂树!

班里的一个学生,在打篮球的时候扭伤了脚,我第一时间到他家进行家访。家长说,孩子最近一段时间需要拄着拐杖上学,家长早晚骑着三轮车接送孩子。每天一早一晚,我和家长接送着学生进出校门。其实,当我们遇到困难的时候,那许多的帮助就是我们人生前进的"拐杖"。

拐　杖

人生如同一次艰难的跋涉,有时我们需要的只是一根拐杖。

——题记

生命中总有许多不可预知的事情,而这些事情有时会让我们措手不及,但是我们必须要应对,这就是生活。

春节过后的一场瑞雪,为孩子们带来了许多的快乐,他们在雪地上奔跑,堆雪人,打雪仗……的确,雪实在太美了。

一群中学生在雪后的篮球场上,迎着寒风,带着春节的喜悦,在水泥地的篮球场上愉快地打着篮球。"哎呀!"一声疼痛的叫喊,一个胖胖的、健壮的男同学弯腰蹲了下去,他红彤彤的脸上满是痛苦的表情。

家人将他送到医院检查,脚部骨折,不是很严重,但不能下地走动。姥姥、爸爸、妈妈、老师……都围坐在病床边,安慰着孩子,孩子很懂事,手里一直拿着课本,因为就要中考了。可妈妈却很担心,开学之后他怎么去学校呢?

转眼开学的时间到了,每天清晨,总有一辆三轮车第一个来到学校门口,父亲一手拿着水杯和书包,一手从车上扶下儿子,儿子拄着拐杖,在父亲的搀扶下,伴着清脆的拐杖点击声,慢慢地向楼上走去。安排好儿子后,父亲匆匆离去,同学们陆续来到校园。中午,同学们陆续离去,寂静的教室中,儿子静静地等待父亲送来母亲做的热气腾腾的饭菜。傍晚,沸腾了一天的校园又变得安静了,三轮车又一次停在了校门口,高大的保卫科长匆匆走上前去,为这位父亲开门,父亲匆匆走上楼去,依旧是一手搀扶着儿子,一手拿着书包,儿子的拐声在空荡荡的楼道里回响。儿子比父亲的身材高大些,父亲弯腰搀扶显得有些矮,但他们走得很稳，身后是拿着水杯的班主任。在凛冽的寒风中，三轮车载着父亲和儿子回家，母亲做了一桌热腾腾的饭菜在家等候。

生活往往就是这样，带给我们磨难的同时，也会送来生活的阳光。拄着拐杖走在校园里，有同学的搀扶，有父母的呵护，有老师的关切，这些都是一种无形的"拐杖"，将会成为男孩一生珍贵的回忆。怀着感动的心生活，生活中的泪水都会变成甜的。

2015年，刚参加完高考的学生回来看我，说着当年的高考作文，说着自己高考的体会，我试着用文言文和现代文各写一篇下水文，与学生们交流。

草逢春而青

禅语云：春来草自青。青者缘何？春乃外因，草是内因也。

——题记

世事变幻，沧海变迁，恰似江河水，东流不息，淘尽英雄。世人皆为英雄应事而作。秦末暴政，天下大乱，陈涉举竿，啸聚大泽，万民响应；月下韩信，用于高祖，称雄海内，光照史册；民国昏暗，民众奋起，追求民主，雄鸡高唱，天下大白。对史沉思，涉无"鸿鹄之志"，能举竿而作乎？信无受"胯下之辱"，弥坚志向，而能为帅乎？革命不能以天下为公，而能领华夏乎？是以，英雄非应事而作，乃应志而兴也。

非古独此，今世亦然。马云之于阿里巴巴，叩响财富大门的秘诀，非是"芝麻开门"，而是对于网络之坚定志向；盖茨称雄，微软称霸，非是网络到来，而是对于信息世界矢志不渝地追求；汶川地震，举国同悲，英雄楷模，"千秋"学者，舍身护生，英名万古，所以然者何？心志为生也。吾辈同仁，向学而进也。

草逢春而青，非好草则不青也。无志而应事，虽遇而不兴。项羽枭雄，兵困垓下，虽可渡江，而终自刎，是无远志；刘禅后主，孔明辅助，虽有基业，然终被虏，是昏庸致也；范某遇震，捷足先跑，耻为人师，是无志不能作也。草逢春而青，非逢春而不青也。有志而不遇，则不兴也。范公志高，忧国忧民，然不逢春，贬谪洞庭；东坡才高，豪放豁达，胸怀大志，然不逢春，寄情明月；河东文达，名彪文史，独领文坛，然不逢春，漫步小潭。

鉴史而明，存志于心。尚德在身，笃志在行，厚积薄发，修身而为，必将春来草青。

一滴水的经历

一滴水，自然而真实地降临。

纯净透明的水滴，在阳光中灿烂，在月华中闪动。鸟儿是它的朋友，天空是它的向往，树叶是它运动的场地。在不停地跳跃中，小水滴越来越大了，它的欢乐充满雨后的树林，它是树林中欢乐的音符。

终于，这一滴水落到了山间的小溪，它随波逐流地前进了。小溪有时会遇到阻挡的山岩，小水滴就被撞得溅起，唱着歌儿继续前进，小溪两边的美景是那么好，可是在小溪中的小水滴只顾前进了，并没有来得及观赏，它只是闻到了两岸的花香，水流淙淙，溪水是那么清澈，它可以看到小溪中游来游去的鱼儿，鱼儿就在自己的身边，但它想到的只有远方。

渐渐地，小水滴来到了大的江河，江河汹涌澎湃，它仿佛看到孔夫子站在江边说：逝者如斯夫，不舍昼夜；看到屈原抱着巨石，高诵着“路漫漫其修远兮，吾将上下而求索”，跃入汨罗江；看到项羽在江边高唱“时不利兮骓不逝”……

江流浑浊，小水滴有时都找不到自己，它开始眺望岸边的景色，在江河中前进的小水滴，想念以前清澈的小溪。江河上，不时有航行的大船，小水滴们簇拥着它前进；有时有一座大的水电站，小水滴们一起推动水轮……

最后，小水滴来到了大海，大海蔚蓝，深不可测，水滴显得那么渺小，可是没有水滴就没有大海。当水滴在阳光的抚摸下在温暖中升起的时候，它看到了人们渴望的眼神，看到了沙漠的期盼，于是它再次落到最需要自己的地方，干旱使它落下就消失了，可是它惊奇地发现，历经跋涉，自己仍有一颗晶莹的心。

后记：一位禅师说，此间须静坐，春来草自青。万物生长皆有规律，自然而真实，在顺应自然的生长中，我们每个人应拥有小水滴般美好的追求。

芒种节气，往往恰逢期末考试或中考，我把自己小时候在芒种时节的忙碌和当班主任的感想，说给学生们听。

收获幸福　播种希望

——芒种随感

今天是2018年6月6日，是传统节气中的芒种，是一个收获幸福、播种希望的时刻。芒种字面的意思是“有芒的麦子快收，有芒的稻子可种”。《月令七十二候集解》：“五月节，谓有芒之种谷可稼种矣。”

犹记得小时候的芒种时节，在小麦还没有完全成熟的时候，首先在小麦的陇上种玉米，在两边高高的小麦缝隙中，弯腰努力用小铲子挖一个坑，埋一两颗玉米种子，一直这样种下去，直到整片地种完。现在想一想，都很有成就感。种完玉米，过几天就要收割小麦了，我跟在大人的后边去抢收小麦。火辣辣的太阳下，我拿着一个塑料水桶，装满白开水，拿着镰刀，挥汗如雨收割小麦，胳膊上都被小麦拉伤了，还是不肯歇息一下，累极了，喝一口白开水，是那么甘甜。收完小麦，就要到场院上打小麦，场院是用圆形的石头碌砫一圈圈压出来的，我当时是开着一个拖拉机头，拉着那个圆形的石头，不停地转圈才能将场院压好。打完麦子之后，要赶紧晾晒，晾干以后好收起来，收麦子的时候，最怕天气不好，因为天气不好影响收藏麦子。晾晒麦子的时候，如果遇到一场大雨，家家都忙着抢收晾晒的麦子，邻里之间也互相帮忙。抢收完麦子，就要种大豆了，需要一个人拉着种大豆的小车，一人扶着前进，少年时的我，负责在前边拉小车，拉小车的绳子把肩头都磨破了皮，那时觉得那么累。现在想想那时的累，常常让我感觉幸福。

不知不觉，担任班主任已经21年了，每一届学生的中考都感觉像是芒种时节。我现在担任八年级的班主任，我们准备迎接地理和生物学业水平测试，我跟同学们说，其实中考是从初二开始的，往届的学生之所以初三升学考试考得好，是因为初二地理、生物考得好，我们的目标是以优异成绩进入初三。每年的6月是学校的毕业季，抱着一种抢时间的心态，才能收获幸福，一旦懒惰错过了时令，就会留下遗憾。我每天早来晚走，给同学们提问地理、生物知识帮助他们记忆，虽然很累，但是很幸福，我享受这种和学生一起奋斗的快乐！6月，也是学校准备迎接新生的时候，我们努力做得最好，不为别的，就为让每一名学生顺利走过毕业季，让每一名新生带着希望与我们相遇。昨天，一位初三的学生对我说："老师，我们可不可以不走了？"我说："走与不走，你都在老师的心里，你们都是母校最好的学生，今天的离别，是为了明天更好的相聚。就算终有一别，我们也要努力做好，不要辜负今日的相遇。"

芒种时节，我和学生们一起，用汗水收获幸福，播种希望！

身体和灵魂，总一个在路上，我喜欢旅行，喜欢把自己的小游记分享给同学们，也教给他们游记的写作方法，游记要写所至、所见、所感。

人没有寸高

2021年秋天，我再次登上青州云门山，站在大大的"寿"字面前，感受"人没有寸高"的震撼。

登上云门上，来到一面巨大的石壁前，大大的"寿"字陡然出现在眼前。石壁不是很平整，应该是被人从山坡上凿出来的，那么大的一块石壁，在缺少大型机械设备的古代，多少个夜以继日的辛苦劳作，才能最终完成，那上面一定洒满了汗水。石壁十分高大，需要仰视才能窥其全貌。石壁上雕刻的大大的"寿"字，笔画刚劲有力，字是在石壁上凿出来的，凹进去的一笔一画，都十分光滑，上面涂了红色。我想，当时的工匠是如何凿出这样工整的字呢？一切艺术的产生，应该都是伴随着艰苦的劳动的吧。

游客们纷纷和这个大大的"寿"字合影，山路很窄，照相的游客需要站在字的前面才能完成合影，当人站在字的前边的时候，我发现了一个很有趣的现象，人没有"寿"字的寸高，因为仅"寿"字的"寸"就有两米多高。"寿"字的两边是绿色的山、高耸的树木，山风吹过，树木发出沙沙的响声。"寿"字的左上角，刻的是写这个字的明朝书法家的名字。

几百年过去了，云门山依旧，巨大的“寿”字依旧，游客不知换了多少代人了，可是人们美好的愿望依旧。

学生就是我心中的阳光，我把自己对工作的热爱、对学生的热爱，说给学生们听，让他们更了解自己的班主任。

学生是我们心中的阳光

20年的班主任生活，我与学生朝夕相处，我们有许多的故事让我记忆犹新，这许多的故事给我最多的启示是，只要将学生放在心中，我们的工作就会充满阳光。

2009级的一位同学，成绩不理想，家长不满意，我担心家长从学校找原因，于是在每次月考和期末考试后，我都会拿着她的各科试卷，详细分析她学习中存在的问题，并将我的分析写在纸上。每次考试完我都会写满满一张纸的分析。三年的初中生活结束，学生以优异的成绩考上潍坊中学，我和家长也成了好朋友，而且在学生高考结束后，家长还让她来找我帮她报志愿。我经常跟家长朋友们说：我们本来素不相识，因为学生，我们认识了，如果学生发展得好，我们将会成为好朋友，如果学生发展得不好，我们将来如何相见？我付出了辛勤的劳动，我也收获了学生们的理解和尊重。因为将学生放在心中，我平凡的教师工作充满阳光。

每年教师节，都有学生回来看我，我只是一名普通的教师，学生们回来看我，我没有所求，有的只是对当时共同学习生活的美好记忆。一名学生教师节给我发来短信：“尊师，每次回去看您，都看到你鬓角有汗珠，不惑之年已过半，接近知天命，要注意身体健康！”这位学生，是我20多年前的学生，当时在教学的时候，没有比别的学生为他多付出一些，可是他却对老师如此感恩，让我汗颜。他说，当年上学的时候，最不能忘记的是郭老师充满激情地讲课。当在工作中遇到困难的时候，回到母校跟老师聊聊天，就会又找到前进的勇气。一位将学生放在心中的老师，也许就是学生前进的动力。我经常参加学生的婚礼，婚礼上学生们来敬酒是我心中最美的时刻，因为再也没有比看到学生们都发展得很好更美的事了。

2015年春天，班里转来一名学生小月，是从北京刚转回来的，她因为户口在潍坊，被要求从北京回家乡来参加考试。刚开始来的时候，她对我并不喜欢，可是我喜欢她，因为她是我的学生。她成绩不是很好，家庭条件一般，父母在北京打工，她的奶奶在学校附近租房陪读。我在她们租好房子的第一天，就到家里家访，问她们有没有什么需要我帮忙的。我老家种的菜，我会在收获时，给她们祖孙送去，远在海南工作的学生给我空运来新鲜的荔枝，我也给她送去一箱。终于，她的学习成绩越来越好。在中考前夕，她在一篇文中写道："今天，您守护我们，将来我们来守护您！"最终她以优异的成绩考入潍坊七中实验班。家长送来锦旗：指导有方，疼爱无微不至。

只要我们将学生放在心中，我们的生活就会充满阳光！

为了让同学们学会写作文，我用文章加强班级管理，注意和学生同题写作，和学生一起分析写作的文章，教给同学们写作文的方法，同时和同学们交流对世界的认识、对人生的看法，用文字温暖学生的心灵。这些作文题目，有的来自中考试题，有的来自我关注的时事新闻，我认为好的文章是充满真情的，是反映我们时代追求的，是体现爱国主义精神的。

不惧困难　勇于奋斗

孟子曰："天将降大任于是人也，必先苦其心志，劳其筋骨。"在追逐梦想的途中，我们会遇到磨难，但我们一定要努力战胜磨难，在吃苦中走向成功，人生就会发出耀眼的光芒。人生的意义在于奋斗，只有不惧困难，勇于奋斗，才能成就幸福的人生。（开篇第一段，要引出中心论点）

不惧困难，勇于奋斗，让我们走向成功。（分论点一）蒲松龄在自勉联中说"苦心人，天不负，卧薪尝胆，三千越甲可吞吴"，勉励自己要学习越王勾践，成就一番事业。越王勾践被吴王夫差打败，勾践被逼到吴国给吴王喂马，受尽折磨，这是何等的困难。可是勾践没有被这些困难吓倒，他忍辱负重，回到越国后，卧薪尝胆，警诫自己不忘耻辱，全国上下团结，最终灭了吴国，成为一代霸主。蒲松龄一生贫穷，以教书为生，生活十分窘迫，但是他直面困境，勇于奋斗，写出“写鬼写妖高人一等，刺贪刺虐入木三分”的《聊斋志异》。可见，困难并不可怕，可怕的是我们害怕困难，只有不惧困难，勇于奋斗，才会取得成功。（举例论证后，要有议论引到分论点上）

不惧困难，勇于奋斗，让我们收获快乐。（分论点二）人生最大的快乐就在于一步步奋斗前进，在奋斗中体会人生的价值，享受超越自我的快乐。刘翔，这位曾经获得110米栏世界冠军的亚洲飞人，在夺得金牌后骄傲而快乐地说：“我就是要让世界看一看，中国人也可以跑得很快，中国人是很棒的。”刘翔的快乐，源于他不害怕强大的对手，勇于奋斗，最终战胜对手。茫茫星空，吸引着我们探索的步伐，“嫦娥五号”登上月球，五星红旗飘扬在月球，快乐荡漾在我们每一个中国人的心中。嫦娥探月，是一项不断战胜困难的工程，科研工作者们不惧困难，科研创新，勇于奋斗，中国的航天技术跻身世界前列，是奋斗让中华民族的飞天梦得以实现，让每一个中国人体会到中华民族战胜困难，在前进中不断取得成功的快乐。（举例论证后，有议论引到分论点上）

“宝剑锋从磨砺出，梅花香自苦寒来。”作为当代中学生，我们在成长的过程中，也会遇到各种各样的困难，但是只要我们心中有对国家、对自己人生的责任与担当，向着美好的梦想励志前进，不惧困难，勇于奋斗，我们就会拥有精彩的人生，就会成为幸福的人。（结尾深化论点，与开头呼应，发出号召）

作文要求：习近平总书记在2021年新年贺词中说：“平凡铸就伟大，英雄来自人民，每个人都了不起。”

根据以上材料，写一篇文章，立意自定，题目自拟，文体不限。

奋斗，让平凡铸就伟大

一滴滴水，是平凡的，可是汇聚到一起，就会成为浩瀚的海洋。

——题记

雷锋，没有做惊天动地的大事，他只是将一件件平凡的小事做好，只因这些事都是帮助他人的事，就汇聚成伟大的雷锋精神。习近平总书记说：“平凡铸就伟大。”生活也证明，每一个平凡的人只要努力奋斗，就会从平凡变得伟大。（第一段引出中心论点）

奋斗，让平凡铸就伟大，需要有爱国情怀。（第一个分论点）2020年初，新冠肺炎疫情吹响了中华民族战斗的号角，无数白衣战士，从祖国的四面八方向武汉汇聚，他们用自己的生命，守护国人的生命。厚厚的防护服，让我们无法看清他们的容颜，但是他们是我们心中的英雄。山东的张静静护士，在战疫归来隔离观察，即将与家人团聚之时，却突然牺牲，她是一位平凡的妻子、一位平凡的妈妈，为战胜疫情，献出了自己的生命。“岂曰无衣，与子同袍”，就是这样一位平凡的人，在关键时刻站出来保护了我们。每当在民族危亡的关键时刻，总有一些看似平凡的人站出来保护我们。“此生无悔入华夏，来生还做中国人”，说出了无数中国人的心声。面对新冠肺炎疫情，许多白衣战士再次出征，正是因为白衣战士心怀国家，努力奋斗，才让平凡成为伟大，他们是真正的中国人。（用议论引到论点上）

奋斗，让平凡铸就伟大，需要做好本职工作。（第二个分论点）中国女排，有过胜利，也有过失败，但是她们永不言弃，每一位队员都认真训练，那一滴滴的汗水滴落在排球场地，没有人喊累，摔倒了，再爬起来，再摔倒，再爬起来，面对强大的对手，没有人退缩，迎难而上，奋力夺得五连冠、六连冠……女排精神就是扎扎实实、勤学苦练、无所畏惧、顽强拼搏、团结战斗、勇攀高峰。每一位女排队员都是平凡的人，可是当她们登上世界冠军领奖台时，她们就是我们的英雄，是中华民族的英雄。正是因为女排队员努力做好自己的本职工作，才让平凡铸就伟大。（用议论引到分论点上）相反，有的人在工作中拈轻怕重，小事不想做，大事做不了，最终庸庸碌碌，无所作为，这一部分人最需要做的就是做好本职工作。（反面举例，正反对比论证）

奋斗，让平凡铸就伟大，需要为梦想而奋斗。“有梦想谁都了不起，有勇气就会有奇迹。”20世纪50年代的塞罕坝，草木不见，黄沙弥漫，从1962年开始，三代塞罕坝人，人工种植4.8亿棵树木，排起来可以绕地球12圈，今日的塞罕坝群山抹绿，百花烂漫，筑起一道绿色长城。一位位平凡的塞罕坝人，为绿色的梦想而奋斗，牢记使命，艰苦奋斗，绿色发展，甘于奉献，用平凡铸就伟大，凝聚成塞罕坝精神。（用议论引到分论点上）

现在的我们，都是平凡的中学生，也许你觉得自己成不了英雄，可是要知道英雄来自平凡，只要我们心怀国家，努力学习，就会为将来做出不平凡的事奠定基础，我们不一样，因为我们是用奋斗追求卓越的励志少年！我们强则国家强，让我们一起奋斗，让平凡铸就伟大！我们无数平凡人的奋斗凝聚到一起，就能汇聚成中华民族力量磅礴的海洋！（结尾发出号召，深化中心论点）

自力更生　成就无悔人生

雨果说："我宁愿靠自己的力量，打开我的前途，而不愿意求有力量者垂青。"郑板桥临终前对儿子说："淌自己的汗，吃自己的饭，自己的事情自己干。"都说明了同一个道理：自力更生，才能成就无悔人生。（开头引出中心论点）

自力更生，成就无悔人生，需要有坚定的目标。（分论点一）"有志者，事竟成，破釜沉舟，百二秦关终属楚。"项羽年少时，就立志要取代秦始皇，经过努力奋斗，最终打败秦军主力，推翻秦的暴政。海尔集团张瑞敏，感动中国人物获得者，立志打造东方的产品品牌，曾当众砸烂质量不合格的冰箱，带领海尔人奋斗，成就令国人骄傲的海尔品牌。"两弹元勋"邓稼先，立志报国，艰苦奋斗，成功设计了中国的原子弹和氢弹，把中国的自卫武器引领到世界先进水平。只有有了坚定的目标，才会迸发出自力更生的动力，向着胜利不断前进，成就无悔的人生。（举例论证后，用议论引导论点上）

自力更生，成就无悔人生，需要刻苦勤奋。（分论点二）"天行健，君子以自强不息。"被明太祖朱元璋誉为"开国文臣之首"的宋濂，自幼多病，家境贫寒，但他借书、抄书来读书，到百里外求教老师，俯身倾耳以请，负箧曳履行深山巨谷中去求学，尝尽求学的艰苦。他通过刻苦勤奋地学习，终成一代大家。邰丽华，一位聋哑人，勤学手语，用手传递美，与众多残疾人一起表演的“千手观音”登上春晚舞台，如花开无语，震撼国人。刘强东，京东创始人，大学毕业之后，最初在中关村卖光碟，从最底层做起，艰苦奋斗，最终让京东进入世界500强的行列。可见，艰苦奋斗是自力更生的一个重要条件，只有如此才会让人走向成功。（举例论证后，用议论引导论点上）

自力更生，成就无悔人生，需要珍惜时间。（分论点三）“一日难再晨，及时当勉励。”时间是人生最宝贵的财富，只有珍惜时间，才能自力更生，走向成功。鲁迅说：“时间就像海绵里的水，只要愿挤，总还是有的。”他少年时，家境困难，为了让自己上学不迟到，就在课桌上刻下一个“早”字，从此，他再没有迟到过，最终成为伟大的文学家。西汉时期的匡衡，世代务农，但他十分好学，家境贫寒，他就“凿壁偷光”，以书映光而读，最终成为著名的经学家。可见，自力更生的人，都是珍惜时间的人，这样才能成就无悔人生。（举例论证后，用议论引导论点上）

梁启超说：“少年强，则国强。”作为新时代的中学生，我们要抱定报国之志，艰苦奋斗，珍惜时间，自力更生，将自己融入伟大中国梦实现的进程中，成就自己无悔的人生，我们的人生将会发出耀眼的光辉！（结尾深化中心论点，发出号召）

清澈的爱，只为中国

——献给祖国的青春答卷

有一种深情表白，叫作“清澈的爱，只为中国”——“00后”戍边烈士陈祥榕曾写下的一句话，无数人为之泪目。我们之所以生活在这样一个和平的环境中，是因为有无数的英雄为我们守护，他们用纯粹、炽热、柔软、坚韧的爱，给祖国献上了最美的青春答卷。

清澈的爱，只为中国，是戍边战士寸土不让的守护。喀喇昆仑高原，横亘在祖国西部边境，2020年6月，面对悍然越线挑衅的外军，我们英勇的边防军战士奋力反击，19岁的战士陈祥榕壮烈牺牲，战友曾经问年轻的陈祥榕：“要上一线了，你怕不怕？”陈祥榕回答：“使命所系，义不容辞！”陈祥榕曾在日记中自豪地写道：“面对人数远远多于我方的外军，我们不但没有一个人退缩，还顶着石头攻击，将他们赶了出去。”请铭记这些用生命书写青春答卷的爱国英雄。

清澈的爱，只为中国，也是医务人员逆行出征的勇毅。2020 年 1 月新冠肺炎疫情暴发后，“90 后”年轻女护士甘如意，骑着自行车，四天三夜，风雨兼程 300 公里，赶回武汉，赶到疫情防控的第一线。她说：“我们科室只有两人，疫情这么严重，我必须要回去！”“我骑车回去，骑一段少一段，尽快返回工作岗位。”许许多多年轻的医务工作人员，在危险的时刻，逆行前进，抗击新冠肺炎疫情。我们致敬这些逆行出征的白衣战士，他们向祖国交上了最美的青春答卷。

清澈的爱，只为中国，也是科研新秀披星戴月的攻关，是年轻扶贫干部日复一日的坚守。岁月静好，只因有人负重前行；山河无恙，只因英雄铁肩担当。“我站立的地方就是中国！”青春之热血，永远为祖国而奔腾；矢志报国的你，就是民族的希望。

清澈的爱，只为中国！让我们一起努力，为祖国献上最美的青春答卷。

我和学生们一起学习荣获“时代楷模”称号的拉齐尼·巴依卡同志的事迹，并以此为材料进行议论文写作。

雄鹰倚空方得志，天有雄鹰天更美

“天翻地覆历沧桑，盛世神州百业昌。”（开篇用自拟对联吸引读者）这副对联描写了中国新时代的盛景。21 世纪的中国，繁荣而开放，强大而富强。而这祖国碧蓝的“天空”，正是因为一代代的“雄鹰”守护而更加美丽。

抗美援朝时，空军原司令员王海上将，率领人民空军年轻的第一大队，与号称“世界王牌”的美国空军激战 80 余次，击落敌机 29 架，本人击落、击伤敌机 9 架，功勋显著。他们驾驶的战机，如同一只只雄鹰，在朝阳下向敌人俯冲，为国击豺狼。正是他们这样的英雄，用不怕牺牲的奋战，才换来了祖国如今的安宁。打击敌人的空军飞行员们是守卫祖国

蓝天的雄鹰。(文章的事例来自感动中国人物,有时代感)

2020年6月,“北斗三号”全球卫星导航系统的最后一颗卫星发射成功,这代表着北斗卫星导航系统部署全面完成。在北斗卫星的研制过程中,谢军团队创造性地实现了卫星批量化生产,仅用一年零十四天,就将19颗导航卫星送入太空,创造了航天发射史的新纪录,三年一腾飞,十年一跨越,升空的北斗,惊艳了世界,照亮了中国人的梦。研究北斗导航卫星的他们也是守卫祖国蓝天的雄鹰。

护边员拉齐尼·巴依卡扎根高原,默默奉献,三代人义务接力护边的故事,在新疆大地家喻户晓。在巡边护边生涯中,他曾多次与死神擦肩而过,但他不畏艰险,努力奋斗,始终坚持着,然而,2021年1月4日,他因勇救落水儿童而不幸牺牲……英雄虽然离开了,但“帕米尔”的雄鹰将永远铭记于我们心中。“守卫祖国,护卫人民”,拉齐尼·巴依卡用生命践行了自己的誓言。

“为有辉煌堪砥砺,雄关漫道路悠长。”我们青少年作为新时代的“雏鹰”,不忘初心,牢记使命,怀抱爱国之心,展翅祖国天空,努力奋斗,争为将来之祖国撑起今日一片蓝天。

银杏树下的畅想

(和学生一起观察校园雨天的银杏树后,我当堂完成的下水文)

雨天,我悄悄走到银杏树下。仰望那高大的树、密密的叶,想起那句古诗:凌云枝已密,似蹼叶非疏。在秋季的雨中,银杏树张开她的手臂,无声地拥抱我。

银杏树的树干粗壮而且黑苍苍的,那些枝条有力地伸向天空。枝条上的叶片层层叠叠,在缝隙中露出天空的明亮。银杏树叶,像一把把小扇子,交错地站立在树枝上,随风摇摆。秋风给它们镶上黄色的边儿,扇形的叶片中间是黄绿色的,它们如同孔雀开屏一般优雅地展开。一滴小水珠,从叶的缝隙间悄悄地滑落,滴在脸上,虽是秋日的雨,却有温润的感觉。

随着雨水,枯黄的树叶也悄悄地落下,有的落到泥水中,任人践踏,没有阳光下飞舞的浪漫，只有无声地随风而落，落在地下，落到与根最接近的地方。我弯腰从泥水中捡起一片落叶，轻轻擦去叶片上的泥水，仔细欣赏这大自然的杰作。美丽的黄色树叶，叶边是黯淡的枯黄，叶脉不是很突出，却能让人看到是向上扇形地展开，她像一个童话一样，被我握在手中。

望着枯黄的银杏树叶，想着她从春的萌发，到夏的生长，再到秋的飘落，我一直都陪伴在她的身边，我突然感到十三中的老师们就仿佛是这校园中的银杏树。她们来到学校的时候，还是一棵小树，在学生们的陪伴下逐渐长大。她们像银杏树一样，在迎接每一级学生的时候，长出自己充满生命力的树叶，把绿色的希望传递给每一位学生，陪伴着学生们走向成功，在岁月的洗礼中变黄，然后飘落。等到下一年的新生入学，再如银杏树叶一样，又长出新的枝叶迎接她们。与银杏树不同的是，树木的四季可以轮回，而人生的四季却不可以轮回，老师们把自己的青春年华都奉献给了亲爱的学生们。

时光荏苒，银杏树依旧，可是树下的学生们每年都在更换，那美丽的树叶可曾走进过你的心扉。悄悄捡起一片银杏树叶，夹进书中，珍藏一份温暖的记忆。亲爱的学生啊，也许在你离开母校之后，再也没有回来过，可是老师们始终在关注你的发展，你的美好未来就是老师们如同银杏树一般的祝福。希望这天天陪伴你的银杏树，能留在你记忆的最深处。

秋雨中，我站在银杏树下静静地畅想。秋雨中，我站成一株银杏树，以往的岁月如黄叶般静静飘落，美好的回忆绽放在金黄里，深情的希冀凝成一粒粒银杏果。

认真做好每一件事

挑水的守林人，每次只挑适量的水，这让齐白石受到启发，他不再贪多，而是认真画好每一幅画，终成一代大师。可见，认真做好每一件事，才会成功。

认真做好每一件事，从小事做起。海尔集团创始人张瑞敏说："把每一件简单的事做好，就是不简单；把每一件平凡的事做好，就是不平凡。”湖南电视台主持人汪涵，刚开始的时候，只是电视台的一名小员工，一个不引人注意的剧务，可是他坚持将自己负责的每一件事都尽力做好，最终，他的努力、他的优秀引起了电视台领导的注意，于是他走上主持人的舞台，成为一名家喻户晓的主持人。他的成功说明，只有你努力做好每一件小事，才能成为千里马，才能被伯乐发现。

认真做好每一件事，要持之以恒。“锲而不舍，金石可镂；锲而舍之，朽木不折。”要将事情做好，需要一种持之以恒的精神。无产阶级革命导师马克思，40 多年的时间在大英博物馆翻阅图书，座位下的水泥地面都被磨掉一层，最终写成著名的《资本论》；西汉的司马迁，受宫刑后，忍辱负重，用数十年的时间写成“史家之绝唱，无韵之离骚”的《史记》。水滴石穿，绳锯木断，只有坚持，我们才能到达成功的彼岸。

认真做好每一件事，要精益求精。一位不知名的画家向著名画家门采尔诉苦：“我为什么画一幅画只需要一天的时间，而卖出去却需要等上整整一年。”门采尔严肃地说：“倒过来试试，亲爱的。”这说明用心画画，认真做事，精益求精，才能成功。水稻专家袁隆平，虽然已经培育出一种较好的杂交水稻，但是他仍继续努力，希望培育出更好的杂交水稻，是因为他有一种精益求精的精神，最后被誉为“杂交水稻之父”。

同学们，让我们一起认真做好每一件事，拥有自己的成功！

2018 年 6 月 15 日下水文

第六章

传承励志，建设有爱的班级

建设一个优秀的班级，是在目标的引领下进行的。我带的班级是励志班，励志班的目标是让优秀成为一种习惯，就是认真将每一件事情做好。我作为班主任，要以身作则，树立威信，巧妙对学生进行奖励、惩罚，保护学生的自尊心。在励志班目标的引领下，我带领学生制订自己的长期、中期、短期学习目标，鼓励学生向着目标奋斗。励志班注重物质文化建设和精神文化建设，努力培养每一位同学的集体荣誉感和责任感。一届届励志班的学生，战胜自我，顽强拼搏，取得了优异的成绩。我将优秀励志学长的奋斗事迹讲给同学们听，邀请学长们到励志班开讲座，传承励志精神，打造优秀班级。

迎接一届届学生到来，我都是带着一颗爱心走进班级，和学生一起建设有爱的班级，让每一位学生感受到班级家庭般的温暖。我相信一个有爱的班级，才是和谐的班级，才是正能量满满的班级，才会温暖学生的成长。

一、传承励志的班级建设背景

我带的班级中有过许多优秀的学生，我们班级的名字是励志班，励志班的名字至今已经有 26 年了。传承优秀学子的励志精神，是我打造优秀班级的重要策略，我们班的口号一直是战胜自我，顽强拼搏。我教育同学们感恩给予自己帮助的每一个人，励志进取，向优秀学长学习，这样将来才会成为更优秀的人。我在班级教室中设置了一个荣誉殿堂，用于介绍励志班学子的光辉事迹，为同学们树立榜样。

二、传承励志精神，建设温暖班级的策略

（一）鼓励学生在感恩中励志前行

我一直给班级学生传达的一个理念是，要怀着一颗感恩的心对待生活，对待给予我们帮助的人，励志前行。作为一名教师，尤其是班主任教师，要用自己感恩的心、感恩的行动，向学生传递正能量。以下是我在2022年全区教师节庆祝大会上，代表全区班主任的发言，以此传递一名班主任的感恩之心。

2022年全区教师节庆祝大会发言稿

尊敬的各位领导、各位老师：

大家好！我叫郭新军，1994年7月，我从昌潍师专毕业。作为奎文区建区后分配的第一批教师，我走进了奎文区卧龙学校，自此，我在初中一线教学28年，其中担任班主任26年。我不仅有幸用爱陪伴了学生们的成长，更有幸见证了奎文教育的卓越发展，这一切都离不开各级领导和社会各界对奎文教育的大力支持。

卧龙学校的前身是我的母校潍坊第十三中学，无论是作为学生还是作为教师，我都很幸运遇到了那么多优秀的老师、同事，他们不仅引领我努力学习知识，而且温暖我的成长。我到现在还记得，当我的家庭遇到重大变故时，我的初中班主任张老师，骑着自行车到全是坎坷土路的农村家访，与我的母亲促膝谈话，拉着我的手，鼓励我要好好学习，那一刻的情景，让我终生铭记。大学毕业后，我在老师们的目光中，走上讲台，当上了班主任，更加体会到，长大后，我就成了你。在这里，我谨代表奎文的学子，祝所有的老师们节日快乐，感恩有您！

卧龙学校已经有40多年的历史了，我在这里，作为学生、作为老师，见证了学校几十年的变迁。今年，在区委区政府的大力支持下，学校进行了办学条件提质工程改造，原先破旧的操场上换了崭新的塑胶跑道，作为班主任，不用再担心孩子们磕着碰着；教学楼内安装了先进的一体机，老师们上课有了更好的“助手”；孩子们能在温和明亮的护眼灯下学习，教室外墙新增了保温层，温暖了全体师生的心。卧龙学校焕

然一新，这些都得益于奎文区领导对教育的重视、对学生健康发展的重视。在这里，我谨代表一线的班主任们，对区委区政府和各部门的领导们，表示衷心的感谢，感恩有您！

卧龙学校办学年限久、老教师多，五十多岁的我，一直是学校里的"年轻人"。近年来，区里重视教育的优质均衡发展，尤其是今年，学校新分配了十余名青年教师，学校教师队伍一下子年轻了起来；这两年从其他学校到我们学校交流的骨干教师也多达十余位，新面孔带来了新鲜的改变、充实的力量，学校的发展有了新的希望。在此，我谨代表卧龙学校、奎文区偏远薄弱学校的老师们，对关心奎文教育发展的领导和社会各界人士，表示衷心的感谢，感恩有您！

作为教师，最幸福的莫过于学生的发展和成长。曾经有一位学生家长送我这样一幅书法作品：昨夜三更眠，今朝起五更，呕心育蓓蕾，沥血为园丁；淡泊名与利，两袖满清风，此生何所愿，桃李映天红。我想，这是我做班主任的追求，也是奎文教育人的追求吧。请各级领导放心，奎文教师将为奎文教育高质量发展贡献自己的全部力量！请家长们放心，奎文教师将为每一位学生的发展贡献自己的全部力量！

祝愿我们奎文教育的明天更美好！

谢谢大家！

培养学生的感恩之心，有利于学生和家长的沟通，更加有利于班级的管理，激发学生励志进取的信心。

担任 2000 级励志班的班主任时，班里有个女学生小伟，父母都是下岗职工，平时工作十分辛苦。面对父母的辛勤劳动，她却缺乏应有的感恩之心，平时十分贪玩，不爱学习，学习成绩很差，任课教师也纷纷反映她经常不听从劝导，顶撞老师，与家长交流后发现，她在家里也是不听话，父母伤透了脑筋。

"不是锤的打击，而是水的载歌载舞，使鹅卵石臻于完美。"针对小伟的这种情况，我没有采取简单的批评教育，而是针对她感情丰富的特点，让她回家观察父母的劳动，每周两次记录关于父母对自己点滴关爱的日记。为了写好日记，我利用周末的时间，带领她来到父母工作的地方，让她看她的父亲在寒冷的冬天站在路边卖红薯，望着寒风中工作的父亲，她的眼圈红了；我带领她到菜市场看望卖菜的母亲，看母亲在匆忙的人流中忙碌着卖菜。我要求她注意观察早起的父母，他们在凌晨4点，就已经起床，为白天的买卖做着准备；夜深了，他们很晚才回家；父母工作再忙，也抽时间为孩子做好饭菜；父母在家里的动作总是那么轻，怕影响孩子的学习；当孩子生病时，父母总是在身边给予精心的呵护……经过细心地观察，小伟将父母辛苦劳动的点点滴滴、对于孩子的一份份关爱变成饱含感情的文字，写成一篇篇日记。在学校里，我注意引导她思考教师的工作，观察教师的劳动，体会教师辛勤的付出，理解老师。那些感人的篇章，在征得小伟的同意后，在"学会感恩"的主题班会上，作为材料引用，同时建议她将日记本作为父母生日的礼物送给他们看。父母在阅读日记的过程中，心灵同样受到震撼，并感到自己的孩子长大了。

针对孩子有时不理解父母的情况，要求学生在日记中进行角色互换的体验思考，使学生在换位思考中，更加理解父母。

通过撰写感恩日记，学生对于父母的辛勤劳动逐渐满怀感激之情，在家里与父母的关系融洽，主动帮助父母进行家务劳动；在学校里积极主动学习，也能理解老师的批评教育，刻苦努力学习，学习不断进步，具备良好发展的道德基础。从这个案例中，我发现对于学生来说，教会他们观察和体验，比一味地说服教育更能培养他们的感恩之情。

每年的母亲节，我会让班里的同学给妈妈写感恩的信，通过这样的班级活动，培养学生对父母的感恩之情。

学生们发给我的许多表达感恩之情的短信，我也会在班会课上读给同学们听，让同学们从学长的身上，学习那种感恩的精神，认识到只有心怀感恩，才能励志前行，才能走得更远。这里摘录教师节收到的学生的几则短信。

> 亲爱的郭老师，感谢您对我的照顾与教诲，老师您辛苦了！能成为您的学生是我的荣幸，我倍感欣喜与感恩。我也开启了在苏州大学的读研生活，我会继续努力，不辜负老师的期望。在此双节相逢之际，祝郭老师教师节快乐暨中秋佳节阖家团圆，美满快乐，万事顺心，事事如意！
>
> 您的学生小晴
>
> 郭老师，今天是教师节，一定要跟您说一句教师节快乐！我永远都

不会忘记您给我上课时的情景，谢谢您！您对我的谆谆教导，我永远都会记得！抱歉这么晚才给您发消息，大二的学习任务原来也这么繁重呀！我会继续努力！最后祝老师身体健康，忙工作也不要忘记注意身体！

云山苍苍，江水泱泱，先生之风，山高水长。祝郭老师教师节快乐，愿您身体安康，幸福围绕！

您的学生小敏

有的学生参加工作后，回想自己的初中生活，也会给我发短信。

郭老师，刚看完于谦拍的《老师好》这个电影，不到两小时的时间，我的脑海里映射出来的，全是您的影像。初中三年来您为我们班的付出，学校里学校外操不完的心，了解关心每一位同学的情况，给予我们能给予的关心。毕业七年了，我会经常走到学校门口往里看看我曾经待过三年的地方，真美好。您是一位非常非常优秀的老师，是我上学这么多年印象最深的老师。虽然我上高中后，因为自己的松懈没有考出好的成绩，也不是您的骄傲，但是您在我心里永远是我最敬佩的老师。郭老师，这么多年您辛苦了！我们在慢慢长大，您在慢慢变老，照顾好自己的身体，多爱惜您自己。这段话没什么别的意思，就是看着这个电影让我想到了您，想到了我们相处的时光。

您的学生小丽

一位来班里仅学习了一个月的学生，出于家庭的原因，需要转学，家长在学生走后给我发来短信。

郭老师好！昨天我忙到晚上九点半回来，也没和老师说句感谢的话，孩子转学太仓促，实在不好意思。也请郭老师代我向其他各科老师说一下我们真诚的谢意，太感谢这一个月对孩子的关怀照顾，孩子今生难忘，尤其对郭老师更是依依不舍。师生虽然相处短暂却已经成为孩子一生的感动。

(二)引领学生成为有道德、有追求的励志学子

励志班的学生是优秀的，不仅是因为学习好，更是因为有美好的道德品质

和不断追求进步的精神。励志班2012级的小凡和2018级的小恩，在上学路上捡到财物交还失主，失主送来感谢信，我读给同学们听，让励志班同学体会到励志班学生高尚的道德情操。

拾金不昧的好学生

——致我最引以为豪的学生

小凡，我们班的优秀学生，她拾金不昧，失主给学校送来锦旗。小凡品德美好，被评为“潍坊市美德少年”。

在一次上学的路上，小凡看到路边的台阶上有个黑色的皮包，在阳光下特别显眼。周围只有匆匆忙忙的人，没有人关注到这个黑色的包。她走过去了，想到丢失的人可能会很着急，于是她站在原地，看着那个包，等着失主来认领。时间一点点过去，距离上课的时间也越来越近，可是失主还没有来，这让她焦急万分。终于，她忍不住了，她拿起那个包，快速向小区的传达室走去。她把捡到包的地点说给了传达室的保安，保安把她说的都详细记录下来。她急忙赶往学校，当她气喘吁吁地赶到教室的时候，正好响起上课的铃声。同学问她怎么来晚了，她只是微微一笑。

做了好事却不留名，直到失主送表扬信到学校来，老师和同学们才知道这件事。

作为励志班的班主任，我号召同学们学习小凡同学拾金不昧的精神，我们一起继续努力，发扬励志班学生的美好品质！

表扬信

小恩家长：

您好！3月1日中午，小恩同学放学时，在学校大门对面捡到一部手机，她等了一会儿，没有失主来认领，就把手机交到了学校传达室，并详细说明捡到手机的经过。下午，失主将手机认领回去，十分感谢卧龙学校培养出了如此优秀的学生。

在此，班级表扬小恩同学拾到贵重物品交还失主的美好品质，表扬家长平时良好的品德教育，是良好的家庭教育培养了小恩美好的品质。

三月是学校学雷锋活动月，励志班的每一位同学都将学习小恩拾金不昧的精神，并进一步发扬乐于助人的雷锋精神，彰显我们的美好品质，为建设更加温暖的社会环境，贡献出我们的力量。

奎文区卧龙学校励志班

2021 年 3 月 1 日

为了教育学生坚持梦想，努力奋斗，当看到一位同学在学校运动会上因为缺乏毅力而不能完成长跑比赛时，我从学生的角度，写一篇文章给他们，启发他们思考作为励志班的学生应该怎样为梦想而奋斗，教育他们用行动传承励志班的拼搏精神。

我本来可以坚持

锲而舍之，朽木不折；锲而不舍，金石可镂。

——题记

我是一个喜欢运动的人，喜欢奔跑的感觉，喜欢在运动场上活动，我喜欢参加运动会，因为那可以展现我的特长。可是在今年的春季运动会上，在最引人注目的 1500 米长跑比赛中，我本来可以坚持的，可是我却放弃了，让我至今后悔。

在运动会报名时，我报了 1500 米和跳远，跳远就是为了节省力气，好认真准备 1500 米的跑步。在上午的比赛中，我的跳远成绩一般，但是 400 米的接力我获得了冠军，这让我增强了信心。下午，比赛开始了，发令枪一响，我就以百米比赛的速度冲了出去，越冲越快，我完全忘记了这是在进行 1500 米的比赛，需要耐力，需要有体力坚持。当我跑过我们班的座区时，全班同学为我加油，我奔跑的速度更快了！同学们给我递过来一瓶水，我不加思索地倒在了头上和后背上，可是刚跑完一圈，我就感觉后背钻心地疼，我也想跑，可就是跑不动了，一个个比我矮小的、低年级的运动员从我身边跑过，我想追赶，可是腰疼得我无法奔跑，我只有在跑道上慢慢地走，看着身后的运动员一个个超越我，想跑却无法跑的感觉，让我万分难受，我不敢抬头，我怕看见台下观众可怜我的眼神。

这时，班主任跑过来，问我还能不能坚持，我说不能坚持了，就走了下来。当我向班级队伍走去的时候，许多同学过来关心地问我，我却不好意思回答，走着走着，我感觉自己的腰没有那么疼了，听着场下各个班级为自己班运动员加油的呐喊声，看着场上运动员奋力奔跑，我想如果自己再走一会儿，应该可以坚持跑完的，我本来可以坚持的，即使我不能夺得第一名。

我本来可以坚持的，可是我放弃了。今后的人生中，像这样的时候还有很多，我想我会选择坚持，因为只有坚持到底，我才不会后悔！

郭老师说过，我们是优秀的励志班，往届学生特别能吃苦，特别能奋斗，我今后也要像学长们一样，努力奋斗，传承励志精神。

在我们教室的书橱上，我会放上一些介绍优秀学长学姐的材料，用他们励志进取的经历，鼓励学生们勤奋学习。这些优秀的学长学姐们来自各行各业，但是共同的特点是，勇于战胜自我，励志进取，成就无悔的人生。当有学生回来看望老师的时候，我往往会让他们走进教室，向学弟学妹们介绍他们的成长经历，鼓励学弟学妹们好好学习。每一届的新生走进校园，手把手教他们做好各项工作的，都是我刚刚升入高中的学生们。那些漂洋过海到国外读博士的学生们也会给现在励志班的同学们发回自己的照片，写上自己热情洋溢的寄语。我也会将他们在初中阶段奋斗的经历，写成文章给学生们看。

普林斯顿大学博士

小彬，我的一名学生，中考以最高分考入重点高中，高中毕业后考入清华大学，之后考取美国普林斯顿大学博士。

在上初中的时候，小彬给我留下最深刻的印象是上课听讲特别认真，一到上课的时候，教室里眼睛最明亮的就是小彬。她能记住老师讲的每一个知识点，有些知识点连老师都忘记讲过了，可是一旦考到，她还能想起老师什么时候讲过。所有老师都佩服小彬的记忆力好，我认为这强大的记忆力来自她上课听讲认真。有一次数学老师回到办公室，大发感慨，说全班只有小彬一位同学得了这次数学测验的满分，但在老师讲评试卷的时候，小彬却是听讲最认真的一名学生。

小彬是一名活泼的女孩，学习认真，成绩突出，在班级里与同学们交往也很有特点。她和小文是好朋友，一次，小文跑过来告诉我，小斌送她一份很特别的生日礼物，是一篇作文。小彬在作文中充满想象，想象自己和小文一起外出，突然掉到一个深井中，从此她们就开始了奇妙的旅行，当自己醒来才发现是一场梦，可当她第二天早上见到小文的时候，却看到小文向她会心地一笑，感觉她们两个真的一起经历了那梦里的场景。

小彬上大学的时候，有一次回母校来看我，我的学生们都说她长得很美。我那时才发现，在初中三年的学习时光中，我们许多人都被小彬勤奋学习的身影所震撼，她不注重外表的打扮，而是通过学习不断充实自己。在请她回来给学弟学妹们作报告的时候，她讲的一句话让听报告的学生印象深刻：为了自己的梦想，不管自己喜不喜欢某一个学科，都要尽自己的最大努力学好它。

到美国上学之后，小彬和我的联系越来越少了，可能是她越来越忙了。她寄语母校的学弟学妹：眼界要开阔，心胸要宽广。

省级科技创新领军人物

小亮，是我的一位学生，在上初中的时候，他是一位瘦瘦的男生，一双明亮的大眼睛，给人第一印象就是一个聪明的学生，他是我们学校的丁老师介绍到我们班的，很感谢丁老师给推荐了这么好的学生。

小亮平时话不多，尤其喜欢学习数学，有一种钻研的劲头。其他班级的班主任都羡慕我们班有个小亮，拿着小亮作为榜样，激励自己班里的学生要好好学习。记得小亮初中一篇日记记录班里中午发生的一件事：某某事件 VS 某某事件。让我及时发现了问题，我发现有两个同学因为琐事产生了矛盾，得知后我及时帮助他们解决了问题。我一直以为小亮是一个不苟言笑的学生，直到他高考完之后，和同学在大学开学之前回来看我，我才发现他很健谈，我们在操场上聊最新的科技，聊怎样配置电脑，他侃侃而谈，见解独到。他高中毕业后考入山东大学学习物理，然后到英国的拉夫堡大学读研究生，之后回国到浙江大学博士后工作站从事晶体管研究，被评为“省科技创新领军人物”。

我曾经请小亮的父亲到家长会上进行经验交流，他的父亲说，当初在中考报名的时候，因为报的是重点高中，小亮也很紧张，他的父亲就安慰道：“只要好好努力准备就行了。”我个人认为父亲这样给孩子减轻压力是很好的，原来学习好的学生在中考的时候，也是有压力的。

其实，每一位优秀的学生身后都有优秀的家长，好学生都是教育出来的。小亮在拉夫堡大学读博士的时候，寄语励志班学弟学妹们：非学无以广才，非志无以成学。

重点大学的教师小吴

小吴是我的一名学生，初一和初二，是我爱人给她上课，到初三下学期，因为我爱人要生小孩，我就接过了接力棒，送他们中考。

初见小吴，最先被她的字吸引，初中学生原来可以写字这么好看呢。当给她上课后，才发现她是一名文静的女生，文章洋洋洒洒，文笔很好。高中毕业后，小吴考入了重点高中，然后上大学，读研究生。硕士研究生毕业后，又考上了澳大利亚新南威尔士大学，攻读机械制造方向的博士研究生。当我们在通电话的时候，我表扬她读了博士，将来可以更好地为国家作贡献时，她连忙说：“老师，我还是一名在读博士，想等到博士毕业后，再向老师汇报的。”博士毕业后，小吴回到国内的重点大学担任教师，带领学生们进行机械制造的研究。

在她读博士期间，回家乡举办婚礼，我作为老师很荣幸地被邀请去参加。婚礼很特别，证婚的是一名英国老人，听介绍是一位名望很高的人，他用英语说，有人再翻译成汉语，接着是一段影片，介绍她与新郎在澳大利亚的求学生活。

同一桌的客人们谈起这对新人都赞叹不已，两个人的家庭条件很好，但是两个人学习都很努力，是对知识的共同追求让他们走到了一起。小吴寄语励志班的同学们：人不能决定人生的长度，但是可以决定人生的宽度。

在博茨瓦纳工作的小刘

小秀，是我教过的一名女生，初中的时候，身高就已经接近180cm，是班里最高的女生之一。她初中时特别喜欢学习语文，写字很漂亮，感觉她是一个比较内向的女生，笑的时候都是抿着嘴微微一笑。初中毕业之后，她考上了重点高中，然后考上山东理工大学，毕业后和男朋友到北京打拼。我看到她发朋友圈，在北京的时候，生活条件很差，住过地下室，后来机缘巧合，她到了非洲的博茨瓦纳，从事工程监理工作。

在非洲工作期间，她经常发一些非洲的照片，我就带领学生们看看非洲的生活、非洲的风土人情。她回国探亲的时候，我请她站到励志班讲述国外见闻，让同学们大开眼界。她告诉励志班的同学们，三年的初中生活决定不了一辈子的人生，当时自己跟着郭老师上初中，没有想到有一天自己会到非洲发展，而且发展很好。她鼓励励志班的同学们一定要好好学习，这样，将来出现好的机会，自己才能好好把握住。讲完后，她还把从非洲带回来的礼物，分给励志班的同学们。

小秀寄语励志班的同学：厚积薄发，天道酬勤。

优秀的财政干部小凡

小凡，我们励志班的团支部书记，也是一名长相秀气的女生，学习十分刻苦努力，有时候需要在周末时间布置教室的班级文化时，她总是随叫随到。记得有一次，我带着她和另一名同学往墙上贴奖状的时候，不小心衣袖上蹭到了白色的粉尘，她和另一名同学正好站在我身后边，她们悄悄地帮我将灰尘掸去，那一刻我感觉特别温暖。

小凡是一名非常正直的同学，对班里纪律不好的同学，她总是很勇敢地指出来，而且她自己本身也做得很好，那些纪律不太好的同学，在她的严格要求下也变得越来越好。小凡非常喜欢学习，学习成绩在班里名列前茅，初中毕业的时候，她以优异的成绩考入了重点高中，高中毕业后，她以优异的成绩考入大学，学习会计专业。在她上大学期间，有一次，我带的班级写作文，我突发奇想，让上初三的学生和大学生同题作文，看一下效果怎么样，我在QQ上跟她联系之后，她正好那时没有课，就答应了。我就将作文题目发了过去，当作文课下课的时候，她也将作文《心怀世界，分享希望》发了过来。我读给励志班的学生们听了之后，学生都感觉学姐的作文文风大气、视野广阔，对这位学姐钦佩不已。

我至今还记得，小凡在上初中的时候，学校给我们布置了一项任务，是到一个社区去开展爱绿护绿活动，我正好有事，不能一起参加，就让小凡带同学们去完成这项任务。等到活动结束的时候，跟着去的老师对我们班的小凡赞叹不已，说小凡同学在活动中代表同学讲话时，表现非常好，当面对媒体记者采访时，回答得也非常好，是一名优秀的学生。

应励志班同学的要求，小凡寄语励志班：中华情怀，国际视野。

追求卓越的小超和小喆

小超和小喆，是两名非常优秀的女生，初中毕业的时候，她们都以优异的成绩考入了重点高中，其中，小超的中考成绩是全A。

高中三年，毕业的时候，她们都考入了理想的大学。上大学之前，她们回到母校来看我，我请她们走上讲台，谈自己上高中的感悟。她们俩站在讲台的两边，侃侃而谈，畅谈自己的高中学习生活。我看着她们两个大方地与励志班的学生交流着，由衷感谢生活让我和这么优秀的学生在一起进行了初中三年的学习。记得她们上初中的时候，我们曾经一起进行作文题目的审题和选材训练，她们审题准确，平时积累的素材也很丰富，让我这个当老师的佩服不已。

小超还在新生报到时担任过引导员，她耐心引导报到的新生按照流程报到，没有说一声累，当上午的工作即将结束时，她累得都站不住了。同学扶她到办公室休息之后，她跟我说还要去学校门口，因为工作还没有完成。小喆是一名对自己要求高的学生，在初中的一次考试中，因为自己的班级考得不理想，在接下来的学习中，她带领全班同学奋力学习，最后全班同学的成绩都有了很大提高，让全体任课教师对这个班刮目相看。她还有绘画特长，山水画画得特别好，她的画作至今还悬挂在她家所在社区的会议室中。小喆的母亲告诉我，小喆在上大学的一个暑假，跟着母亲学习太极拳，仅仅学了一个暑假，最后参加全市的太极拳比赛，竟获得了冠军。

大学毕业后，她们两个又考上了研究生，研究生毕业后，又都考上了公务员，她们两个是追求卓越的学生代表。当年，她们回到母校给励志班介绍经验的时候，寄语励志班的学弟学妹：欲戴王冠，必承其重。

优秀的警官教师小张

小张，是我教过的一名最喜欢读书的男生。初中的时候，印象最深的是他写的议论文，论点鲜明，论据丰富，同学们都惊叹：同样地学习语文，为什么他有那么多的论据可以用在作文中，他是怎么积累下那么多材料的？通过观察，我发现他是一个特别喜欢读书的人，是读书让他的文章写得那么好。

小张平时喜欢学习语文，喜欢和我交流语文写作的方法，对语文学习也有自己的见解，有时甚至在课堂上“反驳”我对一些问题的见解，我很喜欢他这种主动学习的劲头。中考结束后，我到他报名的高中看榜单上的成绩，发现他考了全市（区）语文第二名。

小张上高中后，因为学习忙，我们联系很少，与他再次相见，是在我参加的一个学生的婚礼上。那次婚宴上，当我正和学生们交谈时，一位帅气的年轻人走到我的跟前，跟我打招呼，自我介绍后，关于小张的记忆顷刻全都浮现在脑海中。他说自己高中毕业之后，考入大学，一边上学，一边做家教勤工俭学，大学毕业后，又考上了研究生。研究生毕业前，他带着自己的女朋友，请我到我们小区附近的餐馆吃饭，两个人都是那么博学儒雅，我为自己的学生能找到这么优秀的女朋友感到高兴。饭后，小张送我一套《德川家康》，是一本励志的小说。

研究生毕业后，小张和他的女朋友都走上了警察的岗位，他们结婚的时候，我受邀参加婚礼，婚礼上播放的《警察之歌》体现了他们共同的追求。我还把他们结婚时制作的视频，放给后来的学生们看，帮助励志班的学弟学妹们进行人生规划指导。在基层民警的岗位上工作了几年之后，他们又先后考取了博士研究生，毕业后，他们做了大学教师。

小张在读硕士研究生的时候，曾经回到励志班分享自己阅读和写作的经验，告诉学弟学妹们要读书，要会读书。他寄语励志班全体同学：鸟欲高飞先振翅，人求上进先读书。

家庭教育专家小佳

第一次和小佳交谈，是在初一新生报到的时候，我和学生们一起走出校门口，看到身边可爱的女生小佳，我随口问了一句："是什么让你决定到咱们学校上初中的？"小佳微笑着说："我一直就想到一个离家很近的学校上学，所以就选择了咱学校。"可能小佳已经忘记了当时的情景，可是我一直记得她说这话时脸上的微笑，如同阳光一样灿烂。

当时，我们的学校地处偏远，很多学生选择到一些中心校去上学，而学习成绩优异的小佳留了下来，感谢她和家长的信任，让我们在一起度过了三年的学习时光。小佳是班里的班长，学习成绩突出，而且有组织能力，班长工作干得尽心尽责。她有弹古筝的特长，每次大型的文艺活动，她都弹古筝伴奏，她曾参加区里的朗诵比赛，取得了不错的成绩。

初中毕业后，小佳考上了一所重点高中，高中毕业后考上了一所重点师范大学，在大四毕业实习的时候，她回到母校跟着我实习。她学的专业是心理学，我认为她上学的时候，语文学习很好，就让她跟着我学习语文的教学，当讲了两节语文课之后，小佳跟我说想上一节心理学的课。我当时给初三和初一两个年级上课，小佳就给初三和初一各上了一节心理课。小佳在初三心理课上主要讲了要用平静的心态迎接考试，这个故事让我印象深刻。故事讲的是一名善于射箭的神箭手，在平时的射箭中总是能百发百中，可是，在一次射箭比赛的时候，皇帝命令他射十支箭，如果有一箭没射中，就要杀死神箭手，结果神箭手因为过度紧张，一支箭也没有射中。由此，她鼓励同学们要用一颗平常心来对待中考。

实习结束，在与励志班同学分别的班会上，小佳深情地跟同学们说，自己上初中的时候，没有十分刻苦地学习，进入高中后，自己学习也不是很刻苦，如果自己上初中的时候，跟着郭老师努力学习，那么自己的中考成绩就会更好；如果自己上高中以后，能够更加努力学习，那么自己的高考成绩也就会更好，就会考入更好的大学。所以，请学弟学妹们一定好好学习，让优秀成为一种习惯，将自己应该做的每一件事做到最好，这样才会取得更好的成绩，不会留下遗憾。

最后，小佳作为往届励志班的班长和当时初三励志班和初一励志班的班长一起合影，三届励志班的班长相互鼓励，共同进步。小佳寄语励志班的同学们：让优秀成为一种习惯。

小佳大学毕业后，又考取了心理学研究生，研究生毕业后，作为人才引进到市教育局家庭教育工作中心工作，成为一名家庭教育专家。现在，小佳已经是一名家庭教育专家，带领着潍坊市心理健康教育团队和家庭教育名师工作室团队开展研究工作。

北京冬奥会绿色景观设计师小姚

2022年1月，中央电视台《焦点访谈》播出对我校优秀毕业生小姚的专访，小姚是95级的毕业生，学习成绩优异，有绘画天赋，他主持设计了北京冬奥会的绿色景观，专访的标题是《一起向未来，绿色冬奥，如约而来》。小姚在节目播出的时候，给我发来信息和链接。我和全班同学一起观看节目，领略学长的风采。我也向同学们介绍学长在初中学习时的情况，激励同学们励志进取，为梦想而努力，争取早日成为建设祖国的栋梁之材。看完节目之后，学生们给学长写信，表达向学长学习的愿望。

学生观看中央电视台对学长专访后的回信：

学长，我想对你说，我第一次感到了不起的人距我如此之近，我也同在卧龙学校学习，也同样听过郭新军老师的教诲，我决心向你看齐，将来也要用自己的成绩为母校添光。

优秀的品牌婚纱摄影公司经理小金

小金是励志班2006级的学生，上学时成绩不是很好，初中毕业后去一个职业学院学习摄影，后来创立婚纱摄影公司。他工作认真，将公司发展成一家口碑很好的品牌企业。

小金经常来给励志班学弟学妹照相，而且是分文不取，说是想为母校作点贡献。他的照相技术一流，学弟学妹们都钦佩不已。我曾经问小金，现在公司发展这么好，可见他是个很聪明的人，可是当年初中的学习成绩为什么那么不好呢？小金笑了，说自己当时不知道为什么，对学习一点也不开窍。小金也走上励志班的讲台，告诉同学们要努力学习，即使学习成绩不优异，也不要放弃，只要发扬励志班追求卓越的精神，就一定能做得更好。

小金曾寄语励志班学弟学妹：用热爱追求美好，一直在路上！

多年来，那些曾经在励志班学习的学生：中国传媒大学研究生小木、30岁已经担任街道办书记的小雨、中央电视台工作的小然、市电视台的小敏、国家二级营养师小青……他们都曾走上过励志班的讲台，向学生和家长们介绍经验，鼓励学弟学妹们好好学习，给家长的家庭教育提供指导。我努力让自己教过的、有联系的优秀学子们有机会就给现在的学生以指导，让同学们在榜样的引领下努力学习。每一届励志班学生初一开学的时候，都有上一届刚毕业的励志班学长传授初中生活的经验，讲述怎样成为一名努力拼搏的励志班学子。2012年9月，已经进入高中的小丽回到励志班，向卫生委员介绍如何保持好班级卫生优秀的经验，同时，2012级1班的每一位同学都收到了一封信，这是刚进入高中的学长写来的，鼓励同学们在初中三年一定要好好学习。2015年9月，刚考上潍坊市重点高中的小晴来到励志班，她也是潍坊市优秀共青团员，鼓励学弟学妹们一定要好好学习。2018年9月，研究生小凡和小喆回到励志班，向同学们介绍自己的学习经验。2021年9月，考入潍坊重点高中的十几位学生，依次走上励志班的讲台，回顾自己的初中生活，鼓励学弟学妹们努力学习，并且和励志班的学弟学妹相约，考上重点高中后，学长请他们喝奶茶。

“师不必贤于弟子”，这些优秀的励志学子，虽然曾经在教室里跟随我学习，但是因为他们的不断奋斗，走进了更加广阔的天地，我感觉他们也是我的老师。在我们这所有 40 多年历史的校园中，我陪伴学生们励志进取，看到一批批学生取得优异的成绩，就是我最大的幸福。

第七章

建设自我管理的班级

班级建设是一幅长长的画卷，师生共同在上面镌刻青春的热情和成长的足迹。教育家第斯多惠说，教学的艺术不在于传授本领，而在于激励、唤醒、鼓舞。在长期的班主任工作中，我一直在进行学生自我管理的班本课程的研究。管理班级要从一开始班主任的“管”，逐渐到学生自我管理。在班级建设中，励志班的学生们用规则意识美化自己的举止，以顽强拼搏和互相帮助为荣。自我管理能力的培养，主要从制订共同愿景，激发学生的学习动机；制订班级公约，明确励志班的规范；设计班徽、共唱班歌，营造励志的班级文化氛围做起。我结合自己的班主任工作实践，简单介绍一下如何进行班级自我管理的建设。

一、班级自我管理，需要人人向着梦想努力

在励志班的班会课上，同学们搜集资料，分享了解到的国内外知名大学，激发大家对大学学习的向往，让每一个同学都有一个大学梦，鼓励大家一起向着梦想前进。在班级中设置名校宣传角，定期展示名校及其校训。同学们在了解名校的过程中，逐步树立自己的励志目标，心中有目标，学习才会更有动力。

在此基础上，每一名同学确立自己的中考目标、每一学年的目标、每一学期的目标，这样，就将大的困难分解为小的困难，不断战胜小的困难从而实现大的跨越。以下是班级梦想墙上部分学生的梦想。

小宁同学，高中目标：潍坊中学；大学目标：潍坊医学院；未来职业规划：做一名精神科医生。

小阳同学，高中目标：潍坊中学；大学目标：山东大学；未来职业规划：当一名初中政治或历史老师。自我激励的话：挥洒汗水，不留遗憾。

我鼓舞同学们可以写下自己的大学梦想，在梦想的引领下前进。以下是两名同学的大学梦。

治病救人，救死扶伤，是我的理想，但是要想成为一名合格的医生，需要有丰富的医学知识。我理想的大学是北京大学，她在首都北京，她有着顶尖的教育资源。

在我的心中，有一个美好的梦想——上大学，我心中的最想去的是西安交通大学。

在梦想的指引下，学生会更加自律，会严格要求自己，现在已经在上大学的小博，用文章记录了自己在初中为梦想而努力的经历。

梦想于心，励志于行

每一个人都拥有一个属于自己的梦想。但是，梦想究竟是什么呢？梦，说明它是虚拟的；想，说明我们要牢记。梦想需要我们时刻铭记并不断地为之奋斗才能实现。

学生小冯也是一名为梦想而奋斗的优秀学生，她的梦想是长大后成为一名光荣的人民教师。

我的梦想就是成为一名教师。

妈妈说："天底下最光辉伟大的职业就是教师。"我多么想成为光荣的人民教师啊！虽然这个梦想现在离我还很遥远，但是我要从现在开始做起，努力、坚持。

励志班的学生不仅要有学习的梦想，更要有全面发展的梦想。实现全面发展的梦想，需要立足实际，在平时的活动中，不断努力，培养自己的信心，向着梦想前进。我在担任 2006 级励志班班主任的时候，积极引导同学们开展"用星光引领学生的课余生活"的活动。

活动主题：让星光引领学生的课余生活

对于现在的中学生发展而言，"健体、强智和养性，一个也不能少"，中学生需要的是一种"完整性"教育，而这种教育仅仅依靠 40 分钟的课堂显然是做不到的。因此，班主任应该引导学生充分利用能自我支配的时间，开展各种自主学习活动，用多元化的评价鼓励学生，为学生的成长营造宽松的环境。面对双休日和节假日等空暇时间，我注意用活动建构的方式，开展争星活动，多方面为学生的自主发展提供机会，提升学生的综合素质。具体开展以下争星活动。

1.快乐的小发明、小制作

在小组内交流学生在课余时间进行的小发明、小制作。小组是学生学习的重要小集体，许多学习问题可以在小组内得到解决，同样学生的小发明和小制作也能在小组内得到检验。学生先将自己作品的创新点在小组内加以推介，在小组内推介成功的再参加班内的推介。

2.读书、写作、演讲，提升文化素养

每个月都利用一次班会的时间开展“推荐我最喜欢的文章”的活动，让学生介绍自己读过的书，并且将精美的语段大声朗读出来。

3.走进生活的综合实践活动

生活即教育。体验性的社会实践活动让学生走进广阔的社会中，在实践中接受教育，更好地成长。我们开展有利于学生健康成长的、能增强学生社会责任感的实践活动，提高学生的综合能力。

4.家务小帮手活动

每一个学期都组织一次家务活方面的比赛，例如做一个自己最拿手的菜展示，然后同学互相品尝，这是一项传统的项目。有的同学为了制作一道精美的菜肴，上网查阅资料，一次次地练习，一次次请家长提意见，一次次改进；有的同学精心烤制几十个香甜的南瓜饼，甚至都不小心烫到了手，也要让每一个同学都来品尝一下自己的手艺。

每一项活动都采用争星的方式，激发学生参与活动的积极性，从不同的方面对于学生的良好表现进行评价，学生在活动中都能争得小星星，每个学期将学生的争星结果纳入学生的综合素质评价。

这些活动更好地贯彻了培养全面发展学生的教育方针，为学生搭建了一个广阔的发展平台，学生能够在这个平台上个性发展、全面发展，也在活动中培养了创新精神和实践能力，更好地提高了自身素养，更好地了解了社会，提高了综合素质。在读书争星活动中，学生开阔了视野，提升了人文素养。争星活动的开展，使学生的课余生活丰富而有意义。活动中设立的小星星，引领着学生们主动地发展。

在引领学生向着梦想前进的时候，我特别注意将学生的梦想和爱国主义精神教育结合起来。教育学生要为国家的发展而立志读书，我用爱国名人事迹教育全班同学，教育他们要将爱国落实到行动上。

天下兴亡，匹夫有责

每当奥运会颁奖仪式上五星红旗冉冉升起，中国的国歌通过现场直播响彻整个世界的时候，不但获得世界冠军的中国运动员在为自己的祖国母亲而感到骄傲和自豪，与此同时，祖国母亲也在为自己有这样优秀儿女而感到骄傲和自豪！

正如雷锋所言："我是祖国的，祖国是我的。"因此，把个人的命运与祖国的命运联系起来，才是爱国主义真谛之所在。站在这里，我首先想请问大家一个问题：在你们心中，什么最伟大？我想，答案一定是两个字——祖国。

"恨不抗日死，留作今日羞。国破尚如此，我何惜此头。"这是名将吉鸿昌牺牲前写下的一首就义诗。

1932年，日军进攻上海，远在欧洲的吉鸿昌听说后立刻回国，积极申请加入中国共产党。不久，他变卖家产与冯玉祥等在张家口建立了抗日同盟军。吉鸿昌率兵北征，多次打败日军，收复了大片土地。可就是这样一位抗日英雄，后来却不幸被国民党反动派杀害。牺牲前，吉鸿昌从容走上刑场，以树枝作笔，以大地为纸，写下了浩然正气的就义诗，然后在刑场上大声说："我为抗日而死，不能跪下挨枪，我死了也不能倒下！给我拿个椅子来，我得坐着死。"他坐在椅子上又向敌人说："我为抗日死，死得光明正大，不能在背后挨枪。你在我眼前开枪，我要亲眼看到敌人的子弹是怎样打死我的。"当刽子手在他面前举起枪时，他高呼："抗日万岁！中国共产党万岁！"后英勇牺牲。那一年，他才39岁。

吉鸿昌顽强的战斗意志和高尚的民族气节，永远值得后人景仰。作为青少年的我们，应该为民族的强大而努力，永远记住，少年强则国强，少年富则国富。作为新时代的青少年，应该为了祖国的美好未来，努力奋斗！

二、班级自我管理，需要在活动中增强凝聚力

在班级开展的一次次活动中培养学生的自我管理能力，对同学们的优点进行表扬，对存在的问题进行分析，让同学们在一次次发扬优点、改正缺点的过程中，提高自我管理的能力。培养班级的自我管理能力，要注意抓住关键时刻、关键事件，以此凝聚班级力量，建立班级信心。运动会无疑是培养学生自我管理能力的极好机会，我经常让励志班的班委自行组织运动会。在2022年的秋季运动会前，学生们围着我，跃跃欲试，“老师，我们运动会一定要赢”。我让同学们好好谋划一下，学生们在班委的带领下，积极参加运动会，取得了中学部第一名的好成绩。

同学们在开幕式上的班级介绍词上写道：“战胜自我，顽强拼搏，励志进取，追求卓越，现在向我们走来的卧龙学校励志班的运动员，他们如同雄鹰展翅，翱翔蓝天；他们如同猛虎下山，勇不可当。励志班传承的是奋勇拼搏的精神，他们向着梦想前进，向着胜利前进，他们必将创造励志班更加辉煌的运动成绩！加油吧，运动场将记录你们奋斗的身影！拼搏吧，胜利永远属于优秀的励志班！”这份班级介绍，充满奋斗的豪情，学生们也为励志班感到骄傲。

往届的励志班都取得了非常好的运动会成绩，这一届励志班的长跑不是很好，我在心里对他们的要求是只要英勇拼搏就是赢了。我把组织参加运动会的任务交给了班委，要求不仅要展现励志班传承的顽强拼搏的精神，更要取得好成绩。

于是班委利用体育课的时间选拔运动员，选出的运动员每天利用课余时间进行锻炼，争取好成绩。观众同学准备好稿件，准备好参加体育道德风尚奖的评选。我认为，在运动会的比赛中，帮助学生建立归属感和自我价值感是引导学生成长的第一步。

家长们对运动会也十分支持，有的让孩子拿来了矿泉水，有的让孩子拿来了巧克力、士力架，有的还拿来了别号码簿的别针。其实，每一次活动，班级家委会的积极参与，都是对班级自我管理建设的有力促进，让学生们看到了家长对班级建设的关注。运动会上需要很多志愿者，励志班的同学都积极参加。班级自我管理不能只局限于自己的班，要关注学校大局，培养学生对学校的热爱，我发现运动会开幕式的彩旗队、国旗队，裁判员助理，到处都是励志班同学的身

影，他们像往届励志班一样，得到老师们的大力赞扬。

第一场比赛，男子100米预赛，小佳同学跑得比初三的男生都快，但是因为踩线，被取消决赛资格。我适时介入引导，告诉同学们这就是比赛，我们每一个人都要遵守规则，每一个人都要培养自己遵守规则的意识。尽管小佳被取消了决赛资格，但是对同学们来说，却是一个很好的教育机会。我又和小佳分析，跑步中踩线的错误所在，告诉他这可能会影响后边运动员的发挥，小佳坦然接受失败，决心在后边的比赛中取得好成绩，果然，在4×100米接力决赛中，小佳带领男运动员夺冠。在失败面前不抱怨，不放弃，多从自身找原因，这份淡定和执着是我希望教给学生们的。

第二场比赛，女子400米和800米的比赛。小静，是一位让我们全班骄傲的运动员，400米夺冠后，累得站不起来，肚子难受，很难再进行比赛了，我鼓励她，如果感觉能上场就继续比赛，不要留下遗憾。她休息一会儿后，继续上场，再次夺冠。那一刻学校操场的气氛燃起来，全班同学起立鼓掌。比赛结束后，小静特意走到我的跟前，感谢我鼓励她不要放弃。励志班的同学，不在意输赢，具有英勇拼搏的信念，他们就已经赢了。在比赛中或是在人生前进中，励志班都要让同学们明白要为自己而战。

下午的长跑比赛中，擅长短跑的小凡同学在长跑比赛中输了，她很受打击，我赶紧给她鼓劲，坚定她继续比赛的信心。小凡调整心态后，在100米的决赛中取得了第一名的好成绩，比初三同学都快。在4×100米女子接力决赛中，创造初二学生战胜初三同学的记录，取得全校第一名。我认为，让学生们在活动中正确地认识自己，合理地进行自我评价，是自我教育的开始。我经常教育学生们：不抱怨，不放弃，要赢得起，也要输得起，这才是人生的赢家。

班委在组织同学们参加运动会的过程中发挥了很好的作用。每当有我们班的运动员比赛结束回到班级座区的时候，班长就会组织全班同学起立鼓掌，迎接英雄的归来。综观学校运动会的操场，励志班的凳子摆放是最整齐的，卫生是最干净的，观众是最有秩序的。最好的班级管理模式是班级的自我管理，良好的班级自我管理，首先要培养优秀的班委。

三、班级自我管理，需要进行班级文化的建设

班级自我管理的目标是建立一个团结、进取、和谐的优秀班集体，不让任何

一个同学掉队。著名教育家苏霍姆林斯基说过:“集体是教育的工具。”确实,一个优秀的班集体积极进取,全面发展,必将对每一个学生的个体发展起着巨大的潜移默化的教育作用和激励作用。而要建设一个优秀班集体是不容易的,关键要让班级具有凝聚力,班级文化要能很好地体现班级目标,营造积极向上、和谐的文化氛围,用文化影响人、塑造人。我认为班级管理中,一流的管理靠文化,二流的管理靠制度,三流的管理靠人。因此,班级管理中要大力进行班级文化建设。

班级文化建设主要分为三个方面。一是物质文化建设——教室布置。教室是学生活动的主要场所,一个优美良好的环境才能带给学生良好的心理状态。在教室布置时要使教室呈现出一种自然、平静、整洁的气氛,显现一种和谐美。

二是观念文化建设。班级文化建设要寻找每个学生和小组的发光点,发展学生的特长,展现小组的个性。让班级文化生活成为学生精神生活的“乐园”,成为学生健康成长的“加速器”。

三是活动文化建设——主题班会。上好主题班会,充分有效地利用班会是班级建设的最好方式,在班会上对学生进行理想教育、态度教育(敢于吃苦,敢于拼搏)、信心教育、典型教育等。有时,可以安排学生主持班会,激发学生管理班级的积极性。

励志班的班级文化建设主要从设计班徽,确定班歌、班训,商定班级公约做起。这样会让每一届励志班的同学,在传承创新励志班班训的基础上,确定一个共同的价值取向,向着同一个目标努力。

班徽的设计要体现班级的特点,可以请美术老师指导学生进行班徽设计,做到人人参与,择优选用。2006 级励志 2 班的班徽是一个绿色新芽的样子,这个新芽由两个叶片组成,一方面象征这个班级像刚萌发的新芽一样,充满生命力,另一方面两个叶片象征着励志二班。多年之后,这个班级的一个学生开公司创业,公司标志跟当时的班徽极为相似。2012 级励志 1 班的班徽,中间是一本打开的书,书的下边是 2012,书上有一个阿拉伯数字 1,就像桅杆一样,桅杆上悬挂的是鼓起的帆,象征励志 1 班在知识的海洋中乘风破浪,扬帆远航。周围是绿色的圆圈,象征励志 1 班充满生机,在绿色的圆圈内的上边是励志一班的目标:奋斗、优秀、励志,下边是学校的名称。(见图 7-1)每一届励志班的同学，都认真设计自己的班徽，励志班的名字相同，因为我们都追求卓越，但是每一届的班徽不同，因为我们的个性不同。

图 7-1　2012 级励志 1 班的班徽

担任 2006 级励志班的班主任时，我开展了“携手让班徽更美好”的主题活动。作为一名班主任，我经常组织学生参加学校的活动，对于学生的学习态度进行教育，对于学生的平时表现进行适当的评价激励。

2006 级励志班的学生很聪明，但是过于贪玩。有的学生纪律观念淡薄，小奇同学在军训期间就与同学打架；许多同学的上课纪律不好，任课教师多次向我反映；班级活动开展不是很顺利，集体凝聚力不强。针对这种情况，我主动召开“班干部诸葛亮会”，确立了“携手让班徽更美好”的奋斗目标。

首先，我们在班级内部征集班徽的方案。每一名同学都设计一个班徽，首先在小组内评选推介，然后在班内评选推介，最后从十几个班徽中选出一个。这个班徽的上方是一个圆圈，象征同学们团结在一起，也可以把这个圆圈看作一个太阳，同学们在太阳的照耀下健康快乐地成长。班徽的下方，像一个艺术化的“V”，可以看作我们 2 班“2”的变形，也可以看作“VICTORY”（胜利），还可以看作一棵幼苗，象征我们充满生命力，也可以看作一对翅膀，我们可以自由地飞翔；这个“V”一边短，一边长，又可以看作我们的男女同学；一边是浅蓝色，一边是深蓝色，可以看作天空和海洋，象征我们班广阔的天地，“V”的下边是一个点，与上面的部分连在一起，像是问号，象征我们不断求知学习，也可以看作一个水滴，学习知识要注意点滴地积累。

其次，班徽确立以后，在班级内部开展“携手让班徽更美好”活动。根据对学生进行综合素质评价的要求，我们制作了一份《综合素质评价平日记录表》，表格的内容包含了学生每天的作业完成情况，每一节课的纪律，每天的值日情况，每天所取得的标志性成果，期中、期末考试中的进步，参加学校和班级组织活动取得的成绩，这些内容都由值日班长做好记录，每周由值日班长轮流总结，算出学生每周的分数，学生每周的基分是 100 分，只要高于 100 分，那么就会在班徽下方相对应的表格中赢得一个奖章，学期末对个人和学习小组进行综合评价，评价结果是本学期综合素质评价的重要参考内容，同时进行优秀小组的评选。在灿烂的班徽的下方，同学们犹如树苗一样，向着阳光生长。经过两年的施行，班级上课秩序很好，班级小组自主互助学习成效显著，教师在上公开课时愿意选择我们班。在各个学期期末的年级综合评价中多次名列第一，学生在各种活动中也取得许多好成绩，运动会上不仅体育成绩第一，而且荣获道德风尚奖，在各种竞赛活动中成绩优异，不用班主任反复强调各项工作，班委能很好地调动同学们的积极性，很好地完成任务。班级建设在班徽的指引下，规范而有序，健康发展。

班级管理的另一个重要方面就是加强班级凝聚力的建设，班级的凝聚力会让班级和谐美好，会让学生有一个共同的目标，从而自我管理，自主发展，共同进步。相信在我们班的每一名同学的心中，会永远有一个班徽的形象，每个人会为了她而努力奋斗。

班歌能体现一个班级的精神追求，因此一定要选好班歌。2009 级 6 班的班歌是《我的未来不是梦》，这首歌体现励志班顽强拼搏的精神。在一开始的时候，平行班级比励志班强很多，可是他们顶住压力，奋勇拼搏，终于在初三时反超对手，创造了属于自己的传奇。元旦联欢会的时候，励志班最后一个节目必定是全班合唱《我的未来不是梦》，在初中毕业后的历次班级聚会上，全班同学都会齐唱这首歌，唱得激情澎湃，有的同学甚至会想起初中时全班努力奋斗的情形，热泪盈眶。2016 级励志班的班歌是《我们都是好孩子》，这个班级从初一被看作差班，我在初二接过这个班级，担任班主任，和他们一起奋斗，在一次次的进步中，他们发现自己还是不错的，树立了前进的信心，他们选择了《我们都是好孩子》作为班歌，是向全校师生发出的呼声，他们也是传承励志班精神的优秀学生。

班训是一个班级的精神支柱，对班级的发展能起到导向作用。励志班的班训也是不断变化。我曾经制订过“静、敬、竞、净”的班训，就是希望同学们安静地读书、尊敬老师、学习上要竞争、卫生要干净。我也制订过“新、行、省、信”的班训，就是希望学生每天都有新的进步，要有进步就要行动起来，每天要注意反省自己，在生活中要讲诚信。在担任2009级励志班班主任的时候，同学们一开始的成绩不理想，有点缺乏信心，当时的校长对我们班也很着急，跟我说：“既然现在的成绩是这样，那就不要想着战胜对手了，先战胜自己吧，一个人最难战胜的是自己。”于是，全班同学一起制订了班训：战胜自我，顽强拼搏，勇往直前，追求卓越。从那以后，我们励志班一直保留着这个班训，因为它体现了励志班不怕困难、勇于追求进步的精神。这是我们做事的准则，人生的信条，它体现了励志班的精神风貌。

“凡兵，制必先定，制先定则士不乱，士不乱则刑乃明。”班级公约对班级建设起着指引、监督、约束的作用，是班级内每一个学生需要遵守的行为准则。每一届励志班学生的个性特点是不同的，不同年代的学生也是不同的，我会根据每一届学生的特点，制订每个班级的班级公约，而且这个班级公约是在三年的班级建设中不断完善的。我以2021级励志1班的班级公约为例进行说明。我们一开始定的班级公约有10条，随着发现班内出现的问题，逐步增加班级公约的条数。班级公约成了我班级管理的抓手，因为班级公约是大家一致通过的，所以大家都要遵守，班主任老师也要遵守。

2021级励志1班班级公约

1.上课积极回答问题，每次举手回答问题加1分，公开课每次加5分。

2.每天按时完成作业，没有交作业的要扣分并写反思(200字)，小组都按时交作业，每人加1分。

3.每天值日要干好，下课就擦黑板，没有按时擦黑板扣分并写反思(200字)。

4.小组同学互相提醒写作业、干值日，如果不能按时完成，小组每人扣分。

5.每天下午放学的时候，在反思本上写一下自己一天在学习、纪律、

卫生方面存在的问题

6.小组长每天做好加分和扣分记录,如果不能按时完成扣小组每人2分。

7.体育委员按时带队入场,被表扬加分,被批评扣分,并要写反思。

8.每两周按照小组得分情况换座位,小组得分高的优先选择。

9.日常得分是三好学生评选、综合素质评价的主要参考条件。

10.上课趴下睡觉被点名,每次扣5分。

11.课代表每次上课前,要板书好学习目标。

12.上课回答问题举手要高举,回答问题声音要清晰、响亮。

13.在学校组织的公开活动中,如果被批评扣10分。

14.上课的过程中,要注意语言文明。

15.每周总分前两名的小组发小红旗贴在记录表上。

16.课前5分钟,必须在教室坐好,准备上课。

17.7:30早读,13:30午练,必须按时到教室。

18.值日生每天中午午练前扫地、拖地,晚上放学后扫地、拖地。

19.严格遵守《中学生守则》。

20.不能给老师和同学起侮辱性的绰号。

21.上操时要迅速整队入场。

班级公约的落实,是和小组评价密切结合的,每一名同学的得分,既是自己的得分,又会计入小组的得分,用小组的力量监督班级公约的落实。在平时的学习中,我发现有的同学对班级公约遵守得不够好,于是就写了一份遵守班级公约的倡议书,这样既能达到教育同学的目的,起到号召同学的作用,而且还和同学们一起学习了倡议书这种应用文体的写法。

遵守班级公约倡议书

励志一班全体同学:

励志班是一个有着光荣传统的优秀班级,我们制订了班级公约,可是最近班里出现了一些违反班级公约的行为,为了继续保持励志班的模范带头作用,我向同学们发出如下倡议:

第一，课堂上遵守纪律，认真听讲，做好笔记，不做小动作。

第二，课堂上不传小纸条，不趴在桌子上，尊重老师的劳动。

第三，课间有秩序，不串班级，不跨年级交往，不讲是非话。

第四，课间做好准备，按时上课，不迟到。

第五，课间不喧闹、不打闹，不出怪声。

第六，语言文明，不讲脏话。

第七，同学之间要相互帮助、团结友爱、懂得宽容。

第八，爱护公物，不在课桌上乱刻乱画。

第九，课堂上要积极回答问题，每一节课都至少要举手一次。

同学们，没有规矩，不成方圆，让我们一起遵守班级公约，把我们的“家”建设得越来越好。让我们一起努力吧！

如何落实班级公约？我一直坚持的一个做法就是每天下午放学的时候或是第二天早上上课前，对一天的班级情况进行点评，这个点评往往由值日班长主持，在点评中发现问题。如果没有每天的监督点评，那么班级公约就不会发挥作用。

在班级管理的过程中，可能会出现意想不到的情况，我们可以把解决这些意外情况的措施写进班级公约。比如整队进入操场做得不好的时候，学校负责德育的老师发现了问题，我们就把“跑操时，迅速整队入场”写入班级公约。

学校负责德育的老师、负责卫生的老师，他们观察每一个班级，往往善于发现问题，作为班主任要重视他们提出的问题，在解决问题的过程中，让班级迈上一个新的台阶。比如，一天上午上操的时候，学校负责跑操的老师说，励志班的队伍进入操场的时候，太散乱，很不整齐。我认为，学生只有加强自我约束，班级才会展现良好的精神风采。我感觉这是对励志班加强自我管理的一个很好的机会，是一个教育契机。我思考如何利用这次的事件对班级的自我管理能力进行培养。我分析原因，这个班级中女生比较多，女生比男生多，体育委员是一名男生，平时自我要求不严，同学们对他的话不是很服从，所以组织站队的时候，尽管声音很大，但是班里的同学行动很慢。我们全班一起分析原因，最后一致认为，应该把小组管理运用到同学们整队入场上，这样会有利于进行班级自我管理的培养。

要想班级迅速整队入场，就要安排好怎样入场，入场不整齐，关键是纪律不严，安排不到位。从带队入场的情况来看，如果不做好安排，学生的入场就会显得很随意、拖拖拉拉，不利于班级纪律的建设。因此，为了让班级能够整齐地带队入场，我们根据教室内座位的安排，按照小组依次往外走，到操场站好队之后，负责学校检查的同学离开队伍，体育委员出列带队。往外走的要求是从教室的左侧竖排依次向外走，走出教室后，自觉排好队伍，两两对齐，前后对齐，快速到操场集合，因为班里的女生比男生多 13 个人，所以不用男生一队、女生一队，按照小组自觉排成两队，只要排整齐就行。在带队伍的过程中，小组长注意管好纪律，哪个小组乱了，就找哪个小组。对于在带队的过程中自由散漫的同学，小组长负责进行批评教育。要让同学们明白，在班级生活中，每个人都要遵守集体生活的规则，遵守班级公约，做到一切行动听指挥。当这个班级换了一个新的校区以后，走廊很宽敞，我们就改成在走廊站队，规定好每位同学的位置，下课快速站队。班级公约是根据实际情况的变化适时修改完善的。

加强体育委员的培养，关键时刻，体育委员的话要有威力，要分析为什么体育委员的话没有人听。体育委员体育成绩很好，但是带队跑操的质量不高。可以换一个同学带队跑操，要挑选严肃认真、敢于负责的同学带队跑操，不要求跑快，但要跑整齐。各个小组长管好自己的小组成员，对出现的问题，要及时进行分析，找出解决的办法。每天跑操后，负责领跑的同学进行点评，表扬优秀的同学，进行加分；对表现不够好的同学，进行扣分。用量化的分数进行管理，没有按时跑操、在跑操途中下来进入等待区的同学，要进行记录。每个月同学们的跑操情况，要进行公示，让全班都知道哪个同学跑步次数少。

班级进行自我管理，工作策略是抓两头、带中间，尤其需要关注后进的同学。因为这部分同学尽管人数不多，但是影响很大，需要关注他们成长中出现的问题，帮助他们改正缺点，使其和全班一起走到正确的轨道上。

分管纪律的老师发现班里的小凡跨年级交往同学，而且偷偷带手机，手机一般会放到校门口外的小商店，造成恶劣影响，需要进行重点关注。我在家访中了解到，小凡的父亲本是有正式工作的，因为生小凡的时候超生，被处罚后丢了工作，只能和妻子做点小买卖谋生。小凡的家里有三个孩子，父母管他们很少，没有养成良好的习惯。进入初中以后，又和家庭情况特殊的小 C 分到了一个班里，两个人一起玩耍，精力没有放到学习上。如果任由他们这样发展下去，会对班级造成不好的影响，有损励志班的形象，对这两个同学的发展也不利，对他们的家庭和个人都会造成损失。小凡本质还是不错的，只是成绩有点落后，在学习上不下功夫，但是他有体育特长，是一名运动健将。我决定从两个方面做好小凡的工作，一方面鼓励他参加运动会，让他看到自己的优点，另一方面对他加强日常的监督，督促他进步。

首先，为了让小凡养成良好的习惯，我让他写出一个文明学生的标准有哪些。在他写完之后，再请班级的同学帮助他修订。写好之后，让小组同学监督他，看他每天是否都能做到，如果一天能按时做到，就画一个对号，没有做到，就要写反思，用小组的力量帮助他养成良好的习惯。叶圣陶先生说："什么是教育？简单一句话，就是养成习惯。"为了让小凡养成良好的行为习惯和学习习惯，我就想办法规范他的日常行为。小组同学监督小凡的日常表现，按时完成就及时表扬，进行正向强化。我和小凡同学一起探讨如何做一名文明的中学生，我们一起归纳出中学生应该做到以下十四个方面。

(1)不欺负同学。

(2)遇到老师，要主动打招呼。

(3)如果别人帮助了自己，要说一声谢谢。

(4)放学时，要和老师说声再见。

(5)爱护学校的花草树木。

(6)不随地扔垃圾。

(7)有秩序地排队。

(8)不跨年级交往同学。

(9)不带手机到学校。

(10)课前准备要做好，文具摆放整齐。

(11)上课坐姿要端正，头正、身直、臂开，两脚放平。

(12)举手发言，右手在上，左手在下。

(13)在楼道行走，脚步轻，不喧闹。

(14)上操不能无故离队。

在学校的秋季运动会上，小凡同学获得两项冠军，我认为这是帮他树立信心的一个好机会，于是给他写了一封信。

给小凡同学的信

小凡同学：

你好！首先祝贺你在运动会上收获两枚金牌，你是一名有体育特长的学生，更是一名具有励志班顽强拼搏精神的优秀学生。

你是一名非常优秀的学生，有感恩之心，还记得那晚老师值班，你从校门口经过送来的奶茶吗？老师很感动。还记得我到你家去家访吗？当我得知你的爸爸妈妈工作很忙，你照顾弟弟很多的时候，我感觉你是非常有责任心的学生。这次运动会，你主动报名，勇于拼搏，同学们都看到了你是一个热爱集体的好学生。

你给我写信，说尽管自己的学习成绩不理想，但是你一定会赶上去，你要努力学习，你要上高中。我相信你能做到这一点！在看到信的那一刻，我为自己能和你这样积极上进的同学一起学习，感到十分幸运，老师相信你一定会努力学习，提高学习成绩的。提高学习成绩是一项长期的任务，你的学习基础不好，可能会遇到比其他同学更多的困难，老师希望你不向困难低头，勇敢面对，持之以恒地努力学习，像在运动会上一样勇敢拼搏，相信你一定会成功。

我在教室后边听课，有时看见你趴在桌子上，有时还想和前边的同学说话，就特别着急。要想提高学习成绩，首先需要提高课堂的学习效率，要认真听讲，积极发言，我们不仅要有提高成绩的决心，更需要有提高成绩的行动。我认为你只是偶尔走神，相信你在今后会更专注于学习，会越来越好的。你一定要在心中给自己定下学习的底线，首先要向着上高中努力，其次要重视每一天的学习，培养自己良好的习惯，多与积极学习的同学交往，这样会更有利于你的发展。

我认为只要知道了学习的重要性，想学习了，什么时候都不晚。只要你拼搏了，不管成败如何，你都是成功的。让我们一起努力，向着美好的未来前进吧！

郭新军

2022 年 10 月 4 日

当然，如果学生出现了严重的违纪行为，班主任一定要按照学校惩戒制度的要求，严肃处理，绝不允许个别难管理的学生为所欲为。我认为班主任严格管理学生，也是爱学生的表现。每一届学生，我都会带着他们学习学校的惩戒制度，让每一个同学明白，遵守纪律是底线。

营造浓厚的读书氛围，也是班级文化建设的一个重要方面。一个优秀的班级，应该是一个爱好读书的班级，我们经常在班级中开展“我最喜欢的书籍”推荐活动，学生们利用课余时间读书，积极向其他同学推荐自己喜欢的图书。我们在班级内开展读书笔记展评活动、读书手抄报评选活动。我努力让热爱读书、认真读书的班级文化浸润同学们的心灵。我也经常将自己读书的收获读给学生们听，让同学们了解班主任的内心世界。

读书和写作有密切的关系，努力读书才会“腹有诗书气自华”。我用自己发表在《潍坊日报》上的学习心得《勤于阅读，易于写作》告诉同学们，沉浸在书香之中，才会提高写作水平。

勤于阅读，易于写作

曾有一位望子成龙的家长，请我辅导其作文水平不高的孩子，希望快速提高其作文成绩。我告诉那位家长，作文水平的提高有一个循序渐进的过程，教师的引导有一定作用，但起决定作用的还在于学生多阅读积累，而且是有选择地阅读。那位家长和我共同给孩子制订了阅读计划，一个学期下来，孩子的阅读、写作水平有了很大提高。

多年的语文教学实践，使我认识到阅读对于写作的重要性。我认为中学生阅读要从以下几个方面做起。

第一，有选择地读。中学生的阅读书籍目录可参照教育部指定的推荐书目，阅读一些中外名著，也可在老师、家长的指导下，阅读一些自然科学、社会科学等方面的文章，开拓学生的视野。当然，也可适当地看一些电视节目，因为电视是立体的、会说话的书。中学生主要看一下中央一台的节目，因为中央一台的《新闻联播》《焦点访谈》《人与自然》《实话实说》就是很好的阅读与思考材料。总而言之，书要读，不能少读；电视要看，但不能多看。

第二，批判地阅读。可以说，没有批判的阅读精神就没有继承。一千个读者就有一千个“林黛玉”，应提倡学生在阅读时大胆发表自己创新的见解，对传统的观点进行批判地接受。当然，这种批判也不是胡乱批判，不是哗众取宠，对于作品中的精华还是要继承的。

第三，重视积累。大至古今中外成功的名作，小至一篇成功的作文，尽管有灵感的成分，但知识的积累是一个十分重要的方面。学生要写出好的作文也有赖于平时的阅读积累。积累的过程就是一个学习的过程。

当然，学生要提高阅读水平、写作水平，还需要老师的指导，帮助学生“勤于阅读，易于作文”。

四、班级自我管理，需要加强班干部队伍的建设

首先，要培养班干部，指导班干部开展工作。

俗话说“火车跑得快，全靠车头带”。班级自我管理，首先就要班干部以身作则，树榜样，带好头，从而建设具有良好学风和班风的优秀集体。我在选拔班干部的时候，首先学生自己申请某一项职务，其次在班级投票的基础上，综合考虑任用班干部。我着重从以下方面考虑：一是要有责任心，有担当意识；二是要发挥表率的作用；三是要有主动性；四是要有为班级服务的意识。将班级工作细化，每名班干部负责一项，明确自己的职责，定期召开班干部会议。商量后，班委职责如下。

班长职责：负责班级全面工作，做好班级重点事务记录。每周召开班会时，协调班委成员总结本周工作经验及不足。

副班长职责：协助班长做好班级工作。

学习委员职责：负责引领班级学习，在学习上起到示范带头作用，及时向老师反馈学习上的问题。

体育委员职责：负责每天的课间操路队和做操纪律，组织大型体育活动及各种体育比赛，平时注意记录总结队伍情况。

文娱委员职责：负责开展班级的文艺活动，丰富课余生活。

纪律委员职责：负责班级的纪律工作，尤其是在自习课时要管好纪律，大型

集会时，协助班长管好纪律。

卫生委员职责：负责班级的卫生工作，督促值日生按时干好值日，督促班级每周的卫生大扫除按时完成，对班级的卫生工作负责。

安全委员职责：负责班级的安全工作，督促安全平台作业完成情况，注意发现安全隐患，及时向老师报告。

宣传委员职责：负责班级的宣传工作，按时更换教室板报、班级活动制作美篇。

班级自我管理中，班干部在纪律要求、卫生安排和课代表工作中，要注意做到以下几个方面：班级纪律要有约定，做到惩戒违纪行为的时候，有"法"可依。班级卫生分工到个人，越细越好，这样在劳动的时候，保证每一个区域都有人负责，而且要强调互帮互助。课代表负责上课前联系任课教师，拿教具，收发作业、讲义等，要任劳任怨，以身作则，为班级的自我管理作出贡献。

每当学校颁发流动红旗的时候，我都是让管纪律的同学去领，管卫生的领卫生红旗，在运动比赛中获奖，去领奖的是体育委员。各项活动之后的点评，主要都是由分管的班干部组织，要能发现同学身上的闪光点，班干部带领同学们群策群力，把班级建设好。在班级自主管理建设中，我总是将"权力下放"，鼓励班干部主动开展工作。

其次，要大力进行小组建设，营造浓厚的小组学习氛围。

孙子曰："凡治众如治寡，分数是也。"班级按照公平的原则分小组，小组内分一、二、三、四号，要明确每个小组成员的职责，每名同学都要有活干。小组要制订组规，每一个同学都要遵守，组规涉及纪律、学习、卫生等，如果违反组规，要接受相应的惩戒。小组是班级自我管理的基本单位，抓好小组建设，才能搭建起班级自我管理的平台。

小组文化建设中，要指导小组制订个性化的组名，确定共同奋斗的目标，制订组规，选取一种花作为组花，写诗进行赞美。2018 级励志班四组文化建设如下。

组名：追光者小组。

小组目标：每个人都要向着希望之光努力奋进，争取进步。

小组长职责：(1)随时提醒组员学习、纪律、卫生等表现不好的地方;(2)监督组员完成作业,及时进行小组总结;(3)帮助组员解决学习上存在的困难;(4)组织小组成员干好值日。

小组共同约定做到以下几个方面。纪律:上课不开小差,遵规守纪,言行文明。学习:课前做好预习,上课认真听讲,积极回答问题,课后按时复习,认真完成作业。对考试中的错题,要及时纠正。卫生:做好卫生值日工作,保持好小组区域的卫生。其他:言行有礼貌,见到老师要主动问好,小组成员互帮互助。

各个小组选取校园中的一种植物作为小组的代表,给这种植物写诗,在共同创作诗歌的过程中,小组的凝聚力也会进一步加强。下面是几个小组写的诗歌。

紫玉兰花语

——永不言弃小组

绿叶未发花满枝,清香怡人迎百花。
柔情似水绽紫玉,扬颜问天看日月。

丁香花语

——奋进小组

风静、云淡、白如雪,
风动、水流、形如絮。
如瀑布般壮阔,
如小溪般清澈,
如白云般纯洁,
这就是你。

广玉兰花语

——博雅小组

终年不败傲然立,碧绿苍翠迎四季。
生生不息满华庭,花开如荷香幽溢。

西府海棠花语

——孤勇者小组

芳姿夺魄摄心神，妙手丹青逊几分。
粉蕊海棠何寂寞，不争七彩守清纯。

珍珠梅花语

——超越梦想小组

云淡风轻春光美，娇小迷人如珍珠。
藏在园中无人捡，对水窃笑独自赏。

樱花花语

——追光小组

纤纤玉手抚春风，花瓣摇落踏歌舞。
婀娜多姿如云依，柳绿桃红春正浓。

紫藤萝花语

——梦之翼小组

盘虬卧龙枝擎天，流光溢彩居轩廊。
涓涓细流汇瀑布，花香诱蝶漫天舞。

牡丹花语

——快乐无限小组

园内芍药妖无格，池边月季净少情。
唯有牡丹真国色，开花时节惊花园。

励志班建设20多年来，一直积极进行小组建设的探索，家长们对班级小组建设取得的成绩十分肯定。2006级励志班的小佳，现在已经成为一名家庭教育的专家，她的家长当年曾经这样评价我们的小组学习：互相学习，共同进步，激发潜力，培养自信。

积极参与小组学习的学生，也非常喜欢小组学习这种形式，他们在小组互助学习中共同成长。这是学生小敏对小组学习的评价：同学讲解就好得多，既帮助自己弄懂了问题，又让同学回顾了问题，一举两得，有利于提高成绩。不仅如此，互助学习还有利于同学之间的团结，有利于培养良好的同学关系。

五、班级自我管理，要激发学生学习的积极性

初中班级自我管理中一个重要的抓手就是抓班级的学习，因为学生的首要任务就是学习，可以抓课堂、抓作业。那么，怎样才能激发学生学习的积极性呢？首先，要让他们认识到学好各科是应该的，就像父母努力完成自己的工作，维持家庭的经济收入一样是应该的。其次，告诉他们要有行动，想法再多，如果只是一味地空想，那只是在梦里走，如果不动手不动大脑，就一定学不好。班级管理的首要工作就是让每一个学生学会学习，学会认真学习。许多同学学习成绩好，主要的原因在于能积极主动地学习。激发学生学习的积极性，主要从以下几个方面进行。

第一，教育学生对待学习、考试态度要端正。考试有两种：一是选拔性的考试，比如中考、高考；另一种是反馈性质的考试，比如月考、期中考试和期末考试。要对全班学生进行考试教育，正确对待平时的考试，严守考试纪律，激发学习的积极性。

初二一次月考，2021级励志班物理成绩不理想。物理年级最高分是邻班的小J同学，小J在初一时各科成绩并不高，而这次的物理成绩却很好，原因在于她真正开始学习了。我带领同学们分析怎样才能提高成绩，要真正地想去学习，要摒弃一些表面的伪学习，要坚决杜绝“因懒致笨”，要认真思考，积极回答问题，要跟上老师的思路，要逼着自己努力学习，以积极学习的同学为榜样，努力学习，课代表要起到模范带头作用。物理学习上我们可以选择这次考试成绩最高的同学担任物理课代表，以课代表为龙头，带领全班共同学习。

在一次次的考试中，要注意激发班级学习奋勇争先的精神。比如可以把两个班级的学习成绩进行对比，每个同学对标找出自己努力的方向，要努力激发出学生学习的劲头。在分析成绩中，要让学生懂得考试比的是实力，而努力才有实力。

第二,小组学习要积极发挥作用。小组同学要互相督促学习,小组长要发挥好示范引领作用。每个星期评选优秀小组,优秀小组加分奖励。对小组长开展培训,让小组长组织小组积极开展学习活动。在遇到疑难问题时,小组可以让会的同学讲给大家听,每当教会一名同学的时候,可以给教会同学的小组成员加分。小组相互教着学习的时候,可以离开座位,甚至可以跨小组教同学。用加分的办法激励小组同学乐于给同学讲题,便于学生在主动学习中提高自己的能力,树立学习的信心。采用这种策略之后,许多同学会"好为人师",减轻了老师的负担,提高了课堂的学习效率,看似有点乱的课堂,实际是人人都在学习的课堂,比被动的学习效率要高很多。

对这种小组同学互相讲题的方式,要注意进行规范,讲的同学要讲明白,听的同学要随时记录,有不会的地方随时提问。小组内要学会利用班会课的时间反思如何提高小组讲题的效率。在讲题的时候,讲解的同学要注意站立讲解,听讲的同学要做好笔记。当然,同学们互相讲完之后,教师还要简单总结一下,对重要的问题进行明确。

小组学习中,要根据不同年级的特点,有针对性地激发学生学习的积极性。初中三个年级学生的习惯培养侧重点是不同的,班级管理中要根据学生不同的年龄阶段,激发学生学习的积极性。初一年级侧重培养学生学习的日常习惯,落实一日常规,这是打基础的一年。初二年级是侧重培养学生良好思维能力的一年,需要培养学生积极钻研的态度,培养学生静心思考学习的能力,让学生们在钻研中提高自己的思维能力。初三年级是培养学生自我学习能力的一年,需要培养学生自觉学习的能力。不论是哪个年级,激发学生学习的积极性,都需要有优秀学生的带领。优生同时也是各个小组的小组长,抓优生就是抓小组长。班级管理中需要抓好优生,当优生们都积极学习之后,学习处于中间的同学,也会跟着开始学习。班级管理中,我常跟学习成绩优异的同学们说,学习上要有大的聪明,大的聪明就是要认真扎实地学习,要有正确的学习态度,学习态度决定一切;学习上不要耍小聪明,小聪明就是学习态度不认真,对学习和作业应付了事,这样最终会让自己吃大亏。班主任不能只考虑自己任教学科的学习,要考虑学生的全面发展。所以,我经常会检查学生其他学科作业完成的情况,在检查中发现学生学习上存在的问题,及时反馈纠正。在一个班级中,学生们的学习能力是不同的,需要因材施教,让每一个学生都找到学习的信心,我提倡分层布置作业，让教学更适合每一个学生，对学生们来说，适合的就是最好的。当我们抓好小组长的学习之后，小组长就会在小组中起到一个示范引领的作用，能带领小组同学共同搞好学习。

第三，要注意抓好待优生。班级中的每一个学生都渴望被关注、被肯定，因此，需要给予学习暂时处于后进的学生更多的关注。待优生只是在学习上处于劣势，但他们在其他方面都有自己的优势。班级管理中，要温暖待优生的心灵，帮助他们自信地成长。我经常单独辅导待优生，对他们的学习降低要求，让他们找到信心。抓好待优生的学习，要培养他们认真的态度，很多待优生成绩不理想的原因在于没有养成认真的习惯。

学生都希望受得肯定，学习成绩不理想的学生尤其渴望得到老师的鼓励、同学的帮助，所以对这部分学习不积极的学生，不能放弃，要及时发现他们的闪光点，积极进行鼓励，让他们在被鼓励中得到温暖，树立学习的信心。班级在前进的过程中，要努力做到不让一个学生掉队。多年的班主任工作中，我发现只要我们不放弃帮助任何一个孩子，就会给每一个学生带去希望，班级管理帮助的是一个学生，实际上是帮助的一个家庭。

针对有的学生对上高中失去信心，我写一篇《我们要上高中》激励每一位同学积极学习。

我们要上高中

高中是迈入大学的一个台阶，我们要上大学，就必须上高中。期中考试中，励志班模拟高中录取人数不多，但是我们不服，别人可以说我们不行，但是我们绝不能说自己不行，因为我们必须要上高中！挫折会让懦夫退却，却会让勇敢者更加坚强，而我们就是勇敢者！

我们一班有非常多的优秀同学，我们全班的语文成绩优异，我们有同学的英语是A，有同学的物理是年级最高分，我们在不断提升成绩，相信我们终将战胜自我，取得优异的成绩，再创学校王牌班级——卧龙励志班的辉煌！我们将认真上好每一节课，认真完成好每一次作业，认真做好每一次训练，认真干好每一次值日，让优秀成为我们的一种习惯！励志班的每一位同学都是优秀的，不论成绩如何，我们一直在奋斗中前进！欲戴王冠，必承其重，我们将更加努力拼搏，我们的未来不是梦！凭什么我们的成绩就应该在学校的后边？凭什么我们就要承受不努力学习的屈辱？凭什么我们的人生就要因为我们的不努力而一片昏暗？我们不服！我们要用行动证明，我们是努力的好学生！我们要用成绩证明，我们是优秀的初中生，我们并不比所谓的名校的学生差。好与不好，是我们自己说了算，别人说了都不算，我们要努力证明自己的优秀！因为追求卓越是我们励志班学生一生的追求！励志班是一个有着光荣传统的优秀班级，不讲文明、不努力学习的同学，请不要进此门，进此门就意味着，我们就要与众不同，就要认真学习，时刻准备超越自我！如果上课你趴下不听讲，如果你不完成作业，浑浑噩噩，不求上进，请你不要说是励志班的学生，因为励志班不欢迎不自律、不上进的学生！

我们要上高中，就要从现在做起，努力学习！为了实现这个目标，我们争取在每一个学期的考试中取得好成绩，当我们实现了一个个小目标的时候，我们就是在实现我们初中阶段最重要的学习目标——上高中。如果没有行动，口号喊得再多，声音再高，都没有用！我们要用行动践行我们的誓言！此刻，老师已经准备好了，准备好和同学们为梦想而战！2021 年，我们相遇，奋斗进取会让这份相遇变得美好！此刻，同学们准备好了吗？

只有奋斗，才会有美好的未来！为了美好的未来，我们要奋斗前行！优秀的励志班，加油吧！

班主任工作是千头万绪、纷繁芜杂的，如果班主任处处从小节入手，事必躬亲，班主任太累，也不利于学生的成长。班主任应当“放权”，让学生“练飞”。班主任主导下的学生自主管理是很好的班级管理方法。自主管理，实际上是学生在班主任指导下依靠班级主体自身的力量进行自我教育和发展的一种管理方法。班级自主管理就是要调动学生，人人有事做，事事有人做；人人把事做好，事事被人做成。

六、班级自我管理，人人有事做，事事有人做

“官者，事之所主，为治之本也。”班级管理亦是如此，在设置班委的基础上，

进一步划分负责，明确每一位同学的任务。每个学期的开学之初，首先把需要解决的班级日常管理工作梳理罗列出来，让同学们认领任务，形成事事有人做、人人有事做的班级管理模式。假如这些工作，全让班主任一个人抓，反而会管不好。想学会“管”，首先要学会“不管”，班级管理关键是要有“减法意识”，学生能管的事情班主任就不出马。班主任的“钢”一定要用在刀刃上，要擅长从班级事务中“脱身”。

班干部是班主任老师的左膀右臂，一个班级要想具有向心力和凝聚力，就需要一身正气、能以身作则、有强烈责任心的班干部，有这样的班干部做榜样，整个班级就会朝着良性的方向发展。班干部不管以哪种方式产生，成绩不一定要优秀，但必须遵规守纪，有责任心，有集体荣誉感。各个班干部需尽心尽力做好本职工作，对所承担的任务一丝不苟用心完成，并每天做好点评、记录，齐心协力，团结一心，为班集体出谋划策。

有了班干部，班级各项事务能具体到人，班级事务的管理就会事事有人管，人人有事做。每一位同学要知道自己什么时间该干什么事。要鼓励学生做班级的主人，积极主动地为争创一流班集体出谋划策，多做实事、好事。这样所有学生都是班级的主角，与班级荣辱与共，就会形成自我管理的良好氛围。

班级按照岗位制订《班级自主管理明细表》，确定“服务他人，成就自我”的目标，对照表中的岗位任务要求，完成任务，并按照完成任务的情况进行考核。班干部在班会课上，要结合自己负责的工作进行点评，帮助同学们改正缺点，发扬优点。

当然，实现学生的自我管理不是弱化甚至忽视班主任的管理作用，而是要求班主任高屋建瓴地把握班级发展趋势，避免自我管理随意化、无序化，以致陷入自我管理的误区。因此班主任要严格要求自己，勤观察、勤督促、勤指导，使班级沿着正确轨道顺利发展。班级自主管理，使每个学生既是管理的对象，又是管理的主体；既是活动的对象，又是活动的主体；既是评价的对象，又是评价的主体。巧妙地达到“管是为了不管，教是为了不教”的境界。班级同学在服务他人的过程中，也成就了自己。

班级自我管理，一定要和班级的综合素质日常评价相结合，让班级管理的制度成为学生综合素质评价的标准，成为学生的言行准则，培养有爱心、有上进心、有责任心的学生。一周一总结，一周汇报，个人先反思这一周自己的优点和不足，然后由小组长结合小组日志加以补充，及时发现组员身上存在的问题，让其及时改正。由班长对小组的学习总结评价，汇报每个小组存在的问题，小组再商讨解决办法。

当然，班主任还要注意用爱心促进班级自我管理，班级自我管理的平台是搭建在老师和同学们热爱班级的基础上的。班主任是班级管理中一个重要的角色，是家长们的朋友，是学生们的主心骨，良好的班级管理会带给学生愉悦的身心体验，帮助学生在快乐的气氛中健康成长。好的班主任以爱心和责任心管理学生，注重培养学生良好的学习习惯，培养学生的自我管理能力。在班级管理中，班主任要善于"放权"给学生，尊重学生的意见，与学生一起管理好班级，这也是班主任爱学生的表现。

班主任工作其实就是那么几项：抓常规、晨修、午练、自习、上课、跑操、卫生，做好学生的思想工作，做好待优生的转化工作，处理应急事件。这些工作每个班主任都在做，有些人做得游刃有余，有些人做得精疲力竭。为什么会出现这样的差别？我觉得，不是个人能力的差别，关键是方法的差异。

新生入校，互不了解，有的班主任习惯于问一下学生在小学担任过什么班干部，然后就相应地给学生安排。我不这样做，我总是先让学生走上讲台，进行自我介绍，然后再让学生进入学校劳动，我在学生们劳动的时候观察他们，进而发现那些真正积极的、充满正能量的同学。学生在小学曾经干过班干部，未必能干好初中班干部，而且指定班干部不公平。经过这两步之后，请有意愿担任班干部、愿意为班级服务的同学在班内进行竞聘演讲，然后班级投票选出临时班委。我告诉全班同学，期中考试之后，我们根据同学们的综合表现再重新选出本学年的班干部，希望每一名同学积极进取，每个人都有机会参加竞选。经过全班同学的商量、讨论，我们还制订了《励志班综合素质量化管理细则》，细则里面的每一项加减分规则都是同学们一致同意的。我认为公平对待每一名同学是提高班级凝聚力的一个重要条件。

班级实行"分层""分权"合作。各个班干部各司其职，各个小组长管好自己小组的人，哪里出了问题，只需要找到管事的人就可以了。如卫生值日干得不好，我只找卫生委员和组长；纪律不好，我就找班长和纪律委员；没收齐作业，我就找学习委员和课代表；有同学着装不符合要求，不讲文明礼仪，我就和班干部一起想办法。

一个热爱班级工作的班主任，应是懂得培训班干部的班主任。班主任要定期对班干部的工作方法进行培训指导，给他们分析各部门的工作要点，帮助他们学会制订计划。班主任要定期召开班干部会议，检查落实情况，总结得失，并加以纠正。鼓励班干部以身作则并带动其他同学，促进整个班级树立良好班风，帮助班干部在同学们中树立威信。

当班级自我管理的程序开始运行之后，班主任就不需要事必躬亲，可以放手让学生自我管理班级，一名热爱工作的班主任必须是一位懂得让学生自我管理的班主任。

学校里要搞合唱比赛，交给音乐课代表和文娱委员；学校要搞演讲比赛，交给文娱委员和语文课代表；学校要搞英语口语大赛，交给英语课代表；学校要搞诗歌朗诵，交给音乐课代表、语文课代表；学校要举行运动会，交给宣传委员和体育委员……放心大胆地让班干部去组织，班主任指导配合。所以，合唱比赛之前，音乐课代表就提前领着同学们唱起了歌，我们演唱的《国家》，手语也是音乐课代表领着同学们学会的；诗歌诵读比赛之前，语文课代表利用每天午练时间，领着同学们练习；运动会之前的体育课和下午放学后，体育委员就领着运动员们练习跑步……运动会的入场展示，是宣传委员搜集的材料、出的创意；运动会上那300多篇的投稿也是宣传委员部发动同学们写出来的。

2012级1班在一次运动会开幕式上展示的“低碳环保”理念，得到了全校师生的好评，以下是活动展示时的主持词。

我是绿叶

——九年级一班主持词

现在，迎着阳光向我们走来的，是九年级一班。在研究低碳环保的活动中，同学们提出了“我是一片绿叶，我用行动保护我们的家园”的口号。我们的展示分为三个板块：低碳运动、环保时尚、环保重塑。展板上有我们每一名同学的签名。

骑车走在前边的同学，倡导的是绿色出行，幸福出行，绿叶随单车飞舞在蓝天下。身着靓丽时装走来的同学倡导的是环保时尚，我们用废旧挂历纸制作环保服装，那华丽的装饰象征我们对美丽朴素的低碳追求。世界上没有废品，只是它没有放对地方，对废旧物品加以重塑，我们的生活会更加美好。第三个走来的就是我们的重塑方队，那一个个精巧的手工艺品，展示着我们的心灵手巧。

我是绿叶，一片小小的绿叶，我们从一点一滴的小事做起，用我们的行动改变这个世界，让未来变得更完美。

有一种爱叫放手，班主任要敢于放手让学生去管理班级。早上7点半到校之后，我会先去班里转一圈，让值日班长知道我来了，然后看到课代表准备领着早读了，我就会到办公室放东西、烧水、刷杯子。7点40再去班里看看，这个时候人就都到齐了，课代表也收完作业了，同学们也开始读英语单词了，我就在班里浇浇花、捡捡废纸什么的，待上5分钟，我就会站到走廊里，一直等到上第一节课的老师到班里。执勤的老师通常会看到我站在1班的后门外，而不是教室里。我这样做的目的就是给孩子一定的空间，让他们逐渐养成老师在与不在一个样的习惯。

为了增强小组的凝聚力，励志班实行两周一换座位，座位的挑选按照小组量化成绩排名，第一名的先挑，第二名的后挑，以此类推。当然，为了照顾那些一直在最后选座位的小组，我有时故意让他们在参加活动的时候获胜，给予他们优先选座位的权利，以保护他们的自尊心和自信心。

自我管理班级，要让每一个学生有目标。在学习方面，每一位同学在期中、期末考试前，要给自己确立一个考试的目标，确定一个同学作为赶超的目标。为了帮助学生提升各科成绩，我要求每位同学确立自己的科目等级目标，根据最近发展区理论，确立一个自己能够实现的目标，如果目标实现就进行加分。

我一直坚信一句话“亲其师，信其道”。班级自我管理，让学生体会到被尊重的感觉，他们会更加亲近老师，班主任对学生道德的引领和学业的引领才会走进学生的内心。

后 记

我是一名从农村考出来的学生，小学的时候十分贪玩，上初中以后，变得爱学习了，一方面是因为自己年龄增长了，另一方面是我遇到了我的恩师——我的初中班主任张玉娥老师，我至今难忘在我最困难的时候，是张老师对我的鼓励让我树立起学习的信心。自从当上班主任，我就下定决心要像张老师一样，用爱帮助自己班级里的每一名学生进步。

从1994年大学毕业，我就一直扎根三尺讲台，从教28年，连续担任初中班主任26年。我一直在实践中研究班主任工作，创新前进，我也赢得了家长和同学们的信任，得到了领导的肯定，在班级管理和教学工作中，我被评为“潍坊市创新班主任”“奎文区十佳班主任”“潍坊市优秀班主任”“山东省优秀班主任”“潍坊市优秀教师”“奎文名师”“奎文区劳动模范”“奎文区最美教师”“奎文教育优秀共产党员”。我感激自己遇到的每一位学生和家长，这一个个荣誉是他们对我的肯定和鼓励。

教学质量是一名优秀班主任的底线，班主任首先应是一名教学优秀的任课老师，因为只有业务能力强，学生们才会佩服你。自从走上教学工作岗位，我就努力钻研教学业务，1998年，我参加奎文区优质课比赛，获得一等奖，2000年被评为“奎文区初中语文教学能手”，2002年被评为“奎文区学科带头人”，2003年获得潍坊市初中语文优质课二等奖，2004年被评为“潍坊市初中语文教学能手”。我在语文教学上不懈地钻研，就是为了让学生们喜欢学习语文，让优异的语文成绩为学生们的终身发展奠定基础。对语文教学的钻研，我一直在努力，每个学期的教学成绩我都名列前茅。2021年中考，我获得奎文区语文学科优胜团队一等奖。2022年暑假，我在潍坊市初中语文课标考试中取得优异成绩。

班级管理是班主任工作的重要任务，一个优秀的班级会温暖学生的心灵，给予学生前进的动力。26年来，我倾心打造优秀的励志班，培养同学们良好的习惯，让优秀成为一种习惯。1997级6班，初当班主任，我钻研苦干，认真学习，把一个普通班抓出了不错的中考上线率；2000级1班，被评为“奎文区优秀班级”；2003级6班，被评为“潍坊市朝阳读书优秀班级”“奎文区优秀班级”，报考潍坊一中11人，考上11人；2006级2班，被评为“奎文区红星团支部”；2009级6班，两名同学被评为“潍坊市优秀班干部”，被授予“奎文区五四红旗团支部”，中考创造全班34人全部升入普通高中的佳绩；2012级1班，被授予“奎文区五四红旗团支部”，班长被评为“潍坊市优秀共青团员”，一名学生被评为“潍坊市美德少年”；2014级2班，被授予“奎文区五四红旗团支部”，班长被评为“奎文区优秀团员”，他们初三时，应家长要求，新华教育集团安排我担任四个班级的班主任，实行选课走班，我担任首席班主任的C班48人，考入普通高中45人；2016级1班，我用一年的时间将一个难以管理的班级建设成优秀班级，班级被授予“奎文区优秀团支部”；2018级2班，我指导学生的发明创造获得潍坊市一等奖，班级中考成绩优异，中考科目任课教师均获得中考优胜团队；2021级1班在学校的各项活动中都取得优异成绩，我们还在一起努力前进中。

热爱学生，培养学生的自信心，在研究中不断前进，是我一直坚持的教育理念。我热爱学生，热爱班主任工作，我努力培养自我管理的班级，培养有顽强拼搏、有战胜自我精神的学生。我所在的学校地处偏远，学生们的学习基础不是很好，但是在我的眼里他们都是最优秀的、最可爱的。担任班主任26年，我家访过每一名学生，坚持写家访笔记。从2010年开始，我坚持在教室听课和备课，陪伴学生成长。我尊重每一名学生，用民主的方式管理班级。我根据每一级学生的特点，建设自我管理的班级，培养学生的自我管理能力。我注重在班级管理中进行研究，我考取了曲阜师范大学的教育硕士；我的写作与班级管理相结合的实践做法，获得奎文区政府成果二等奖，近5年，主持的两项区规划课题顺利结题；2023年，我的家访金点子获得潍坊市二等奖；我注重研究学生的心理，考取了国家三级心理咨询师；我研究小组学习，主持奎文区郭新军小组合作学习工作室；我担任山东省优秀班主任工作室主持人，引领全区骨干班主任的发展；我多次在潍坊市、奎文区骨干班主任培训和新教师培训中进行经验交流。

张海燕老师也是一名优秀的班主任，她本来是初中语文教师，因为学校小学部发展的需要，转而担任小学班主任，连续担任小学一个班级的班主任6年，从一年级到六年级，她在班主任工作中付出了艰苦的劳动。她所带的班级成绩好、班风正，多次在各项活动中获得优异成绩。

于漪老师曾经这样鼓励我："热爱学生，热爱语文事业，为语文教育事业奉献心血与智慧。"我将继续用热爱走进班主任工作，将语文教学与班级管理相结合，为学生的更好发展贡献自己全部的力量！

作　者

2023年6月